雲門宗叢書

主　　编　释明向
执行主编　冯焕珍

云门匡真禅师广录
研究

曹瑞锋　著

上海古籍出版社

中国佛教协会会长传印老和尚题词

雲門天子

绍雲

安徽二祖寺、褒禅寺方丈绍云老和尚题词

捧出雲門家法

舉揚胡餅芳規

紹雲

安徽二祖寺、褒禅寺方丈绍云老和尚题词

中国社会科学院荣誉学部委员、
世界宗教研究所研究员黄心川先生题词

编纂云门丛书

推进云门研究

阐绎云门禅法

绍隆云门精华

为《云门宗丛书》题

方立天

二〇一〇、二、十 于北京

原中国人民大学佛教与宗教学理论研究所所长方立天先生题词

雲門三句函乾坤

截眾流

叢書集成維絕學

開新篇

題雲門宗叢書　樓宇烈

二〇一三年七月

北京大学宗教文化研究院名誉院长楼宇烈先生题词

敬書雲門三句 以賀
雲門宗叢書 問世

函蓋乾坤 截斷
眾流 隨波逐浪

楊曾文
二〇一五

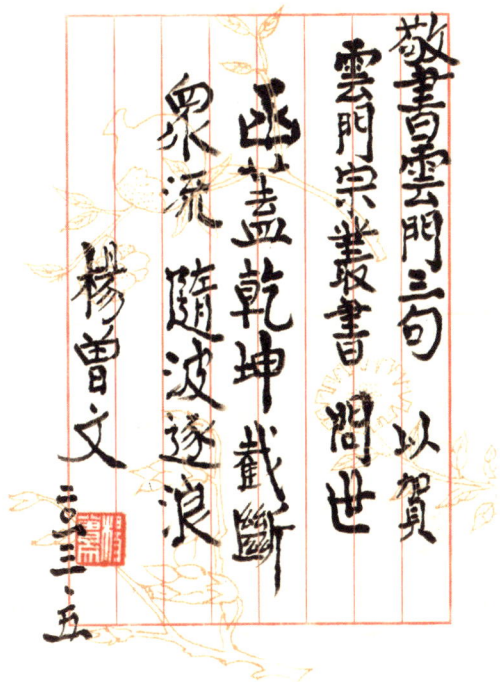

中国社会科学院荣誉学部委员、
世界宗教研究所研究员杨曾文先生题词

法住於世

福祐眾生

《雲門宗叢書》出版誌賀

馮達文

佛曆二五五七年

中山大学比较宗教研究所所长冯达文先生题词

"云门宗丛书"序一

释绍云

　　夫佛法东来,感摩腾、法兰二大士于汉明帝之前大显神异,折伏儒道之士,由是始得大为弘扬。禅宗五宗七支,上溯自天竺迦叶,传至二十八祖达摩,遂称东土初祖;又五传而至曹溪惠能大师,是为六祖。然单传之说,只就衣钵授受而言,若夫传法,西天既未可考,东土早有分支。

　　我国自六祖大师后,宗风大振,主系有南岳、青原两脉,南岳演出沩仰、临济两宗,后又分杨岐、黄龙两派;青原演出曹洞、云门、法眼三宗。考雪峰义存禅师传云门禅师后方立云门宗,十一传至温州光孝己庵深净禅师止,后典籍失载。近代宗门泰斗虚云演彻禅师,为续云门慧焰,重兴云门山大觉禅寺,恢复祖庭丛林规模,重振农禅并重宗风,四方衲子云蒸霞蔚,宗门道场蔚然重现。为使五宗传灯无尽,虚老更演五十六字法派以期后贤!

　　当云门立宗之时,偃祖为明己事,铁心为法,被睦州禅师掩门折脚,实为后世楷模。文偃禅师出世后,坐镇云门,示三关之捷,唱胡饼之机,接引八方学者,启迪英灵衲子,苦参力究,奋志冲关。门庭险峻,与赵州并驾齐驱。同时,十八载语策侍者香林澄远禅师,促其彻悟自心,可谓婆心切切。

世事沧桑,法运循转。劫难过后,拨乱反正,因缘际会,云门重光。十三世佛源妙心禅师一肩担起修复重任,在旧有基础上扩大建筑规模、增建殿堂楼阁,毁坏殆尽之寺院俄成宝坊;为培育僧才兴办云门佛学院,教学大楼巍巍壮观,未来僧才茁壮成长,为当来弘扬佛法奠定可靠基础。

今之云门更胜昔之云门,现任方丈明向大和尚荷担如来家业,不仅谨守云门家法,更且大力弘扬祖师智慧。为整理、保存与研究云门宗历代祖师大德之文献与思想,与多位大德学者共同编纂"云门宗丛书"出版发行,俾广大人群共沾云门法雨,同种金刚善根,想偃祖、虚公与佛老定于常寂光中微笑在!

丛书行将付梓,明向大和尚邀余作序。吾自知于云门宗研究匪深,加以文字浅陋,难书该宗详情。然盛情难却,遂勉撰数语以作随喜赞叹。错漏之处,尚祈诸方贤德不吝指教! 是为序。

癸巳仲夏月吉旦

"云门宗丛书"序二

杨曾文

    中国是个重文史的文明古国,有盛世修典的优良传统。进入改革开放时期以后,全国各地修史、修大型文献典籍的报道相继不断。佛教作为中国的民族宗教,并为传统文化的重要组成部分,也保持这个传统。佛教团体或人士联合学者校刊编印大藏经、编纂文献丛书与寺志等文化事业,取得了可观成绩。地处广东省乳源县的云门山大觉禅寺,是禅门五宗之一云门宗的发祥地。近年,为挖掘云门宗历代文化资源、全面整理和保存云门宗历代珍贵文献,并为进一步推动云门宗历史和思想的研究,由方丈明向法师出任主编,请中山大学哲学系冯焕珍教授担任执行主编,组织编纂了"云门宗丛书",即将面世。他们希望由我写篇序。

    云门山大觉禅寺在唐五代属于韶州,东边邻近南宗发祥地曹溪。云门宗创始人文偃禅师上承六祖惠能——石头希迁——天皇道悟——龙潭崇信——德山宣鉴——雪峰义存的法系。文偃禅师生活在五代十国时期,当时大觉禅寺在南汉刘氏政权的管辖范围之内。文偃禅师在创立云门宗的过程中得到南汉高祖、中宗的大力支持。

文偃禅师（八六四—九四九），俗姓张，苏州嘉兴人。出家后虽曾从睦州陈尊宿受法，然而一直奉雪峰义存禅师为师，传承雪峰的法系。南汉乾亨七年（九二三），经奏南汉王批准，文偃禅师率弟子到云门山创建新寺，经五年建成，南汉高祖敕赐光泰禅院之额。后改称证真禅寺，南汉即将灭亡的大宝七年（九六四），后主又敕改为大觉禅寺。

云门文偃禅师说法和接引学人的语录，有弟子守坚集录的《云门匡真禅师广录》三卷。在禅门五宗的创始人中，只有临济义玄、云门文偃禅师有这样的语录留传下来。现存《云门广录》是经北宋福州鼓山圆觉寺宗演校勘的。宗演是云门宗禅僧，现存《临济录》的常用本最早也是由他校勘的。云门文偃禅师的生平事迹，《宋高僧传》无载，主要见于南汉乾和七年（九四九）雷岳撰《云门山光泰禅院匡真大师行录》、南汉大宝元年（九五八）雷岳撰《大汉韶州云门山光泰禅院匡真大师实性碑并序》、南汉大宝七年（九六四）陈守中撰《大汉韶州云门山大觉禅寺大慈云匡圣宏明大师碑铭并序》。此外，《祖堂集》、《景德传灯录》、《禅林僧宝传》以及《联灯会要》、《五灯会元》等书对文偃禅师的生平有详略不同的记载。

宋代在中国文化思想发展史上占有重要地位，不仅对后世影响深远的新儒学形成于这个时期，文学、史学、书画艺术也取得前所未有的成绩。这一成绩与儒、释、道三教的会通和融合有重要关系。北宋时期,佛教的禅门五宗,云门宗最为盛行,影响也最大,其次是临济宗与曹洞宗。文偃生前的嗣法弟子多达八十八人,有不少人在宋初才四五十岁,正精力充沛地从事传法和育徒的活动。《传法正宗记》所载八十八位禅师中,有三十二人在广东传法,仅在韶州(治今韶关)就有二十四人;有十二人在江西庐山、信州(治上饶市)等地传法;有十一人在湖南潭州(治今长沙)、岳州(治今岳阳)等地传法;另有十一人在湖北郢州(治今钟祥市)、襄州(治今襄阳市)等地传法。此外,在今安徽有七人,四川有五人,江苏、陕西、山西各有一至二人。他们活跃于北宋太祖、太宗二朝。到云门下二世、三世之时,云门宗发展迅速。至云门下三世时,云门宗开始走出广东而向江浙及其他地区扩展。

宋仁宗(一〇二三—一〇六三年在位)继真宗之后有意扶助禅宗,支持在京城兴建十方净因禅寺,召请云门宗禅僧洪州(治今江西南昌)泐潭寺怀澄的弟子怀琏(一〇〇九—一〇九〇)入京担任方丈,推动了禅宗在京城和北方的传播。此后,宋神宗下诏将相国寺六十四院改建为八院:二禅院、六律院。这两所禅院是慧林禅院、智海禅院。神宗诏云门宗僧宗本为慧林禅院住持,云门宗僧本逸为智海禅院住持。此后,宋英宗的三女、神宗之妹历封冀国、秦国、越国大长公主,与驸马都尉张敦礼在元丰五年(一〇八二)奏请建成法云禅寺,神宗诏云门宗僧法秀(一〇二七—

一○九○）入住传法。皇室、权贵和儒者士大夫信奉和支持，是促进包括云门宗在内的禅宗在京城和全国迅速兴盛的重要原因。

这样，至云门下四世时，云门宗不仅已经在江浙等地走向兴盛，而且因为先后有禅师应朝廷召请入京传法，在京城和北方迅速扩大影响。著名禅师有雪窦重显的弟子、越州（治今浙江绍兴）天衣寺的义怀（九九三——一○六四），襄州延庆山子荣的弟子、庐山圆通寺居讷（一○一○——一○七一），住持过京城十方净因禅寺、明州育王山寺的大觉怀琏，洞山晓聪的弟子、钱塘（杭州）佛日禅院的契嵩（一○○七——一○七二），庐山开先寺善暹的弟子、南康军（治今江西南昌）云居山了元（一○三二——一○九八）。

至云门下五世、六世时，云门宗进入极盛时期。五世中著名禅师有天衣义怀的弟子、东京（今河南开封）慧林寺的宗本和法云寺的法秀；六世中著名禅师有慧林宗本弟子、东京法云寺的善本，法云法秀的弟子、东京法云寺惟白。然而在此之后，云门宗开始走向衰落。

一一二五年金朝灭辽之后，第三年南下攻陷开封，掳获宋徽宗、钦宗北归。康王赵构于南京（今河南商丘）即位，成立南宋。从此，禅宗传播中心南移，而随着临济宗、曹洞宗走向兴盛，云门宗逐渐失去传承，迅速衰微消亡。

云门宗在中国佛教和文化史上作出了重要贡献。北宋时禅宗兴盛，受社会注重文史文风的影响，促进了禅宗文字禅的发展,先后形成大量体裁多样、卷帙浩繁的文字著述,除有大量传法语录外,尚有拈古、颂古、评唱等等。云门宗僧雪窦重显用偈颂对前人公案作赞颂,撰有《雪窦颂古》百则传世;荐福承古以偈颂对著名的"临济三玄"进行发挥;契嵩比较儒、佛二教异同,撰有会通佛儒的《辅教编》,还有大体以儒家观点撰写的《皇极论》《中庸解》及《论原》等论文,又有梳理禅宗传法世系和传记的《传法正宗记》《传法正宗论》等,两次进京向仁宗皇帝上书,阐述佛教与王道、儒家纲常名教一致,请求朝廷扶持佛教传播。迄今所传著名禅宗"灯史"有五种,称"五灯",其中有两部是云门宗学僧编撰,即佛国惟白编撰的《建中靖国续灯录》、雷庵正受编撰的《嘉泰普灯录》。宋代很多儒者与佛教保持密切关系,对促成儒、佛文化的沟通和交流发挥了积极作用。云门宗僧佛印了元禅师与理学奠基人周敦颐、大文豪苏轼的密切关系,大觉怀琏禅师在京城长期传法,经常接近仁宗皇帝和苏轼等著名儒者⋯⋯这些都在中国文化史上留下饶有韵味的传闻。

南宋以后,云门宗虽日渐衰微以至失去传承,然而云门寺却一直是中国佛教的重要传法中心之一,直至近代以后才日渐败落荒废。著名高僧虚云和尚一九四四年在韶关曲江主持重建曹溪南华寺之后,以一百零五岁的高龄来到乳源县,殚精竭虑地将云门寺重新加以修复,梵宇得以重光,宗风因而再振。虚云和尚既传曹洞禅法,又兼传临济禅法,并且以"中兴云门,匡扶法眼,延续沩仰"自任,致力于培养弘法人才,佛源长老(一九二三—二〇〇九)就是他的门下高足之一。长老于一九五三年接手住持云门寺,在当时困难条件下遵循农禅并重的传统,努力维持寺院运转。在"文革"中,云门寺遭受重大破坏。进入改革开放新时期后,佛源长老回到云门寺,主持重修寺院和恢复法务,再次将云门寺建设为岭南佛教重镇。一九九二年成立云门佛学院,培养出一批又一批法师走上弘法利生和文化教育的岗位。自二〇〇三年开始,佛源长老的嗣法弟子明向法师受命担任云门寺方丈。佛源长老圆寂后,明向法师继承长老未竟之业,在寺院扩建、信仰和道风建设、发展文教等方面不断做出新成绩。

"云门宗丛书"拟由"典籍编"和"研究编"两大部分组成,收云门宗文史文献约三十来种。特别值得一提的是,在"研究编"中收有新编纂的《佛源妙心禅师年谱》、《云门宗史》、《唐宋时期的云门宗及其北渐》、《云门寺文物考古》以及《续修云门山志》、《云门匡真禅师广录研究》、《契嵩佛学思想研究》等,丛书的出版将为社会各界人士了解和研究云门宗、云门寺乃至中国佛教文化史带来方便,并提供具有参考价值的文献资料。

值此丛书面世之际,谨撰上序以为贺。

二〇一三年七月二日于北京华威西里自宅

"云门宗丛书"序三

释明向

中国禅宗起源于达摩祖师西来,尔后衣钵代代相传,至六祖时禅法大兴,"一花开五叶",灿烂辉煌、灯灯续焰,法脉演变为"五宗七家"。云门宗是其中的一宗,其开创者文偃禅师是一位杰出的禅师。文偃祖师悟道曾得到陈尊宿睦州和尚的提携和接引,法脉承传于雪峰义存禅师,并为灵树如敏禅师所器重,在五代十国时期(九二三),蒙南汉国主刘䶮的支持,于广东韶关乳源县云门山兴建寺院,开辟道场,成就云门宗祖庭,云门宗的传法从此有了根据地。

偃祖禅风犀利,孤危耸峻,形成独具特色的云门宗风,其中最为突出的有云门三句"涵盖乾坤、截断众流、随波逐浪","顾鉴咦"、"一字禅"等禅法的传授。令天下学侣望风而至,后人论及各宗禅风时,有"云门天子、临济将军、曹洞土民"之说。

偃祖之后约三百年中,云门宗弟子弘化诸方,住持丛林,法嗣极其兴旺。宋初,云门宗达至鼎盛,宗风振扬于大江南北,涌现了许多出类拔萃的高僧大德,如第二代有白云子祥、德山缘密、洞山守初、香林澄远、巴陵颢鉴等八十余人,第三代有智门光祚、五祖师戒、文殊应真等八十余人,第四代有洞山晓聪、雪窦重显等两百余人,第五代有天衣义怀、佛印了元、云居晓舜、圆通居讷等两百余人。特别是圆通居讷、大觉怀琏、佛日契嵩、慧林宗本、法云法秀等大成就禅师,因宋王朝的推崇敬重而达至尊至贵的地位,住持在京城的各大寺院,使云门宗一时大兴于世,也使得云门宗弘扬的重心由山林转向都市,由粗布麻衣转为紫衣磨衲。这既给弘法带来很多便利,同时也潜伏了深远的危机:当年文偃祖师"忘餐待问,立雪求知,困风霜于十七年间,涉南北于数千里外"的刻苦求知、真参实证的宝贵精神渐渐淡化,而且后来云门宗有部分祖师因过分净土化而失去了禅宗特色。加之云门宗人才流失,金兵入侵的打击等等,诸多原因致使云门宗传至第十一代即光孝己庵深净禅师时,法脉沉寂,灯焰熄灭。晚近以来,禅宗泰斗上虚下云老和尚于一九四四——一九五二年住持云门祖庭,苦心弘化,重续法脉。

一九五三年恩师上佛下源老和尚接任方丈,丕振宗风,后经"反右"及"文革"二十余年诸多磨难历练,恩师道心益坚,并在南华寺冒死护匿六祖灵骸,功德巍巍。恩师于一九八三年重返云门,恢复重建祖庭,日夜操劳,事必躬亲,农禅并重,兴办佛学院,培养僧才。从一九八六年至二〇〇八年期间,在云门寺开坛传戒七次,续佛慧命,为中兴云门宗呕心沥血、不遗余力,并在虚公"三不"精神——不住城市、不住小庙、不住经忏门庭——的基础上,提出了"三要":"将身心倾注在祖师道场,把禅风播扬光大,把明心见性作为终身奋斗的目标",为后人指示了修行弘法的具体目标和要求。在恩师的艰苦努力及巨大的道德感召力之下,云门祖庭常住三百多人,戒律清净,道风纯正,坚持农禅并重的祖师家风,久经患难而始终生生不息的云门宗,今日重新呈现出大兴于世的气象。

二〇〇九年恩师离开人世后不久,云门寺常住四众弟子化悲痛为力量,继承恩师的遗志,把振兴云门宗作为自己的责任,着手修建恩师纪念堂。同时,为了让广大信众以及所有关注中国禅宗发展史,尤其是倾心于云门宗的高峻禅风的学人,能够增进对云门宗的了解,并从中获得生活、学习以及修行的真实受用,云门寺与中山大学哲学系联合编辑历代云门宗祖师的语录等典籍,研究云门宗的历史与思想,计划分批出版,以传承云门宗的纲宗法脉。目前,恩师的纪念堂已落成使用,云门宗典籍的整理、编辑与研究也取得初步的成绩,将陆续分批流通。我们相信,在党和政府的关怀下,在历代祖师的加持下,在诸山长老的提携下,在云门宗四众弟子的共同努力下,云门宗一定能够继往开来、法脉兴盛。

作为云门宗第十四代传人,我有幸参与目前的工作,随喜云门宗的传承和发展,随喜大家的功德,愿云门宗历代祖师的德行精神光照尘寰,广利人天。今不揣鄙陋,聊缀数语,是为序。偈赞曰:

偃祖开山扛大旗,天子气象甚神奇;
涵盖乾坤众流断,随波逐浪正当时。
历代祖师传法脉,承前启后斩荆棘;
龙象踏蹴步贤圣,弘宗演教化愚痴。
兴衰更迭十一代,凋零破败祖灯熄;
虚公中兴秉大愿,含辛茹苦育芳枝。
佛老临难而继任,荷担家业未推辞;
护寺安僧广传戒,育才办学固根基。
农禅并重家风振,德泽普被法雨施;
祖德汪洋言无尽,整编典籍酬大悲。
惟愿后贤续祖业,宗门重辉顾鉴咦;
潜心励志修定慧,孤峰顶上作雄狮。

壬辰年观音诞
广东云门山大觉禅寺明向沐手焚香敬撰

序一

中国禅宗"一花五叶"之一的云门宗由云门山大觉禅寺开山祖师文偃匡真禅师开创。据著名禅宗学者冯学成先生所编纂的《云门宗史话》中的材料显示：文偃禅师座下嗣法弟子八十八名，其中影响深远的有香林澄远、白云子祥、德山缘密、巴陵颢鉴、双泉师宽、洞山守初等，皆禅门宗匠，法化十方。其后云门宗风大振，气吞山河，传遍天下，涌现了不少著名的禅师，如文殊应真、五祖师戒、智门光祚、洞山晓聪、泐潭怀澄、雪窦重显、天衣义怀、圆通居讷、云居晓舜、大觉怀琏、佛日契嵩、佛印了元、慧林宗本、法云法秀、大通善本、慧林怀深等。云门宗在北宋时期得到朝廷推崇敬重，达到鼎盛，成为禅宗第一大宗。同时有大批杰出禅师进驻京城，云门宗的重心也就由山林清修转向了都市弘法。此后，云门宗盛极而衰，到了南宋中期，法脉断传。

云门宗作为禅宗杰出的宗派，流传了三百年而衰落、灯熄。其原因很多，主要有以下几点：

第一，过多的宗师进入宫廷，应酬权贵，日益宫廷化，使云门宗山林清修的特点改变,淡化了刻苦求知的精神。第二,后期不少一流的宗师净土化,过多提倡研修净土法门,使本宗独特的宗风逐渐失去。第三,忽视本宗受法者质量的要求,没有注重本宗后备人才的培养,以致优秀人才外流,使本宗后继乏人。第四,与孤危高峻的宗风有关。云门宗风,出语高古,迥异寻常。末法时代,浅劣根机者多,能克绍者少之又少。第五,与忽视研修教典的风气有关。六祖后,"不立文字、教外别传"的祖师禅在中国得到空前的发展,这是禅宗中国化的标志,也是中国禅宗成熟的表现。顿悟禅的成就,离不开唐朝时期"禅、净、律、密、天台、华严、唯识、三论"(八大宗派)除禅宗之外其他七大宗派的确立和成熟,离不开教典理论研修这个基础。从历史来看,有不少禅修者在弘传祖师禅的同时,因为缺乏对教典研修的提倡,对教理学习研究不够重视,致使浅劣根机者对无上顿悟之禅宗法门,望门兴叹,无法入门。云门宗是禅宗中宗风最为高古孤危的一宗,能相应者更是稀少,后继乏人的表现更为明显。第六,与宋朝文字禅的盛行有关。文字禅的产生对于禅法的传播有一定的促进作用,吸引了一大批士大夫进入佛学领域。但文字禅也有流弊,误导了不少人钻进意识领解之中,以记持古人公案故事、机锋转语为能事,不肯脚踏实地离心意识参禅,使云门宗禅法本具的扫荡学人意识情解的逼拶功能无法显示出来。"醍醐上味"自然无人问津,成了卖不出的滞货。第七,与金兵入侵、北宋灭亡有一定关系。云门宗在北宋时期得到朝廷的推崇和敬重,一大批有名的宗师没有固守山林禅修的阵地而入驻京城。当金兵破宋时,损失最严重的就是云门宗。

云门宗的断传,有外部的因缘,也有本身宗派在弘传禅法时的内部原因。上佛下源老和尚曾深刻地指出,云门宗盛极而衰的根源是"将云门祖师当年'忘餐待问,立雪求知,困风霜于十七年间,涉南北于数千里外'的真参实证,以及刻苦求知的宝贵精神,淡化而至忘却了"。云门宗演变的历史,其经验和教训是极为深刻的。今天我们学习和研究《云门匡真禅师广录》(简称《云门广录》),不仅要领略云门祖师的宗风特点,学习云门宗纲"三句法"、"一字禅"、"顾鉴咦",更要体会云门祖师"涉千里之外"、刻苦求知、真参实证的宝贵精神。末法时代,去圣时遥,根机浅陋者多,而云门宗风高古险峻。《云门广录》对一般人来说,就像天书一样,是一碗难于下口的"铁钉饭"。能对《云门广录》作注解和解读的人几乎没有。可喜的是,上海大学曹瑞锋博士在充分吸收国内外专家学者研究成果的基础上,用了九年时间对《云门广录》做了深入细致的研究,写成《云门匡真禅师广录研究》这一专著,代表了目前大陆学术界关于云门文偃禅师研究的最新成果,为现代人学习、研究《云门广录》提供了一套系统、翔实的史料,是很难得的入门指导。

此专著作为"云门宗丛书"系列之一在上海古籍出版社出版,是一件喜事。执行主编、中山大学冯焕珍教授嘱为之序。聊以一偈作为这篇小序之结语:

偃祖威风树大旗　　高古禅锋最稀奇
涵盖乾坤吞日月　　截断众流度群迷
随波逐浪应病药　　来呈见解顾鉴咦
一字法门行天下　　何劳更举轹中泥
云门先师何处见　　餐风立雪苦求知

乙未年十一月十七　　弥陀圣诞
云门山大觉禅寺明向敬序于丈室

序二

云门宗创始于文偃禅师。《景德传灯录》中记载,文偃禅师座下嗣法弟子有六十一人,其中,韶州白云子祥、朗州德山缘密、益州香林澄远、襄州洞山守初等人,皆一方宗主,气吞天下。北宋时期,云门宗的气势曾一度盖过了临济宗。此后盛极而衰,到了南宋,几成绝响。

云门宗之衰落,既跟它孤危高峻的宗风有关,同时也跟文字禅的盛行有关。末法时代,人心陋劣,以云门之孤高,自非浅根劣机者所能近傍,而克当佛门种草者毕竟是凤毛麟角。在这种情况下,"法堂前草深三尺",也就是情理之中的事情。另一方面,文字禅之流弊将不少学人误导到意识领解中,以记持古人的机锋转语为能事,不肯真实地去做离心意识之功夫,这在很大程度上消解了云门禅法本具的可扫学人一切文字知见的逼拶之张力。当这两者结合在一起的时候,"醍醐妙味"自然就会变成如"死猫儿头"("猫头鹰"俗称"猫儿头")一般无人问津的"滞货"。

关于云门禅之特色,古人早有评价,或称之为"铁馒头",或称之为"铁钉饭"、"铁馂馅"。意即其门庭施设极其高峻,"言语道断,心行处灭",非语言思维之所能领解,无你下口处,一如高高在上的"天子",凛然不可侵犯。故有"云门天子,临济将军"之说。云门宗的这一特点,可从云门"胡饼"、"干屎橛"、"对一说"、"东山水上行"等耳熟能详的公案中,略见一斑。

读《云门匡真禅师广录》(简称《云门广录》),我们会发现,最能够体现云门宗风的,莫过于文偃禅师的"一字禅"了。所谓一字禅,就是师家在接引学人时,随机拈起一字作答,冀欲将学人的思维知见一刀截断,令其于不可思议处,"回头转脑","死中得活"。这一字之答,既是金刚王宝剑,能断学人的一切妄想知见,同时又是笼罩一切的漫天罗网,凡圣齐收,无一法能出其外。

请看云门文偃禅师的一字禅公案——

问:"如何是云门剑?"师云:"祖。"

问:"如何是玄中的?"师云:"堼。"进云:"如何即是?"师云:"速退!速退!妨他别人问。"

问:"凿壁偷光时如何?"师云:"恰。"

问:"如何是吹毛剑?"师云:"骼。"又云:"齘。"

问:"如何是正法眼?"师云:"普。"

问:"如何是啐啄之机?"师云:"响。"进云:"还应也无?"师云:"且缓缓。"

问:"如何是云门一路?"师云:"亲。"进云:"如何即是?"师云:"颠言倒语作么?"

问:"杀父杀母,佛前忏悔;杀佛杀祖,向什么处忏悔?"师云:"露。"

问:"三身中,阿那身说法?"师云:"要。"

问:"承古有言:了即业障本来空,未了还须偿宿债。未审二祖是了? 未了?"师云:"确。"

上述诸多"一字之答",诚如古人所言,"状似铁牛之机,迥超言意之外"。其所问所答,在俗人看来,完全是"丈二的金刚让人摸不着头脑"。可是,祖师毕竟不是胡言乱语,其言外之妙趣究竟如何? 大需我们参究一番。

面对上述一字公案,不同的人或许有不同的反应,但总不出如下四种:

一者觉得这些公案莫明其妙,因不相信宗门中有"大死大活"这回事,于是干脆弃置一边,转寻其他可思可议者。

二者虽然表面上承认公案是不可思议的,但因找不到出处,内心的疑结尚在,故拟议之心不能顿断,同时因不肯真修实证,最终仍不免落入寻求可思可议的文字禅之流。

三者认为公案本来就是要让人离心意识,但不知道"更有转身向上、死中得活"之一路,故虽有疑问却不肯正视,亦不肯落入思维分别中,勉强按捺疑问,令拟议心不起,安住在离念的境界中,以为这个便是古人立公案的本怀。

四者一方面知道公案本来就是不可思议的，以此来斩断学人的思维知见，另一方面还知道，个中尚有转身求活之向上一路，所以不肯住在暂时的离念之死寂中，急急转身求活，得个出处，于是，且疑且参，离心意识，如鸡抱卵，终于有一天打破疑团，彻见本来。

这四种人中，第一种人，要么是对宗门一窍不通，要么是对宗门没有信心、不屑一顾。第二种人，对宗门或有些许的兴趣，但思维发达，知见浓厚，不肯真修实证，亦没有修证经验。这样的人多为"文字禅"之爱好者，亦有少许"未证言证、以师家自居"的"杜撰禅和"。第三种人，对于宗门有兴趣，亦肯真实参究，然而知见不圆，会暂时落入枯木死水中，沉空滞寂，不得大活。只有第四种人才是宗门中真正的本分衲子：面对一字公案，既知道离心意识，不落思维，同时又不肯坐在死水中，能正视疑结、切求向上出身之路。第四种人，宗门中称之为"活汉"，因为他敢于大死大活。大死即离心意识；大活即是出入即离二边，得大自在。第一种人、第二种人，因不肯大死，故没有大死的经历，更不知道有大活的道理，所以只能称之为凡夫，或者说"死汉"。第三种人，虽然敢于大死，却因为死得还不够透彻，或者说因为知见不到位，暂时还没有大活过来，所以亦属于"死汉"。

作为现代人，我们可以借此反省自验：在这四类根器中,我们究竟属于哪一类?面对上述"一字禅",若突然被问着,便张口结舌,不知如何应对,而内在的拟议心依然坚固潜行,不断地在求知求解,此之谓"不得大死"。抑或突然遭逼拶之后,没有了拟议之心,但坐在一念不生处,以为这个便是,更不知转身向上,此之谓"不得大活"。如斯之类,皆不得入云门堂室。

云门禅法之妙,要在"大死大活"四字。大死,就是要离心意识,达于无心,无心乃能合道。然此"无心"非离念之死寂,非枯木之无分别,乃即相离相、即念离念、面对一切境界不为一切境界所转的大自觉、大自主、大自足、大自在之状态,故称之为"大活"。古人喻之为"如珠走盘,灵动自在",又"如水上按葫芦,触着便转",又如岩头和尚所言,"若论战也,个个立在转处"。

久远以来,丛林中盛传云门三句,所谓"函盖乾坤"句、"截断众流"句、"随波逐浪"句。三句之义,历来解说纷纭。究其实,不过是"大死大活"四字而已。大死就是大活,大活就是大死,死中有活,活中有死,死活一如。宗门中喻之为"枯木里龙吟"、"髑髅里瞕眼睛"。云门三句,说是三句,实为一句,一句中具三句,三句中具一句。函盖乾坤同时就是截断众流、随波逐浪;截断众流同时就是随波逐浪、函盖乾坤;随波逐浪同时就是函盖乾坤、截断众流。此三句,若割裂开来,皆是死句;若合为一体,皆是活句。仔细玩味云门文偃禅师的公案、机锋、转语、对辩,我们会发现,它们一一皆含摄这三句的精神。此为学人研读《云门广录》时必备的金刚正眼。

末法时代,因不具金刚正眼、不肯大死的人居多,所以,《云门广录》对绝大多数人来说,只不过是一碗难于咬嚼的铁钉饭而已——既没有滋味,又没有下口处,而且不小心还会杂毒入心、扎破人肚皮。至于它原本就是醍醐上味这一点,却很少有人问津了。是以,云门冷落,于今尤甚,则可知矣。

在此背景下,我们还能够看到曹瑞锋博士的《云门匡真禅师广录研究》,不能不说是一个奇迹。在当今大陆禅宗门下,能够静心研读《云门广录》的人罕有所闻,更不要说在教外了。在这样一个浮躁的时代,居然还有人肯花费大量的时间和精力,将这只"死猫儿头"做成了"大餐",端在公众的面前。如果不是确切知道《广录》真实价值之所在,决不肯有人去冒险做这笔冷生意的。所以,我很佩服瑞锋兄的勇气,更佩服他的睿智。

在目前中国大陆学术界,《云门匡真禅师广录研究》可算得上是第一部系统研究云门文偃禅师的专著。本书充分吸收了国内专家学者及日本学者的研究成果,就《广录》的编录、版本,文偃禅师的生平、禅法思想,以及历代禅德对文偃禅师有关公案的提唱等等,都一一作了非常细致的考证、梳理、分析和述评,应该说,代表了大陆学术界在云门文偃禅师研究方面的最新成果。对于教界而言,本书为那些千载之下想亲近云门祖师的现代人，提供了一套相当系统、翔实的史料，可作为他们全面了解云门祖师的入门指南。

我是1998年结识瑞锋兄的。第一次见到他，他那时风华正茂的学子热情，给我留下了深刻的印象。2005年，受先师净慧老和尚之委托，由我牵头组织整理了一些禅宗祖师的语录，供广大信众修学之用。当时，我邀请瑞锋兄帮助整理《云门匡真禅师广录》。他爽快地答应了，并且不到半年的时间就交稿了。他的整理稿于2006年6月，由河北禅学研究所内部印行流通。他的博士论文最终选择《云门匡真禅师广录》为研究对象，或许与这一段因缘有一定的联系。

世事沧桑，十多年一晃就过去了。如今拿起这本沉甸甸的博士论文，感慨和欣喜莫名。昔人云，"一句染神，历劫不朽"。试问，令瑞锋兄"历劫不朽"的那"一句"，究竟何时"染"入其心"神"的？或许当推到文偃禅师升座说法的时候吧。那时，瑞锋兄是一位比丘？还是一位驱乌沙弥？一笑。

一笑寥寥空万古……天涯目送鸿飞去……

岁次乙未端午
明尧居士序于北京三省堂

目　录

图　表

引　言

一

　　佛教自东汉明帝时开始传入中国,到魏晋南北朝时,佛教与玄学逐渐结合起来:玄学作为士族的哲学,是士族精神的物化和士族的行为准则,而佛教的玄学化倾向,使之在士族中有了广泛而深入的传播。隋唐五代时期,中土佛教形成了众多的宗派,诸如三论宗、天台宗、法相宗、华严宗、律宗、禅宗、净土宗、真言宗、三阶教等。即就禅宗而言,早期从达摩到慧能,衣法六代单传,随后兴起牛头宗、菏泽宗、洪州宗、石头宗,再到唐末五代成一花五叶的五宗,又到宋初成五宗七家,此时的佛教已经中国化,佛教影响到社会各个阶层。研治唐宋哲学历史文学者,无不对当时的佛教尤其是禅宗倍加关注。

　　禅宗从初祖达摩至六祖慧能,一直是单传,六祖之后,才出现五宗七家的根深叶茂局面。五宗是指属于南岳怀让一系的沩仰宗、临济宗,属于青原行思一系的曹洞宗、云门宗、法眼宗,外加临济门下的黄龙、杨岐两派,共成七家。唐宋时期,禅宗从隐修于偏隅之地的水边林下发展到吸引得帝王贵胄频频问道,其之所以兴盛,就教内来说,是不断地有禅师百城烟水寻访师友悟道证道,获得人生的解脱,这是禅宗生生不息、源远流长的最内在、最根本的前提和保证,禅宗之所以重视师资印证和法脉传承,原因也许即在于此。就教外来说,不断地有士大夫熏习文字经教,亲近宗门大德,从而获得心灵解脱,这也是禅宗吸引士大夫的重要原因,宋代禅宗典籍的兴盛以及宋代理学的兴盛,部分原因也在于此。

今天学术界对禅宗的兴趣和研究方兴未艾。现代意义上之学术研究,大致皆不出材料新发现与治学新方法。敦煌文书的发现,不仅带来了材料上的新发现,也带来了治学上的新方法。在禅宗研究领域也是如此。佛教文献不仅现在乃至将来都是整个佛教研究的基石,陈寅恪在《陈垣〈敦煌劫余录〉序》中说:“一时代之学术,必有其新材料与新问题。取用此材料,以研求问题,则为此时代学术之新潮流”。[1] 新资料之发现不仅有赖于出土文献,也有赖于对现存禅籍文献做系统之搜求校勘,从中发现新的问题,并启迪后来者之研究。

在此方面,胡适有关早期禅宗史源的研究,就得力于敦煌遗书中禅宗材料的新发现。胡适采用了实证的和历史的方法研究早期禅宗史,得到了许多新成果,诸如《菩提达摩考》、《白居易时代的禅宗世系》等。日人铃木大拙对

---

〔1〕 陈寅恪《陈垣〈敦煌劫余录〉序》,《陈寅恪史学论文选集》,上海古籍出版社,1992 年,第 502 页。

禅宗的研究则代表了另外的一种方法,由于早年的禅修经历,铃木大拙对禅采取了一种内审式的研究,也是一种体验式的研究。印顺《中国禅宗史》对禅宗的研究在某种程度上可以说是两者的折中,印顺一方面凭借着独特的宗教体验和深厚的教理基础对禅宗史上的一些难题作出了合理的阐释,另一方面也运用了历史和考据的方法,对禅宗史上的一些问题做出了实事求是的说明。

对禅宗的研究固然可以从不同的角度用不同的方法来进行,如对禅宗的历史、宗派、人物等进行研究,但对禅宗精神的直接把握,莫过于从六代祖师以及五宗七家祖师的语录文本直接入手。要想全面了解禅宗,六代祖师和五宗七家的语录不可不研究。对禅宗早期语录的研究,有胡适1930年出版的《神会和尚遗集》,日人田中良昭1991年的《敦煌本六祖坛经诸本的研究》。而对禅宗兴盛时期五宗七家祖师语录的研究,学术界至今还未有一本专著。这是笔者选择《云门匡真禅师广录》(以下简称《云门广录》)作为研究对象的最直接原因。

二

《云门广录》为中国禅宗云门宗创始者云门文偃[1]

---

〔1〕 "云门禅师"为927年文偃禅师主持云门山光泰禅院后之称呼,本文按惯例,在叙述其此前之经历时,亦用此称呼。

（864～949）的语录。云门文偃，唐末五代禅宗祖师，建立了禅宗五个主要宗派之一的云门宗。文偃禅师于睦州禅师处开悟，从雪峰禅师处得法，后经十七年的参访游历，到韶州云门山传法，建立自己的宗派，并得到了"云门和尚"这个称呼。949年云门大师示寂。云门大师的说法语句被其弟子及再传弟子整理成语录三卷。云门宗在北宋初期极度显赫，特别是在士大夫阶层影响深广，云门宗的诸多公案成为禅门第一书《碧岩录》的主要组成部分，云门宗的精神在宋末为临济宗所吸收。

对《云门广录》的版本研究，国内的研究者和成果较少，而日本学者做得比较多，成果也比较突出。

国内的研究者中，杨曾文在《唐五代禅宗史》一书中谈到了《云门广录》的结构，但对其版本流传未作说明。而日本学者在这一领域表现突出，成果较多。主要有永井政之的《云门の语録の成立に関する一考察》与《祖庭事苑の基础的研究》，椎名宏雄的《『雲門広録』とその抄録本の系统》，此外还有 Urs App 的 *Facets of the life and teaching of Chan Master Yunmen Wenyan（864－949）*。永井政之的《云门の语録の成立に関する一考察》发表于1971年的《宗学研究》，《祖庭事苑の基础的研究》发表于1973年的《驹大佛教学部论集》。在前一文中，永井政之推测出《云门广录》至少有两个版本，版本一是《祖堂集》——《祖庭事苑》所涉及的云门语录版本，版本二是守坚编《云门广录》——宗演校勘《云门广录》一系。在后一文中,永井政之把以五山版为底本的现行本《云门广录》与《祖庭事苑》注释对象的《云门语录》做了细致的对比,指出其在语录定型化过程中所起的作用。椎名宏雄的《『雲門広録』とその抄録本の系統》发表于 1982 年的《宗学研究》,该文除了证明永井政之的推论正确之外,还复原了《云门广录》诸版本之间的关系与抄录系统。Urs App 于 1989 年在其博士学位论文 *Facets of the life and teaching of Chan Master Yunmen Wenyan(864-949)*中,研究证明了目前《大正藏》中之《云门广录》是由原本形成于不同时间的文献所汇集编撰而成的。

《云门广录》流布的过程就是版本不断流变的过程:云门语录的最早形态,是一种"纸衣录"的形态,其记录者,是云门的侍者香林、明教;在纸衣录的基础上,历代对云门语录有不同的增补与刊刻,并且会以不同形式被不同藏经体系所收入。笔者将在前人研究基础上,对上述诸如纸衣录、记录者、云门录的历代刊刻及现存版本体系及各种版本收入各种藏经等情况作出论述及说明。

三

云门本人的传记资料,最早的是南汉雷岳所撰《云门山光泰禅院匡真大师行录》(简称《云门行录》《行录》)以及《云门山光泰禅院故匡真大师实性碑并序》(简称《实性

碑》或《南汉甲碑》),南汉陈守中所撰《大汉韶州云门山大
觉禅寺大慈云匡圣宏明大师碑铭并序》(简称《碑铭》或
《南汉乙碑》)。此外,《传法正宗记》卷十七、《祖源通录撮
要》卷四、《宗门统要》卷九、《建中靖国续灯录》卷一、《禅
林僧宝传》卷二、《林间录》、《祖庭事苑》卷一、《联灯会要》
卷二十四、《禅门拈颂集》卷二十三及二十四、《释氏通鉴》
卷十二、《隆兴编年通论》卷二十八、《至元嘉禾志》卷十
四、《释氏稽古略》卷二、《历代佛祖通载》卷十七、《贤奕
篇》卷三、《两浙名贤录》外录卷四、《乳源县志》卷十、《浙
江通志》卷一百九十九、《雪峰山志》卷四、《十国春秋》卷
六十六、《南汉书》卷十七、《嘉兴府志》卷六十二等,都有
对云门文偃禅师的记载。

　　近代以来,与禅宗其他宗派相比,研究云门以及云门
宗的专著较少,就笔者所见,到目前为止,大概有七种,即
岑学吕的《云门山志》、李安纲的《云门大师传》、程东的
《云门宗门禅》、冯学成的《云门宗史话》、日人永井政之的
《云门》、Urs App 的 *Facets of the life and teaching of Chan
Master Yunmen Wenyan*(864 – 949)以及 *Master Yunmen:
From the Record of the Chan Master "Gate of the Clouds"*。

　　岑学吕的《云门山志》,是受虚云老和尚的委托而编撰
的,民国年间编成。其与云门大师有关的部分有:第三篇
《宗统》,其第一章是偃祖传略,为虚云弟子释惟心所撰,分
为:一、幼年儿童及沙弥时代;二、壮年受具及参方时代;

三、晚年为人天眼目时代;四、寂后示瑞。附录为大事年表。第二章是偃祖行录,南汉雷岳所撰。第三章是云门宗法统:一、偃祖前历代祖师传承表;二、偃祖后各代法嗣一览表。第四章是偃祖法语。第九篇《文献》,第一章是遗录:一、请偃祖开堂疏;二、偃祖遗表;三、偃祖遗戒。第二章是碑文:一、大汉韶州云门山光泰禅院故匡真大师实性碑并序。二、大汉韶州云门山大觉禅寺大慈云匡圣弘明大师碑铭并序。第三章是艺文:一、偃祖十二歌;二、偃祖偈颂;三、圆明大师颂云门三句话;四、圆明大师余颂八首。

李安纲的《云门大师传》,1997年佛光文化事业有限公司出版。这是台湾佛光山所编佛门大师传中的一种,是用小说形式写的佛门人物传记,分四章:一、舍身事佛在髫年,持戒空王律法严。二、折脚睦州真谛了,脱柳雪岭道统传。三、诸方游历英名震,灵树冥通上座间。四、御赐紫袍师尊贵,云门绝唱响人天。该书以传记资料为基础,加上一定的艺术想象而成。

冯学成的《云门宗史话》,2008年1月南方日报出版社出版。冯学成本人是一个居士,遍参海灯法师、本光法师、贾题韬老居士、离欲老和尚、遍能老和尚,并于2001年得到当代禅门尊宿云门宗佛源老和尚的传承,《云门宗史话》就是冯学成受佛源老和尚委托而写的云门宗的历史。冯学成在该书序言《从如来禅到祖师禅》中对禅宗的源头和发展做了介绍。该书卷一讲云门宗的创立,分五章。第一章：云门宗的宗源法脉。第二章：云门文偃大师的学道历程。第三章：游历诸方和云门大师风格的形成。第四章：人天眼目——云门道场的建立和兴盛。第五章：云门纲宗略说。

日本学者永井政之的著作《云门》，2008 年 5 月日本临川书店出版。《云门》是迄今为止最新的研究云门以及云门宗的著作。日本学者非常注重基础性的文献研究，永井政之是日本驹泽大学的教授，驹泽大学是研究中国禅宗的重镇，具有非常悠久的研究禅宗的历史传统。永井政之亦是日本研究云门宗最好的学者之一。《云门》共三章。第一章：云门文偃之传记。第一节：云门之传记资料。永井政之首先列举了灯史上的云门资料，它们是《祖堂集》卷十一、《景德传灯录》卷十九、《传法正宗记》卷八、《禅林僧宝传》卷二、《五灯会元》卷十五、《释氏稽古略》卷三、《碧岩录》第六则等；然后列出了最早的三个资料，它们是南汉雷岳的《云门行录》、《实性碑》，陈守中的《碑铭》，并对此三篇文献做了现代语的解释。第二节：文偃生活之时代。第三节：云门文偃后之云门山。第二章：云门之禅。第一节：《祖堂集》与《禅林僧宝传》中所提到的云门禅，其中特意提到了《祖堂集》中独有而其他文献没出现的《十二时偈》和《宗脉颂》。第二节：《云门广录》成立之道。在其中，提到了《云门广录》与《祖庭事苑》之间的关系。第三节：雪窦、圆悟与《云门广录》。其中提到了《雪窦颂古》

《碧岩录》中的云门语录。第四节:《云门广录》中的云门禅。其中提到了函盖乾坤之禅与截断众流之禅。第五节:云门禅之管见。第三章:云门宗之传承。

岑学吕的《云门山志》,虽名山志,其实是人志,着重写了云门开山祖师云门禅师和中兴云门的虚云老和尚,而重点是虚云老和尚。尽管如此,其关于云门的资料还是比较珍贵的,尤其是其中的大事年表,已具有了云门年谱的雏形。冯学成的《云门宗史话》,在卷一的第二章《云门文偃大师的学道历程》、第三章《游历诸方和云门大师风格的形成》、第四章《人天眼目——云门道场的建立和兴盛》中集中介绍了云门大师,可以看做云门大师的传记,对其中的一些年代问题也做了一些考证,可以作为编写年谱的参考资料。日本学者永井政之的《云门》,用了较多的文献对云门的生平加以说明。Urs App 的 *Facets of the life and teaching of Chan Master Yunmen Wenyan*(864-949),将云门文偃禅师之生平分成五个阶段,即早期僧侣生涯;睦州,悟道;朝圣,雪峰;继续朝圣;驻锡广东,传法。

《云门广录》中关于云门禅师的五篇文献(指《游方遗录》《大师遗表》《遗诫》《行录》《请疏》),是研究云门禅师生平的重要资料,也是《云门广录》的重要组成部分,故笔者在前人研究基础上以此五篇文献为主,结合《实性碑》《碑铭》等其他文献,说明云门禅师之生平经历。据《行录》《遗表》,概要说明云门生平。据《行录》《游方遗录》

《实性碑》《碑铭》《祖堂集》《祖庭事苑》《禅林僧宝传》《传法正宗记》《景德传灯录》《建中靖国续灯录》《五灯会元》等论述志澄、睦州、雪峰与云门之师承关系。据《游方遗录》,说明云门十七年参访诸问题。据《请疏》《遗诫》,说明云门禅师说法之起止时间。据《实性碑》《碑铭》,说明云门与南汉政权诸问题。

而就《云门广录》的文本进行结构分析,除了 Urs App 的博士学位论文 *Facets of the life and teaching of Chan Master Yunmen Wenyan* (864 – 949)及 *Master Yunmen: From the Record of the Chan Master "Gate of the Clouds"* 一书之外,很少有学者论及。

《云门广录》是记录云门言教与禅法的主要文本载体,欲窥云门之真精神真境界,不能不读其语录,故笔者以最易见的日本《大正藏》第 47 册所收《云门广录》三卷本来分析其内容构成,分对机、室中语要、垂示代语、勘辨、偈颂五部分论述。在对机部分,首先说明对机的一般含义,再以《云门广录》中第一则至第十一则对机为例说明云门禅师首次开堂说法的整个过程。在室中语要部分,首先说明室中语要的一般含义,再举例说明《云门广录》中室中语要举古拈古的形式。在垂示代语部分,首先说明垂示代语的一般含义,再举例说明《云门广录》中代语与别语的形式。在勘辨部分,首先说明勘辨的一般含义,其次分析云门勘辨的对象、内容及形式,最后将云门之勘辨与天台宗锁试法勘辨做了比较。在偈颂部分，首先说明偈颂的一般含义，其次分析《祖堂集》《云门广录》中所收云门之偈颂，最后对《全唐诗续拾》误收云门偈颂情况做了说明。

四

关于云门禅法，最主要的就是云门三句、云门一字禅、云门两种病、云门顾鉴咦。

现有的几种禅宗史或佛教史著作都对云门的这几种禅法做过描述。这几种著作是蒋维乔《中国佛教史》、忽滑谷快天《中国禅学思想史》、吴立民主编《禅宗宗派源流》、杨曾文《唐五代禅宗史》、洪修平《中国禅学思想史》。

蒋维乔《中国佛教史》取材于日人境野哲《支那佛教史纲》之宋前部分，但有订正与增补。该书被视为首部以近代治史方法撰写的中国佛教简史，堪称经典，不失为一本了解中国佛教历史的基本读物，很有系统地建立了中国佛教史的架构。在第十四章《唐之诸宗》中，蒋氏提到了五家之宗风。其解释五家宗风为"曹洞丁宁、临济势胜、云门突急、法眼巧便、沩仰回互"。所谓"突急"指云门宗风有奔流突止之概。[1]

忽滑谷快天的《中国禅学思想史》为其所著《禅学思想史》之中国部分，后者分"印度部"和"中国部"，以"中国

---

〔1〕 蒋维乔《中国佛教史》，上海古籍出版社，2005 年，第149—150 页。

部”为主，占全书十分之九。《禅学思想史》上下两卷，分别在 1923 年和 1925 年出版，是忽滑谷快天的博士学位论文。忽滑谷快天是日本近代早期著名佛教学者，自幼受曹洞宗传统教育。此书主要根据汉译佛教经典和中土佛教著述，考察了禅宗从印度传入中国，以及在中国形成、盛行、衰落的演变历史。在第二十八章《云门文偃与罗汉桂琛》中用了大部分篇幅阐述云门禅法，分成几个部分：一、云门之门庭。忽滑谷快天认为云门接人酷似睦州、赵州、雪峰，故四卷《广录》中，无平实语，言言句句出人意表。二、云门之泯绝无寄。忽滑谷快天认为云门之法道如大火聚，烧尽一切，使之泯绝无寄，而随处发现这个大光明。三、云门之格外玄机。忽滑谷快天把云门“干屎橛”“胡饼”看做格外玄机。四、云门两般二种之病。忽滑谷快天认为两般之病不外空有之二见。五、云门之一字禅。忽滑谷快天认为云门对机有以一语一字蓦地截断葛藤之慨，此他宗师多所未见。[1]

吴立民主编的《禅宗宗派源流》在第九章《云门家风》用了一章的篇幅阐述从五代至宋末的云门家风，分别是“文偃机用”、“雪窦中兴”、“义怀宗乘”、“宗本禅理”、“契嵩新流”、“灯灯续焰”。在“文偃机用”中，主要阐释了文

---

〔1〕 〔日〕忽滑谷快天著，朱谦之译，《中国禅学思想史》，上海古籍出版社，2002 年，第 339—342 页。

偃的云门三句、云门三病、云门一字禅、云门八要。云门三句为函盖乾坤句、截断众流句、随波逐浪句。此书对云门三句作出了自己的解释。所谓函盖乾坤，即是说绝对之真理充斥天地之间，至大无外，无所不包。这一无所不包的绝对真理，即是灵敏不昧的宇宙之心，就其随缘现为万相说，它是法相；从其为成佛的根据说，即是佛性。也就是六祖慧能所说的一切万法从此出的真如佛心。所谓截断众流，就是要破除学人的烦恼妄执，反对执着于语言名相，从而达到函盖乾坤的境界，文偃正是由此而悟道的。既明宇宙万象，平等一如，又破妄执情识，不取对待，那学人应于何处用功呢？这就是云门三句的第三句随波逐浪。修禅只要能随顺自然，任运自在，自识本性，别无用心，便为解脱。只有无心于事，无意于物，主客双泯，物我两忘，方能得大自在，得一个本然天真的本来面目。对于云门三病，此书给出的解释说是文偃开示门人，若欲得自在之境，须除去法我二执。吴氏认为，修道人在修行中最易犯三种病，即云门三病。其一指修行未到悟境，仍停滞于相对分别之迷妄中；其二是已达悟境，然因执着悟境，以致无法自由自在；其三自以为已至悟境，而得不依于一物之自由。其实，天地与我同根，万物与我一体，自心与外物是不可隔绝的。[1]

---

〔1〕 吴立民等编《禅宗宗派源流》，中国社会科学出版社，1998 年，第358—366 页。

　　杨曾文在《唐五代禅宗史》第八章《禅门五宗的形成及其早期传播》中用了一节的篇幅谈文偃和云门宗。首先谈了文偃的生平以及其嗣法于雪峰、传法于云门等事,然后谈了云门的语录《云门广录》,最后谈了云门宗的禅法。杨曾文以南汉雷岳所撰《云门行录》《实性碑》及南汉陈守中所撰《碑铭》资料,结合《祖堂集》《景德传灯录》《禅林僧宝传》《联灯会要》《五灯会元》对云门生平做了一个简单介绍。然后对《云门广录》之结构作了一个简单的说明。对云门宗的禅法,杨曾文则作了较为详细的阐述,并给出了自己的解释:一、人人具有佛性,自悟是根本。杨曾文认为云门所说的"光明"就是人人生来具有的清净佛性或本心。二、批评盲目地搜求公案语录和到处行脚游方。杨曾文认为云门并不反对游方,云门本人也曾到南北各地访师参禅,涉足数千里疆土,云门所反对的是忘记游方的本意、不把自悟放在心头的盲目行脚游方者。三、道在自然日用之中。杨曾文认为解脱之道在日常生活之中,应该在觉悟自性上用力,探照自己的本来面目、本地风光。云门文偃以其独特的风格,也向门人和前来参学者展示这个道理。这种风格是和六祖一脉相承的。四、云门三句和一字关。杨曾文认为云门三句和一字关是云门的门庭施设,云门三句是用形象而又隐晦的语言对真如佛性和禅师接引学人之原则所作的描述。函盖乾坤句讲天地万物皆为真如佛性的显现,相互圆融,彼此无碍。截断众流句启示学人须中断借助文字语言而进行的思辨过程,应于内心领悟真如实相。随波逐浪句是说对于参学者应根据他们的根机和对佛法的理解来进行引导。[1]

洪修平在《中国禅学思想史》的第八章《越祖分灯与五家宗风》中,用了一节的篇幅阐述云门宗:一、文偃与云门宗;二、禅学思想与云门三句;三、宗风与法脉。洪修平认为云门文偃由雪峰义存、德山宣鉴、龙潭崇信、天皇道悟而上承石头希迁的宗风,在禅学思想上强调无心自然,一切现成,在接机方式上则注重截断学人情思,促使其无心自悟。洪修平解释云门三句说:函盖乾坤意为宇宙万象,本真本空,事事物物,悉皆真现,故即事而真,一切现成。截断众流为云门宗接引学人的重要方法,意为截断情识心念,不要用语言文字去把握真如,而应于内心顿悟。随波逐浪意为对参学者应因机说法,即根据不同的对象采取不同的教学方法。[2]

上述几种佛教史和禅宗史著作都对云门禅法做了不同程度的阐述。忽滑谷快天从教法教理上阐释云门禅法。吴立民和洪修平从现代哲学体系及本体论、认识论、方法论角度阐释了云门三句。杨曾文从佛性论上阐释了云门

---

〔1〕 杨曾文《唐五代禅宗史》,中国社会科学出版社,1995 年,第 529—547 页。

〔2〕 洪修平《中国禅学思想史》,中国人民大学出版社,2007 年,第261—263 页。

三句。而笔者拟从云门三句、云门顾鉴咦的历史渊源及其与其他宗派之关系分析云门禅法。在云门三句部分,首先说明云门三句之得名、来源,其次分析云门三句与禅宗五宗宗旨、棒喝、临济三玄、天台宗之《法华经》体宗用、唯识宗三自性的通融性。在云门顾鉴咦部分,首先说明云门顾鉴咦之得名、师承渊源,其次分析云门顾鉴咦与云门一字禅、云门三句之关系。

五

云门宗在宋代盛极一时,但宋之后法系不振。而作为文本的《云门广录》之公案不断地被后代禅师所阐释而流延。其阐释形式为拈古、颂古、评唱。有所谓四大颂古——《雪窦颂古百则》《投子颂古百则》《丹霞颂古百则》《宏智颂古百则》,还有以此为基础的相应的四大评唱——《碧岩录》《空谷集》《虚堂集》《从容录》。此外著名者还有《无门关》。后代的拈古、颂古总集有《宗门拈古汇集》《禅宗颂古联珠通集》,《宗门拈古汇集》收入云门机缘公案 52 则(高于赵州和尚的 47 则)、拈古 161 则。《禅宗颂古联珠通集》,收入宗师 426 人,机缘公案 818 则,颂 5 600首。其中云门公案 62 则,约占全部公案的十三分之一,有关云门公案的颂古 287 首,约占所有颂的二十分之一。云门公案无疑是云门对后代影响的直观感性显现。并且,后代禅林有阅云门语与《云门录》而开悟者,到清末还有此类例子,由此也可见云门对后世影响之一斑。然而,对公案阐释文体的系统解释,对相应的各种拈古集、颂古集、评唱集中云门公案的系统梳理,对阅云门语录而开悟学人的系统整理,当代学人于此还未著力,今不揣浅陋,作初步之解释、梳理及整理。

第一章 《云门匡真禅师广录》之编录刻印

第一节 《云门广录》之编录

一、最早记载形态——纸衣录

惠洪《林间录》的记载

——纸衣——香林纸衣录

《云门广录》是中国禅宗云门宗创始者云门文偃（864～949）的语录,在其定型和正式刊刻前,是以纸衣录的形态存在的。惠洪《林间录》（成书于北宋大观元年,1107 年）记载:

> 云居佛印禅师曰:"云门和尚说法如云,绝不喜人记录其语,见必骂逐曰:'汝口不用,反记我语,他时定贩卖我去。'今对机、室中录,皆香林、明教以纸为衣,

随所闻,随即书之。"〔1〕

　　通过这条记载,可以了解至少《云门广录》中对机、室中录(室中语要)的早期形态,是记录在"纸衣"上的。

　　僧传中有许多地方描写僧人"布衣纸衣",纸衣到底是何时兴起流行的,到底是由什么材质做出来的?《旧唐书·回纥列传》记载:"时东都再经贼乱,朔方军及郭英义、鱼朝恩等军不能禁暴,与回纥纵掠坊市及汝、郑等州,比屋荡尽,人悉以纸为衣,或有衣经者。"〔2〕这是关于纸衣的最早记载。纸衣,也就是纸制的衣服,属粗衣之一类。又作纸绢、纸袍、楮衣。以蒷蒻等植物的地下球茎洗净煮熟,冷至适度,去皮,捣之成糊,粘缯厚纸成衣,并涂柿涩,晒干后以手揉之使软,著之露宿一夜,则柿涩之臭气可尽除。质地强韧,足以挡雨露风寒。轻而便利,所费亦少,古时著用者多。由于其经济实用,古代僧人多有著纸衣者。"布衣纸衣"在一定程度上也成了僧人的

---

　　〔1〕　惠洪《林间录》X87－248b10～13。在稍晚刊行的惠洪另一著作《禅林僧宝传》(宣和六年,1124年)所收云居佛印了元禅师的传记中也有相似的记载,了元禅师尝谓众曰:"昔云门说法如云雨,绝不喜人记录其语,见必骂逐曰:'汝口不用,反记吾语,异时裨贩我去。'今对机、室中录,皆香林、明教以纸为衣,随所闻即书之。"X79－551b10～13
　　〔2〕　刘昫《旧唐书》第5204页。

代称。[1]

此类"纸衣录"形态的语录，事后经过加工整理、抄录、刊印，然后再流布世间。可以进一步推测，古代禅师语录在正式刊行前，很可能都有一个"纸衣录"的阶段和形态，尤其是那些绝不喜人记录的禅师更是如此。《大正藏》本《云门广录》共有字 53 068 个，除去苏澥序、遗表、遗诫、行录、请疏，大概还有 50 724 个字，以香林作云门侍者 18 年计算，每年记录近 2 818 字，若除去非香林记录者，当为更少。可见即使是纸衣所录，也只是记录了云门禅师所说的很少的一点，可以肯定地说，说法如云的云门禅师，其大量的言语并没有被记录下来。

二、记录者——香林澄远与明教师宽

云门侍者——侍者职责——纸衣记录
——香林在云门处时间考——香林、明教

云门最著名的侍者就是澄远了，关于澄远的传记，据佛国惟白《建中靖国续灯录》(1101 年)载：

成都府香林澄远禅师，姓上官氏，汉州绵竹人也。

---

[1] 如禅籍中所记载的扣冰澡先古佛、纸衣道者。扣冰禅师是五代梁时僧人，曾参访过雪峰禅师，雪峰谓之异日必为王者师。扣冰尝谓众曰："古圣修行，须凭苦节。吾今夏则衣楮，冬则扣冰而浴。"《五灯会元》第 123—124 页。

投成都真相院出家,十六岁圆具。后离蜀入秦,登青峰,蹑子陵。旋之荆湘,参后龙牙,有发机之地。寻过岭,抠衣云门匡真禅师,请益祖意,大豁所疑。侍奉十有八载,日探玄旨。复归成都,请住导江水清宫吴将军院。甲子岁,嘉王奏请师住香林禅院。雍熙四年(987年)丁亥二月,知府密学宋公玶,请至普安院安下。十二日,遍辞众官曰:"老僧行脚去。"通判曰:"遮汉风狂,八十岁,行去哪里?"密学曰:"大善知识,去住自在。"至十三日,示众云:"老僧四十年来不能打得成一片。"言讫坐逝。[1]

佛国惟白记录了澄远侍奉云门十八载,未言及澄远记录云门语录之事。之后六年,在惠洪的《林间录》有了明确的记述(见上节引文)。

在佛陀时代,佛陀的言教就是由其侍者阿难给后世留下的。《妙法莲华经》中有佛陀对侍者阿难护持法藏后成佛的授记,如:"阿难常为侍者,护持法藏……尔时佛告阿难:'汝于来世当得作佛,号山海慧自在通王如来、应供、正遍知、明行足、善逝、世间解、无上士、调御丈夫、天人师、佛、世尊。当供养六十二亿诸佛,护持法藏,然后得阿耨多罗三藐三菩提。'……而(佛)告之

_____

[1]《建中靖国续灯录》X78-647b4~13

曰：'诸善男子！我与阿难等，于空王佛所，同时发阿耨多罗三藐三菩提心。阿难常乐多闻，我常勤精进，是故我已得成阿耨多罗三藐三菩提，而阿难护持我法，亦护将来诸佛法藏，教化成就诸菩萨众，其本愿如是，故获斯记。'"[1]

佛教传入中国，侍者的这一职责在禅林清规中有了明确的规定。《敕修百丈清规·侍者》云："侍者之职最为近密，观道德于前后，听教诲于朝夕，亲炙参扣，期法道底于大成，而礼节常宜恭谨。庆喜之侍瞿昙，香林之侍云门，佛祖重寄，其可忽诸？凡住持上堂、小参、普说、开室、念诵、放参、节腊特为、通覆相看、挂塔烧香行礼、记录法语，烧香侍者职之。"[2]禅林祖师的言句都是由担负特殊职责的侍者负责记录的。无著道忠在《禅林象器笺》中也说："禅祖语要，不事华藻，以常谈直说，侍者小师随而笔录，此名语录。"[3]

现在的问题是，云门的所有语录是不是都是澄远记录的？除了澄远，云门还有没有别的侍者记录其语？

关于香林澄远记录云门语录的多少，有三种观点：一是所有云门语为澄远所录；二是云门语录中的对机、室中录为澄远所录；三是云门语录中的室中录为澄远

〔1〕《妙法莲华经》T9-26b27~28、c4~8,T9-30a2~7
〔2〕《敕修百丈清规》T48-1131c9~18
〔3〕 见《禅林象器笺》第1129页。

所录。

关于上述第一种观点，如《丛林校定清规总要》云："古者如香林远之侍云门，十有八载，一言半句，录在纸衣。"[1]第二种观点，如上述惠洪《林间录》所引佛印禅师之语云："今对机、室中录，皆香林、明教以纸为衣，随所闻，随即书之。"[2]此外，《禅林备用清规》云："上堂佛事（即对机——作者注），请益因缘（即室中语要——作者注），随即录呈，庆喜之侍瞿昙，香林之侍云门，佛祖寄重，其可忽诸？"[3]第三种观点，如圆悟克勤《碧岩录》云："云门室中，垂大机辩，多半为他远侍者，随处入作，云门凡有一言一句，都收在远侍者处。"[4]

另外，对记录者也有三种不同的说法，即香林澄远、香林与明教[5]、明教。如上所述，《丛林校订清规总要》、《禅林备用清规》、《碧岩录》归于香林澄远；《林间录》、《禅林僧宝传》归于香林与明教；至于单独归为明教的说法，见于

---

[1]《丛林校定清规总要》X63－604b12～13

[2]与《林间录》所记略有不同，"对机、室中录"，《禅林僧宝传》作"室中、对机录"。

[3]《禅林备用清规》X63－647c6～8。关于上堂为对机，详见本书第三章。

[4]圆悟克勤《碧岩录》T48－157b2～4

[5]明教师宽是云门禅师的弟子。《禅林僧宝传》载："明教在云门，一日闻白槌曰：'请师宽充典座。'明教翻筋斗出众，曰：'云门禅属我矣。'及住持，尝自外归，首座问曰：'游山不易。'明教举拄杖曰：'全得渠力。'首座夺之，即随倒卧。首座掖起，度与拄杖，明教便打曰：'向道全得渠力。'余尝想见其人，今观善公施为，真克家子也。"X79－518c05～10

《东京慧林慈受广录序》中。[1]

　　要解决上述问题,厘清澄远在云门处的起止时间,也许不无裨益。

　　几种禅宗文献记载了澄远在云门处为侍者18年,如圆悟克勤《碧岩录》记载:"是时云门旺化广南,香林得得出蜀,与鹅湖镜清同时。先参湖南报慈,后方至云门会下,作侍者十八年,在云门处亲得亲闻。他悟时虽晚,不妨是大根器。居云门左右十八年,云门常只唤远侍者,才应喏,门云:'是什么?'香林当时,也下语呈见解弄精魂,终不相契。一日忽云:'我会也。'门云:'何不向上道将来?'又住三年。云门室中,垂大机辩,多半为他远侍者,随处入作,云门凡有一言一句,都收在远侍者处。"[2]现在根据有关禅宗文献推测澄远在云门处的起止时间。据上引佛国惟

─────────

〔1〕《东京慧林慈受广录序》云:"其徒曰:'不然,云门和尚说法如云,殊不□(疑为许,或为喜)人记录其语,见必怒骂。当时明教以纸为衣,□□(疑为随有)所闻,即笔记之。今对机室中录,皆所传也。使明教从云门言,则古塔主无因以悟,而今日丛林不复闻当时所说也。我辈宁违背老师之诚,而愿与后人共闻之。'余曰:'去彼取此,我不敢知,援明教之事而流传老师言句,则同道者庶几有取于斯。'因□(疑为录)其语而□(疑为授)之。绍兴乙卯上元日盛。"X73-117c11~18。绍兴乙卯年为绍兴五年即1135年,《碧岩录》成书于1128年,相距仅七年,而一言明教,一言远侍者,而独言明教,唯此一处,不知所据。

〔2〕圆悟克勤《碧岩录》T48-157a28~b2。此外如《丛林校订清规总要》云"古者如香林远之侍云门,十有八载。"X63-604b12。《应庵和尚语录·示通修造》云"香林见云门,十八年作侍者。"X69-535a5。《指月录》云"依云门,十八年为侍者。门凡接师,则呼曰远侍者。师应诺,门曰:'是甚么?'如此者十八年,一日方悟。门曰:'我乃今更不呼汝矣。'师一日辞门,门曰:'光含万象一句,作么生道?'师拟议,门令更住三年。"X83-634b16~20。

白《建中靖国续灯录》(1101年),澄远示寂于雍熙四年(987年)二月,世寿八十,澄远示寂时言"老僧四十年来不能打成一片",据此可知,澄远是在四十岁时在云门处开悟。因为在禅宗传统中,开悟之后有一个保任的过程,也就是打成一片的过程。由此示寂之年上推40年,即澄远在云门处开悟之年为947年,这一年,云门禅师八十四岁。由此再上推18年,即为澄远到云门之年——929年,这一年云门禅师六十六岁,而在云门禅师六十四岁时云门山光泰禅院始建成,又由于云门禅师949年示寂,所以可以推测,澄远追随云门禅师时间最长为929—949年,为21年(前18年澄远为云门侍者。之后3年为云门首座。详下)。如果上述推测成立的话,那么现存《云门广录》对机部分的首则就不可能是澄远记录的。因为对机部分的首则是文偃禅师于919年在灵树首次开堂说法的记录。

澄远在云门禅师处开悟后,可能在云门会下做了一段时间的首座。[1]比如《五灯会元》记载:"(澄远)在众日,普请锄草次,有一僧曰:'看,俗家失火。'师(指澄远)云:'哪里火?'曰:'不见那?'师曰:'不见。'云:'这瞎汉。'是

---

〔1〕 首座,也称上座、第一座、座元、首众、禅头。《祖庭事苑》云:"首座,即古之上座也。梵语悉替那,此云上座。此有三焉。《集异足毗昙》曰:'一、生年为耆年。二、世俗财名与贵族。三、先受戒及证道果。'古今立此位,皆取其年德干局者充之,今禅门所谓首座者即其人也。必择其己事已办,众所服从,德业兼备者充之。"X64-431a22~b2。由此推测,澄远在云门处开悟后任首座。

时,一众皆言远上座败阙。后明教宽闻举,叹曰:'须是我远兄始得。'"[1]澄远在云门会下做首座的时候,可能明教宽在做云门的侍者。《灵树远禅师云岩集》云:"非言教,曷以被遐荒、亘古今? 所以愤启悱发,首重当机;流演传宣,最尊结集。故香林、明教于云门室中衣裓袄窃书,古人卫法之心概可想也。"[2]

由上述论述,可以初步得出下列结论:按照佛教或者禅宗的规制,祖师的言教是由专门的人负责记录的,一般是由侍者负责记录。虽然云门文偃禅师像临济禅师一样,不希望人们记录其言句,但还是有不少言句被记录下来,其中室中语要、勘辨是由侍者记录的,而对机部分大多是上堂(第一次上堂说法称为开堂——作者注)说法的记录,上堂说法的对象是僧俗大众,记录者除了侍者外,大概还有听法的参学者。《云门广录》的大部分内容为澄远所记录,因为澄远做云门侍者 18 年,是 929—947 年。此前能确定云门禅师开堂说法的有一次,是 919 年在灵树,而后 927 年在云门山光泰禅院开堂说法,至 949 年云门文偃禅师示寂。澄远以前文偃禅师的侍者不能确定,此后是明教师宽可以确定。因此可说,云门言句由其侍者和一些参学

---

〔1〕《五灯会元》X80-309a16~19。此外《联灯会要》记载:"师在众时,普请锄茶次,一僧唤云:'看,俗家火发。'师云:'哪里失火?'僧云:'你不见那?'师云:'不见。'僧云:'这瞎汉。'是时,一众皆谓远上座败阙。后智门宽(明教)和尚闻云:'须是我远兄始得。'"X79-228b10~13。

〔2〕《灵树远禅师云岩集》J34-386a13~15

者所记录,后由门人守坚加以整理并刊印。

三、整理者——明识大师守坚

门人明识大师赐紫守坚集——《实性碑》所记

守坚——参学小师——明识大师——守坚与守贤

现存《大正藏》本《云门广录》及《古尊宿语录》所收之《云门广录》的每一卷开头都有"门人明识大师赐紫守坚集"的识语,但是在各种灯录和僧传中罕见有关守坚的记载,只有《实性碑》中提及了守坚。949年四月二十五日,云门大师肉身被送入塔的那一天,《实性碑》记载如下:"月二十有五,诸山尊宿具威仪,道俗千数,送师于浮屠,灵容如昔。依师训塔于当山方丈内,法龄七纪二,僧腊六旬六。……在会参学小师守坚,始终荷赞,洞契无为。"〔1〕由此可知,云门大师示寂的那一年,守坚的身份是参学小师。按丛林规矩,20岁受具足戒,受具足戒未满十夏者称小师。〔2〕小师有时也担任侍者一职。在这一年,守坚只是未满30岁的青年比丘。但为什么《云门广录》上说是"门人明识大师赐紫守坚集"呢?可以推测,在云门示寂后,是守坚把前人记录的云门语录作了搜集整理,之所以称"门人明识大师赐紫守坚集",大概是守坚获得赐紫后加上去的,之后此版本一直流传下来。

---

〔1〕《云门山志》第184—185页。

〔2〕[日]无著道忠《禅林象器笺》第353页。

在灯录中有云门弟子明识大师的记载,据《景德传灯录》(1004 年)卷二十二中"前韶州云门山文偃禅师法嗣"载:"连州地藏院慧慈明识大师。僧问:'既是地藏院,为什么塑炽盛光佛?'师曰:'过在什么处?'问:'如何是地藏境?'师曰:'无人不游。'"〔1〕此处所记载的明识大师与《云门广录》所说的"门人明识大师赐紫守坚"不知是否为同一人,目前还没有可靠资料能得出结论。

云门的弟子有一个是守贤,一些学者在其著作中猜测守坚与守贤是否是同一个人。例如忽滑谷快天在《中国禅学思想史》中说:"《古尊宿语录》卷十五至十八所收《云门匡真禅师广录》,乃门人明识大师赐紫守坚所集。守坚之传不明,《景德传灯录》卷二十三并《五灯会元》卷十五所列云门文偃法嗣中,有衡州大圣寺守贤禅师者,是同人或否?"〔2〕其实,如果看一看赞宁《宋高僧传》对守贤的记载,就会否定守坚和守贤是同一个人的可能性。《宋高僧传》记载如下:"释守贤,姓丘氏,泉州永春人也。少而聪达,渊懿沈厚,誓投吉祥院从师披剪焉。后游学,栖云门禅师道场,明了心决。趋彼衡阳,众推说法,衲衣练若之人,若百州之会于朝夕池矣。……乾德中,告众曰:'吾有债愿未酬,心终不了。'明日入南窑山投身饲虎。弟子辈去寻,见

---

〔1〕 《景德传灯录》T51 - 386b2 ~ 4
〔2〕 [日]忽滑谷快天《中国禅学思想史》第 339 页。

双胫皮袴缠且存耳。收阇维之,得舍利无数。报龄七十
四。今小浮屠藏遗体焉。"〔1〕乾德(963～968)是宋太祖赵
匡胤的年号,守贤乾德中示寂,报龄七十四,而守坚949年
尚不足30岁,两者衔接不上,所以可以肯定地说,守坚和
守贤不会是同一个人。

尽管守坚在搜集整理云门语录上做了许多工作,但是
为什么在后代的灯录和僧传中却很少提及他,而频频提及
的是香林澄远? 一个不容忽视的原因是,守坚没有出名的
弟子和再传弟子,而香林澄远的弟子和再传弟子中出现了
像智门光祚、雪窦重显、天衣义怀、慧林宗本、法云法秀等
许多影响北宋禅林的大禅师。Urs App 说:"守坚协助云门
大师很长一段时间,使他成为云门语录的记录者和最初编
辑者。他的名字在据我所知的禅宗文献中的缺失,不能据
此怀疑他在此方面的作用。正如下面将要看到的,人们倾
向于把编辑权归于那些有继承者能绍继云门宗传统的人,
而不是归于像守坚一样的人,因为他没有培养出任何著名
的宗门继承者。经常是仅仅通过这样的继承者和他们的
宗门传承而使禅师获得声誉。"〔2〕

综上,有理由推测,云门文偃禅师的言语是通过他的
历任侍者或相关人员逐步积累下来的,其中以香林澄远和

---

〔1〕 赞宁《宋高僧传》T50－860a2～12

〔2〕 参见 Urs App. The Making of a Chan Record: Reflections on the
History of the *Record of Yunmen*. P19。

明教师宽比较著名,在云门禅师示寂后,守坚在此基础上做了集中整理。

四、香林、明教二系弟子的贡献

香林一系——天衣义怀——苏澥——圆觉宗演

明教一系——法英

正如惠洪《林间录》所言,云门禅师言句之记录的早期形态是香林、明教的纸衣录。之后的不同形态的云门录,也多是香林、明教二系的弟子进行刊刻的。

1053 年天衣义怀禅师重修云门录,天衣义怀就是香林一系的弟子,其法系是云门文偃——香林澄远——智门光祚——雪窦重显——天衣义怀。1076 年,苏澥刊刻《云门广录》,苏澥是天衣义怀禅师的在家弟子。1143—1145 年,鼓山宗演刊刻《云门广录》,并且宗演所刊版本是以后各种版本的唯一来源。宗演亦是香林一系的弟子,其法系为云门文偃——香林澄远——智门光祚——雪窦重显——天衣义怀——天钵重元——元丰清满——圆觉宗演,是云门第八世。

那么,明教一系弟子对云门语录的编集做了什么工作呢?[1]《祖庭事苑》中有一篇法英的序。摘录如下:

----

〔1〕 宋祁(998~1061)《景文集》卷六十二收有一篇《云门录序》,引录如下:"道之概,及言而粗。言之微,至书而略。然概而不得不强者道,粗而不得不谓者言,略而不得不著者书。忘言之言,未始有言也;可道之道,(转下页)

　　后达摩五百年而生云门，随机应问，逗接来学，凡有言句，竞务私记，积以成编。虽不许传录，而密相受授，阅之巾衍，后世惜其流布之不广，遂刊木以印行于时。吾少读之，疑其书之脱误，欲求他本较之而未暇，然吾宗印写传录率多舛谬者，盖禅家流清心省事，而未尝以文字为意。大观二年春，吾以辅道之缘，寓都寺之华严，会睦庵卿上人过予，手书一编甚巨，其目曰《祖庭事苑》。以尽读之，见其笔削叙致，动有师法，皆可考据，因扣其述作之由。且曰曩游丛林，窃见大宗师升堂、入室之外，复许学者记诵。所谓云门、雪窦诸家禅录，出众举之，而为演说其缘，谓之请益。学者或得其土苴绪余，辄相传授，其间援引释教之因缘、儒书之事迹，往往不知其源流，而妄为臆说，岂特取笑识者，

（接上页）未始有道也。故虽终日示吾境、鸣吾喙、污吾简，我何累哉！若大士永询者，其有言而无累欤！惟师得于禅师善，善承宽、宽继云门，云门于法最先觉者也。夫得无所得，是名得法，觉无所觉，是名先觉。故师于景祐龙集乙亥，即荆南福昌寺甫坐道场，天驹玉象，蹴踏群势，黑白咨求，悦而承风，一缘万应，无有中畔。故其语非牵和属缀，非粉泽华藻，顺俗悦凡，独妙逗机，欲令昧者得入，知者径悟，空文多言者，无所旁缘。自唐以来，斯道遂显，诸老大乘更提而迭唱之，高足上首，奔走讙集，盖别行一趣，不得而阙。今道隆所录，亦由是乎？若乃凭默遣言，默境已立，用遣遣默，遣情弥炽。如我说者，物至则应，不为言言，理解而止，不为默然，言以交荐，不为遣遣，圆里妄真，以合大方。曩之为云门、为宽、为善，今之为师，一用是说，无二道焉。齐安守史馆麻君方之，契师道缘，间不容翻，裒录抵仆，且俾序辞。仆晚闻道，故着师出世之自，道隆述者之意，方之见托之重，以冠篇端，亦不知言为录之肒赘欤？录且待肒赘而足欤？广平宋某子京记。"见《文渊阁四库全书》本《景文集》。永询亦为明教一系禅师。

其误累后学,为不浅鲜。卿因猎涉众经,遍询知识,或
闻一缘、得一事,则录之于心,编之于简,而又求诸古
录,以较其是非,念兹在兹,仅二十载,总得二千四百余
目。此虽深违达摩西来传心之意,庶几通明之士推一
而适万,会事以归真,而《事苑》之作,岂曰小补?[1]

其中法英提到自己年少时读云门语录,"疑其书之脱误,欲
求他本较之而未暇",说明法英年少时就有不同的云门语
录版本,想对之进行校对刊录,但是没有时间。后来见到
了睦庵善卿的《祖庭事苑》,睦庵善卿在对云门语录中的词
语进行解释时,也做了一些不同版本之间的校勘工作。如
此看来,法英也有校勘云门语录的想法。而法英就是明教
一系的弟子。黄绎勋考证作序的四明比丘法英就是《建中
靖国续灯录》的明州大梅祖镜禅师,也是《嘉泰普灯录》的
庆元府大梅祖镜法英禅师,其理由是《嘉泰普灯录》中有法
英之详细传记,法英为鄞县人,鄞县位于今之浙江宁波,另
外法英并于各灯录中冠有"明州"、"庆元府大梅"和"四
明"等别号,这些别号皆为地名。宋之明州、庆元府即今之
浙江宁波一带,大梅,山名,位于庆元府境内;四明为四明
山之简称,位于今浙江鄞县西南。因此,这些灯录中记载
之法英与《祖庭事苑》序之作者,姓名与地望相符。其次,

[1] 见《祖庭事苑》X64－313a9～b4

《嘉泰普灯录》记法英为云门派下,将其传承从《景德传灯录》、《天圣广灯录》连结到《续传灯录》,正如《嘉泰普灯录》所述:法英嗣鉴韶,韶嗣泐潭怀澄,澄嗣五祖师戒,师戒为云门文偃的法孙,即云门文偃→双泉师宽→五祖师戒→泐潭怀澄→九峰鉴韶→四明法英。法英在《祖庭事苑》序中,特别提及达摩五百年而生云门,又少时读云门语录之事,显示出他与云门之关系密切。[1]

由上可以看出,云门录的刊刻与香林、明教二系的弟子有密切关系,尤其是香林一系。

第二节 《云门广录》版本

一、早期主要刻本

1. 北宋皇祐五年本(天衣义怀修订本)

天衣序——《祖庭事苑》所列天衣古本词条

在睦庵善卿《祖庭事苑》卷二"七十二棒"词条下,曾引及天衣义怀为重修云门语录所作的序。如下:

大师讳文偃,嗣雪峰存禅师。其初,广王刘氏命

〔1〕 参见黄绎勋《论〈祖庭事苑〉之成书、版本与体例》,《佛学研究中心学报》第 12 期第 132 页。

住韶州灵树,后迁居云门,赐号匡真。演化五十余载,去此一百三十祀,乃有升堂、举古、垂代言句,抑有示者流落华夏禅丛,好事者集而摸板焉。丞数因禅人入室请益,颇见语句讹谬,因缘差错。噫!去圣时遥,鱼目相溢,燕金楚玉,浑有尘沙,秋菊春兰,箧闻其采。常思其芟削,未协素愿。今年夏住秋浦,警众外,聊得披览斯文,乃援笔修之,删繁补阙,遂成其秩。庶使游圣门者,必外堂奥;适大道者,罔惑多歧。子(应作予——作者注)辞藻素谬惭,非作者之文,直笔抚实,聊序其由,哲者无为文字之累矣。时皇祐五年五月望日,住秋浦景德禅院传法沙门义怀述。[1]

天衣义怀是云门一系的禅师,他的法系是云门文偃——香林澄远——智门光祚——雪窦重显——天衣义怀。而香林澄远就是用纸衣记录云门言句的云门侍者,天衣义怀重修云门语录,也许内在的动机就是以此表明自己是云门正统的传承者。通过这篇序文可以知道,天衣义怀重修云门语录的直接原因是他所见的云门语录"语句讹谬,因缘差错",于是"删繁补阙",重修云门语录。而且,其所修改的云门语录内容是升堂、举古、垂代言句,这些内容大致对应于今天《云门广录》中的对机、室中语要、垂示

----

〔1〕 见《祖庭事苑》X64 - 339a3 ~ 15

代语部分所包含的内容。这也是对云门语录内容的最早分类记录。修改后的云门语录,其中的一个内容是云门室中录。这在睦庵善卿的《祖庭事苑》中有明确的记载。睦庵善卿《祖庭事苑》对云门语录做了一些校勘,时时以天衣义怀本为依据,睦庵善卿将云门语录分为三部分:云门录上、云门录下、云门室中录,由此可以推测,天衣义怀重修本也包括这三部分。

睦庵善卿《祖庭事苑》中提到的天衣义怀本的名称有"天衣古本"、"怀和上本"、"怀和尚本"、"古本"、"怀本"、"怀和上云门室录"。在校勘中还具体到了几板几行的地步。

下面通过列表说明《祖庭事苑》中天衣义怀本的一些情况。

表 1-1　《祖庭事苑》中所记天衣义怀本情况

《云门广录》中的位置	《祖庭事苑》中的位置	词条	天衣义怀本特征
未见	云门录上	諰諰诅诅	按天衣古本作怔怔偬偬,音孔熄,事多也。
对机	云门录上	钟声	按天衣古本作钟声里披七条。
室中语要	云门室中录	是分不分	当作不可不分也,见怀和上本。
室中语要	云门室中录	时云	若有,第五板十五行上脱"若有"二字

续　表

《云门广录》中的位置	《祖庭事苑》中的位置	词条	天衣义怀本特征
室中语要	云门室中录	本来法	赏个名唤作本来法,第六板第十三行上少八字,见怀和上本。
室中语要	云门室中录	师云	一切法皆是佛法,绳床露柱是一切法,还我佛法来,僧无对。师又问僧:经中道。第六板第十八行少三十字,见怀和尚本。
室中语要	云门室中录	者里	乃喝云:"长连床上饱吃饭了说葛藤。"第十二板第十二行下少十四字,见怀和尚本。
室中语要	云门室中录	便打	师举:僧问睦州:"以一重去一重即不问,不以一重不去一重时如何?"州云:"昨日栽茄子,今日种冬苽。"第十三板三行后脱此一节。古本云不以一重不去一重,今学者多不举不字,而或妄以为园头之缘者,误矣。
室中语要	云门室中录	举僧问	举:僧问云居:"湛湛时如何?"居云:"不流,说甚么湛湛?"师云:"此是嚼铁之言。"已上三节,见怀和尚本。
室中语要	云门室中录	无情	说法,第十六板六行下脱二字。

《云门广录》中的位置	《祖庭事苑》中的位置	词条	天衣义怀本特征
室中语要	云门室中录	国师云	当作国师碑文云。第十七板九行上。
室中语要	云门室中录	说法	身说，即是应化身说。十七板二十二行上脱九字，见怀和尚本。
室中语要	云门室中录	书字	曾有僧问老僧："如何是诸佛出身处？"我向伊道："东山水上行。此总是向上拈提时节。"此一节脱一十六字，第十九板第二行中。
室中语要	云门室中录	什么	物合成一块。第十九板十一行少"物"字，剩"不是"二字。什么，当作甚么。
室中语要	云门室中录	向绳墨	当作打椀子。第二十板二十二行中，见怀本。
未见	雪窦祖英上	风作何色	西禅东平与官员坐次。西禅云："风作何色?"官无语。禅却问僧，僧拈起衲衣云："在府中铺。"禅云："用多少帛子？"僧云："勿交涉。"禅无语。云门代云："咄！者话堕阿师。"见怀和上云门室录。

2. 北宋熙宁九年本（苏澥刊正本）

苏澥序——苏澥——苏澥序刊本的内容

现存最早的云门语录刊本（1267 年）中有一篇苏澥

的序,作于北宋神宗熙宁丙辰年,也就是 1076 年,这说明 1076 年大致有一个云门语录的刻本存在。苏澥序文如下:

> 祖灯相继数百年间,出类迈伦,超今越古,尽妙尽神,道盛行于天下者,数人而已,云门大宗师特为之最。擒纵舒卷,纵横变化。放开江海,鱼龙得游泳之方;把断乾坤,鬼神无行走之路。草木亦当稽首,土石为之发光。其传于世者,对机、室录、垂代、勘辨、行录,岁久或有差舛,今参考刊正,一新镂板,以永流播。益使本分钳锤,金声而玉振;峥嵘世界,瓦解而冰销。必若列派分宗,不免将错就错。论功纪德,已是埋没前贤;画样起模,适足糊涂后学。若是顶门有眼,甚处与云门相见?
>
> 熙宁丙辰三月二十五日
> 权发遣两浙转运副使公事苏澥序〔1〕

苏澥为苏舜元之子,苏舜元与苏舜钦为兄弟。苏澥曾任两浙转运副使,福建转运使、转运副使,也曾出使过高丽,宋神宗曾经向苏澥索要其父苏舜元的墨迹,苏澥也善

---

〔1〕 见《云门广录》T47-544c29~545a12.

于制墨。[1] 苏澥有一些表现佛教思想的诗[2]，更为重要的一点是苏澥为天衣义怀的俗家嗣法弟子，《建中靖国续灯录》载："（义怀）后住铁佛、投子、枏林、广教、景德、杉山、天衣、荐福，道化盛行，嗣法者悉世龙象，学士苏澥、吏部苏注，皆以师敬。"[3] 天衣义怀重修云门录，之后再有苏澥勘正新刻，也就有了内在传承的一致性了。

通过苏澥序，可以大致知道其所刊刻云门语录的内容有对机、室录、垂代、勘辨、行录。这些内容大致对应于现存最早的《云门广录》的对机、室中语要、垂示代语、勘辨、行录。相较于天衣义怀本则多出了《勘辨》和《行录》。

3.《事苑付注项目》（《祖庭事苑》中《云门录》注释底本）

《祖庭事苑》——《祖庭事苑》所涉及云门录版本

——古云门录——怀和尚本——印本——

逸失的《云门录序》——逸失的《云门室中录序》——拾遗

椎名宏雄在《『雲門広録』とその抄録本の系統》一文

---

[1] 《书录》载有苏澥向宋神宗献字一事。《墨史》载有苏澥制墨事。见《文渊阁四库全书》本《书录》卷中、《墨史》卷中。

[2] 参见《文渊阁四库全书》本《天台续集》卷中。比如《国清寺》诗："自嗟灵骨久埋沦，惆怅当年旧事存。青眼重开萧寺路，无人隔夜扫松门。"《大慈寺》诗："身去寥寥无朕迹，此时谁会真消息。黄金灵骨今尚存，指示世人人不识。"《题石桥》诗："连云霭翠迭重重，直下双溪拥霁虹。荣辱自分山色外，利名不到水声中。清凉世界随心现，方广楼台遂感通。愿侍千僧共谈麈，拨开陈障出樊笼。"

[3] 见《建中靖国续灯录》X78－666a17～19

中,把《事苑付注项目》看做《云门广录》现存最早的版本,
这篇文章发表于 1982 年的《宗学研究》。[1] 之后,Urs App
在 The Making of a Chan Record:Reflections on the History
of the *Records of Yunmen*(《语録の形成—云门广録の歴史
的考察》)一文中,把《祖庭事苑》中出现的早期《云门录》
词汇和现存《大正藏》第四十七卷中所收《云门广录》中的
相应词汇列表作了对比。[2] 这篇文章收入于 1991 年的
《禅文化研究所纪要》第十七号。

《事苑付注项目》的"事苑"是指《祖庭事苑》。《祖庭
事苑》为宋代僧睦庵善卿所编,大观二年(1108)序刊,绍
兴二十四年(1154)重刊,今收录于《卍续藏》第一一三册。
本书共八卷,是古来禅籍中最古的辞典之一,全书内容如
下:第一卷:《四明法英序》、《睦庵略传》、《云门录》上、
《云门录》下、《云门室中录》、《雪窦洞庭录》、《雪窦后
录》。第二卷:《雪窦瀑泉集》、《雪窦拈古》、《雪窦颂古》。
第三卷:《雪窦祖英集》上。第四卷:《雪窦祖英集》下、
《雪窦开堂录》、《雪窦拾遗》。第五卷:《怀禅师前录》、
《怀禅师后录》、《池阳百问》。第六卷:《风穴众吼集》、
《法眼录》。第七卷:《莲华峰录》、《八方珠玉集》、《永嘉
证道歌》。第八卷:《十玄谈》、《释名谶辨》、《语缘》、《杂

---

〔1〕 《宗学研究》1982 年第 3 期,第 196 页。

〔2〕 参见 Urs App. The Making of a Chan Record:Reflections on the
History of the *Record of Yunmen*, 72~79。

志》。卷末附录大观二年八月建武军节度使之跋、绍兴二十四年比丘师鉴之重刊跋及同年六月玉津比丘紫云之后序。前五卷收云门宗一系禅师的语录典籍,第六卷及以后收临济、法眼系禅师的语录典籍。《祖庭事苑》解释以上文献难解之语义,揭橥其典故事缘,并匡正脱落之字句,共有二千四百余项,涉及到云门禅师语录的为二百零九项。《祖庭事苑》作为禅籍的辞典,对云门语录的解释,一方面,其所引释教之因缘、儒书之事迹,固然对读懂读通禅籍不无裨益;另一方面,这些注释词语以及睦庵善卿对此做的按语,为《祖庭事苑》中失传的云门语录的注释底本提供了文字线索,并进而为考索注释底本的一些特征提供了可能。

睦庵善卿时代存在至少四种云门录的版本:云门古录、怀和尚本、印本以及《祖庭事苑》所用底本。关于《祖庭事苑》所用底本,由上述内容可以知道,这个底本包括三部分:《云门录》上、《云门录》下、《云门室中录》。通过Urs App 对《祖庭事苑》所收云门语录的词语与现在《大正藏》47 册所收《云门广录》中相应词语位置的列表比较,可以发现《云门录》上包含了部分《云门广录》卷上对机、歌偈以及《云门广录》卷下颂的内容。《云门录》下包含了部分《云门广录》卷中代语和《云门广录》卷下勘辨的内容。《云门室中录》包含了部分《云门广录》卷上对机,《云门广录》卷中室中语要,《云门广录》卷下勘辨、游方遗录的内容。

此外,睦庵善卿在《祖庭事苑》中还提到了云门古录、怀和尚本、印本等云门语录的版本。关于云门古录,在"透法身"词条下,睦庵善卿加了一条案语:"尝读云门古录,僧问:'如何是透法身句?'师拈起拄杖云:'会么?'僧云:'不会。'师云:'北斗里藏身。'今脱拈拄杖一节,似失当时宗旨。"[1]拈起拄杖这个情节为云门古录所有,《祖庭事苑》所用的底本中没有,睦庵善卿此处案语显然有校勘的意味在。关于怀和尚本,显然是指天衣义怀《重修云门录》这个版本,可参看上述天衣本部分。关于印本,睦庵善卿在解释《云门室中录》中的词语时,有三处提到了印本:其一是举法身说法;其二是举三种人;其三是举光明寂照。引述如下:

> 举法身说法
>
> 举:法身说法。青青翠竹总是法身,未是提掇时节。有为无三世,是有为法,何处得三世来?无为有三世,不是守寂处法。此是实学葛藤言语,未是提掇时节,于拈提犹在半途。已上一节,印本分作三段,而又语言颠错,故录此以证之。[2]

---

〔1〕 见《祖庭事苑》X64 - 316a10 ~ 12

〔2〕 见《祖庭事苑》X64 - 321c5 ~ 9

举三种人

师举：三人，一人因说得悟，一人因举得悟，一人才见举便却回去，你道却回者意旨如何？师云："直饶与么，也好与三十棒。"与印本不同，而又旨意显焕，故用录之尔。[1]

举光明寂照

因僧举：光明寂照遍河沙。师云："岂不是张拙秀才语？"僧云："是。"师云："话堕也。"此缘印本语意倒错，而或谓张拙为相公，因录其缘以示学者。拙，唐人也。因访石霜，霜问曰："公何姓？"曰："姓张。""何名？"曰："名拙。"霜曰："觅巧了不可得，拙自何来？"公于言下有省，乃述悟道颂曰："光明寂照遍河沙，凡圣含灵共我家。一念不生全体见，六根才动被云遮。断除烦恼重增病，趣向真如总是邪。随顺众缘无罣碍，涅槃生死是空花。"[2]

睦庵善卿三次提到印本，并且指出了印本的缺陷是"语言颠错""语意倒错"。那么这个印本到底是个什么样的版本呢？睦庵善卿在"七十二棒"词条下有一处说明："见怀

〔1〕 见《祖庭事苑》X64－321c10～13
〔2〕 见《祖庭事苑》X64－321c17～322a1

禅师《重修云门录》,与今摹印者颇殊。"[1]此处摹印者,可能就是睦庵善卿提到的印本,因为在天衣义怀《重修云门录序》中说道:"好事者集而摸板焉。丞数因禅人入室请益,颇见语句讹谬,因缘差错。"[2]正是天衣义怀见到《云门录》"语句讹谬,因缘差错",才重修云门录的,天衣义怀看到的《云门录》的缺陷和睦庵善卿看到的印本的缺陷是一样的。由此推测,睦庵善卿提到的印本和天衣义怀提到的其删补前的云门录可能是一个版本。由此亦可推测,印本是比怀和尚本要早的一个版本。

那么,这个印本和睦庵善卿提到的云门古录是否为同一版本?从睦庵善卿对此两个本子的评语以及对底本校勘使用的情况看,应该不是一个版本。

在《祖庭事苑》开首的词条,从"师资"到"涉沥"共23个,在今天的《云门广录》里没有对应,可以推测这些是已经逸失的《云门录序》的词语。这23个词语中有一个是"曹溪",被证知是《云门录序》中的词语,即《祖庭事苑》卷三《雪窦祖英》上的一个词条"曹溪流",睦庵善卿解释为"见《云门录序》'曹溪'"。[3]此外,此23个词语在天衣义怀《重修云门录序》和苏澥《序》中都没有对应。而紧接着的第24个词语是"升堂",在《云门广录》作"上堂",升

---

〔1〕 见《祖庭事苑》X64 - 339a2 ~ 3
〔2〕 见《祖庭事苑》X64 - 339a7 ~ 8
〔3〕 见《祖庭事苑》X64 - 350b20

堂与上堂同义,之下就是"三藏""五乘""八教",恰好就是《云门广录》对机第一则,即云门禅师首次在灵树禅院开堂说法的用语。由此内证和外证,可以知道此 23 个词语为今天逸失的睦庵善卿所用底本《云门录序》的词语。

此外,《云门室中录》也应是一本独立之书,并且有自己独立的序。由《祖庭事苑》的目录来看,《云门录》上、《云门录》下应为一书,《云门室中录》又为一书。推测《云门室中录》为独立之书,且有独立之序的更重要的根据是:《祖庭事苑》对《云门室中录》解释的首两个词条"五叶""善吉"在今天的《云门广录》的《室中语要》中没有对应,更确切地说在《云门广录》中没有对应。在"善吉"词条下,还提到了逸失的序中的一些言句。今将此两个词条引录如下:

五叶
达摩传法偈曰:"吾本来兹土,传法救迷情。一花开五叶,结果自然成。"

善吉
梵云须菩提,此言善吉。序云:"毗耶问疾,何独美于文殊? 舍卫解空,亦偏推于善吉。"盖序家抑扬之意。亦,当作岂,乃传写之误。《智论》七十人(人当为八——作者注)。问曰:"佛为一切智,何以不自为说主,而令须菩提说般若?"答:"须菩提乐于空行,偏善说空。般(疑脱若字——作者注)波罗蜜多说空,故令须菩提说也。"〔1〕

词条"善吉"中,"序云:'毗耶问疾,何独美于文殊? 舍卫解空,亦偏推于善吉'",显然是序的遗文。由此可见,词条"善吉"显然是指序中提到的善吉。

此外,另一个佐证,就是《祖庭事苑》所列的雪窦八部集,椎名宏雄对前七部进行列表,从略称、原提名、成立年代、编者、序者予以区别,〔2〕由此我们可以推断,雪窦七部集为各自独立之书,进而,《祖庭事苑》所列云门二录亦应为各自独立之书。

《祖庭事苑》中《云门室中录》的最后,录有"拾遗"三则,此三则不是对具体词语的解释,而是云门禅师完整的三则语录。并且此三则语录在现存各种云门禅师的语录集中未出现。今引录如下:

拾遗

举雪峰云:"我且作死马医,一口吞尽乾坤。"师云:"山河大地何处得来? 直饶者里倜傥分明,特舍儿

<hr>

〔1〕 见《祖庭事苑》X64-320c5~12
〔2〕 参见椎名宏雄《『明觉禅師語録』諸本の系統》,《驹泽大学佛教学部论集》第26号,第202页,1995年。

七十棒反成一百四十。"

　　师举西禅东平共官人坐次。西禅云:"风作何色?"官人无对。禅却问僧:"风作何色?"僧拈起衲衣云:"在府中铺。"禅云:"用多少帛子?"僧云:"勿交涉。"禅无语。师代云:"咄!者话堕阿师。"

　　师因炙茄次,问僧:"吃得多少茄子?"僧云:"和上试道看。"师云:"你问我,与你道。"僧便问。师云:"消不得。"[1]

此三则语录是睦庵善卿引录的《云门室中录》底本上的,还是睦庵善卿自己搜集得来的呢? 在《祖庭事苑》对雪窦禅师《雪窦洞庭录》、《雪窦后录》、《雪窦瀑泉集》、《雪窦拈古》、《雪窦颂古》、《雪窦祖英集》、《雪窦开堂录》中的相关词语之解释的最后,如同《云门室中录》最后有拾遗三则一样,有《雪窦拾遗》二十九篇,并给出了此类拾遗的来源。

　　雪窦拾遗
　　即雪窦录中所未编集者,得于四明写本,或诸方石刻及禅人所藏手泽。凡二十九篇,谨录于左。[2]

---

〔1〕　见《祖庭事苑》X64－322c5～12
〔2〕　见《祖庭事苑》X64－374b5～7

可以看出,《雪窦拾遗》是未收入雪窦诸语录集中的,是睦庵善卿从各地写本、石刻及其他人所藏信札转录而来。由此,我们也可以推测,《云门室中录》后的"拾遗三则",也是睦庵善卿从各种渠道搜集而来。这说明云门禅师语录的编集是一个不断搜集整理的过程,但遗憾的是睦庵善卿所搜集的"拾遗三则"未被后来的整理者纳入到云门语录集中去。

4. 南宋绍兴本(圆觉宗演校勘本)

> 圆觉宗演——椎名宏雄对
> 圆觉宗演主持鼓山年代的考证
> ——Urs App 对此版本内容的推测

现存最早收入《云门广录》的《古尊宿语录》版本是中国台湾"中央图书馆"所藏的一个本子,重刊于南宋度宗赵禥咸淳三年,也就是 1267 年。此本子所收《云门广录》的每一卷末尾都有"住福州鼓山圆觉宗演校勘"之识语。[1]

由此可知,现存最古的《云门广录》的校勘者是圆觉宗演。圆觉宗演是云门一系的禅师,为云门第八世。《补续高僧传》有宗演的传记。[2]

---

〔1〕 参见《云门广录》T47－553c18,567b7,576c28
〔2〕 见《补续高僧传》:宗演,河北恩州人,姓崔氏,元丰满禅师弟子,唱云门之道者也。法貌修整,持守严密。宣和中,徽宗诏入内庭说法,赐紫方袍。当时有大因缘,前后凡住十三院,度弟子一千二百余人。住永福能仁寺时,先是,寺僧有生缚猕猴,以泥裹塑,谓之猴王者,岁月滋久,遂为居民妖祟。遭之者,初作大寒热,渐病狂不食,缘篱升木,自投于地,往往致死,小儿被害尤甚。于是祠者益众,祭之不痊,则召巫觋,垂夜至寺前,鸣金吹角,(转下页)

　　宗演何时主持福建鼓山？据椎名宏雄的考证当在 1143～1145 年间。《鼓山志》卷四载宗演晚年于绍兴十三年（1143 年）主持福建鼓山，两年后，即绍兴十五年（1145 年）移住雪峰山。《雪峰志》卷五载宗演绍兴十五年当山，次年示寂，寿七十三，腊五十一。由此，椎名宏雄推断宗演生卒年为 1074～1146 年，主持鼓山为 1143～1145 年，故宗演校勘《云门广录》也在主持鼓山期间。[1]

　　宗演此版本的意义何在？Urs App 对宗演的重要性做了说明，并对此版本内容作出了自己的推测。Urs App 说："不幸的是宗演的这个版本没有保存下来，但是咸淳三年本《古尊宿语录》所收《云门广录》中'住福州鼓山圆觉宗演校勘'之识语表明，现存最早最完全的《云门广录》只能是 1144 年宗演此版本的重印本。除非有人发现了相反的证据，我们必须假定宗演是《云门广录》失存版本的编辑（校勘者），并且这个失存版本是所有以后版本的唯一来源。这里已不再需要进一步强调宗演在云门语录编纂史

（接上页）目曰取构，寺众亦撞钟击鼓，与之相应言助神，日甚月盛，莫或之改。适师移住是寺，闻而叹曰："汝可谓至苦，其杀汝者既受报，而汝淫及乎人，积业转深，何时可脱？"为诵大悲咒资度之。是夜师坐，见妇人人身猴足，血污左腋，下旁一小猴，腰间铁索絷两手，抱㩁女再拜于前曰："弟子猴王也，久抱沉冤之痛，赖法力得解脱上升，故来致谢。"复乞解小猴索，师从之。且说偈曰："猴王久受幽沉苦，法力冥资得上天；须信自心原是佛，灵光洞耀没中边。"听偈已，再拜而去。明日启师堂，施锁三重，盖顷年曾为巫者射，中左腋，以是尝深闭，猴负小女如所睹，乃碎之。并部从三十余躯，亦皆乌鸢鸱枭之类所为也。投之溪流，其怪遂绝。师后归雪峰终焉。X77－522a14～b10

　　〔1〕 参见椎名宏雄《『雲門広録』とその抄録本の系統》。

上的重要性了。"〔1〕Urs App 又说:"可能宗演给云门语录增加了许多内容,这些内容包括传记信息(行录、游方遗录、遗表、遗诫、请疏和最后关于梦的记事),还可能对第三部分的其他内容贡献良多。我们不知道宗演在编辑(校勘)云门语录的时候用了什么材料,但是他一定至少参考过睦庵的评论,因为在现存版本里,睦庵关于云门语录内容的许多修改建议被采纳了。然而不能排除一种可能性,即这些修改已经被(更早的)苏瀚版本所指出并被宗演直接采用,或者在编辑《古尊宿语录》的过程中被采用了。"〔2〕

宗演校勘的这个《云门广录》版本产生后,曾经单独存在,后收入赜藏主编集之《古尊宿语》中,1267 年,觉心居士重刊《古尊宿语录》时,《云门广录》亦在其中。

5. 南宋淳熙五年本

《适园藏书志》所记《古尊宿语录》书志特征

虽然南宋淳熙五年(1178 年)序本《古尊宿语录》也收有《云门广录》,但和南宋咸淳三年(1267 年)刻本有所不同,淳熙本为二卷,咸淳本为三卷。此外,《适园藏书志》对淳熙五年本《古尊宿语录》的书志特征有如

〔1〕 参见 Urs App：The Making of a Chan Record：Reflections on the History of the *Record of Yunmen*,《禅文化研究所纪要》第50—51 页,1991 年。

〔2〕 参见 Urs App：The Making of a Chan Record：Reflections on the History of the *Record of Yunmen*,《禅文化研究所纪要》第52—53 页。

下描述：

　　古尊宿语录　二十九卷　宋刊本
　　原序二十二家，现二十五家二十九卷，又有续增
矣。宋刊本，每半叶十二行，行字不等。高五寸七分，
广四寸。白口，单边。字数在上鱼尾上，页数在下鱼
尾下。气象静穆可敬。序曰：晴藏主刊行《古尊宿语
录》二十二家，有补于宗门多矣。惜不略叙其始末为
阙典，就中惟大随、赵州有行状。枢使懒窝大居士沈
公来殿是邦，权衡此道，一见谓住鼓山德最曰："虽《传
灯》《广灯》《续灯》《僧宝传》具载，而衲子未暇检阅卒
读，则惘然不知，宜撮其大概标于卷首。"德最谨略具
其始终出处，有不载者则阙焉，学者一览便见，是亦一
助也。淳熙戊戌腊月望日。
　　二十五家
　　佛眼禅师语录二卷，徐俯序。
　　南院　名慧颙。临济第三世。唐庄宗时人。
　　首山　名省念，莱州人。姓狄氏。临济第六世。
宋太宗时人。
　　叶县　名归省，冀州人。姓贾氏。临济第六世。
宋真宗时人。
　　神鼎　名洪諲，襄水人。临济第六世。宋真宗
时人。

承天　名知嵩。临济第六世。宋真宗时人。

石门　名蕴聪,南海人。姓张氏。临济第六世。宋仁宗时人。

南泉　名普愿,郑州人。姓王氏。唐文宗时人。

投子　名大同,舒州人。姓刘氏。石头第四世。梁乾化时人。

睦州　名道踪,严州人。姓陈氏。马祖第四世。唐玄宗时人。

赵州　马祖第三世。

云庵真净禅师语录三卷,苏辙序,程衷后序。

法华　名齐拳。临济第七世。宋仁宗时人。

大愚　名守之,太原人。姓王氏。临济第七世。宋仁宗时人。

云峰　名文悦,南昌人。姓徐氏。临济第八世。宋仁宗时人。

杨岐　名文会,袁州人。姓冷氏。临济第八世。宋仁宗时人。

道吾　名悟真。临济第八世。宋仁宗时人。

云门匡真禅师广录二卷,门人守坚集。

琅琊　名慧觉,西洛人。临济第七世。宋真宗时人。

白云　名法演,帛州人。姓邓氏。临济第十世。

大随　马祖第四世。

　　子湖　名利踪,澶州人。姓周氏。马祖第三世。
唐僖宗时人。

　　鼓山　名神晏,大梁人。姓李氏。石头第六世。
晋高祖时人。

　　洞山　名守初,凤翔人。姓傅氏。宋真宗时人。

　　智门　名光祚。云门第三世。[1]

　　《适园藏书志》言:"原序二十二家,现二十五家二十
九卷,又有续增矣。"那么原序的二十二家是哪几家? 续增
的三家又是哪三家? 通过上述《适园藏书志》对二十五家
书志特征的描述,可以看到对佛眼禅师、真净禅师、云门禅
师的描述与其他二十二家迥然不同,均明确记为语录或广
录,并且标出了卷数,因此有理由推测续增的三家即为此
三家。日本无著道忠《古尊宿语要目录》所引的一段文字
对此做出了佐证。无著道忠《古尊宿语要目录》说:"《物
祖誊语》十三(十九丈)。《重刊古尊宿语录序》曰:'有赜
藏主者,旁搜广采,仅得南泉而下二十二家示众机语。厥
后又得云门、真净、佛眼三家,总曰《古尊宿语》,非止乎此
也,据其所搜采而言尔。"[2]

　　关于《适园藏书志》所记收有《云门广录》二卷的《古

---

〔1〕　参见椎名宏雄《宋元版禅籍の研究》第512—514页。
〔2〕　见《古尊宿语要目录》X68－342a7～10

尊宿语录》刻本,推测可能是属于《祖庭事苑》所记上下两卷本《云门录》这一系统的,但此版本今天还没有重新发现,具体内容和情况如何已不得而知了。

二、现存主要版本

1. 南宋嘉熙二年《续开(刊)古尊宿语要》本

《续开古尊宿语要》所收云门语录

在《续开(刊)古尊宿语要》最后,有一段文字提到了此书的构成和刊刻情况,引录如下:

> 敬览晦室老人所集前辈诸大尊宿语要,深为丛林之助。(宗源)募金锓木,分为六策,并赜藏主元集四策,合成一部,以广其传。因忆饮光微笑破颜,而吾佛为之敛袵;神光三拜依位,而吾祖为之倒戈,是皆表显心行处灭、言语道断者之所作也。苟欲揭示如来正法眼藏,捞漉人天,不假筌罤,亦难矣。此录乃真筌罤也,其或智过二光、气吞佛祖者,知我罪我,总不离是录。嘉熙戊戌腊月佛成道日,比丘(宗源)再拜书于卷末。
>
> 三山傅　诏刊[1]

通过如上记载,可以知道此部《古尊宿语要》由两部分

---

[1]　见《续开古尊宿语要》X68－523a18～b3

构成,一是赜藏主原集的四策(册),一是晦室老人所集的六策即《续开古尊宿语要》。日人无著道忠《古尊宿语要目录》载有该书全部目录如下:

福州鼓山寺《古尊宿语要》全部目录

卷一　南泉愿　投子同　睦州踪　赵州谂

卷二　南院颙　首山念　叶县省　神鼎諲　三交嵩　石门聪

卷三　法华举　大愚芝　云峰悦　杨岐会　道吾真

卷四　大隋真　子湖踪　国师晏　洞山初　智门祚

已上四策,共二十家,系赜藏主刊,在藏司印行。

天字共一十四家,地字共一十六家,日字共一十一家(内杨岐一家重出),月字共一十五家,星字共一十五家,辰字共一十家。

已上六策,总八十家,系嘉熙戊戌岁续刊。在蒙堂印行,逐策各有目录,具载尊宿名字。伏幸众悉。[1]

从上面的引述,发现赜藏主原集的四策中并没有《云门语要》,《云门语要》实际是在晦室老人所集天地日月星

---

[1]　见《福州鼓山寺古尊宿语要全部目录》X68－342a22～b17

辰中的地字第二家,且由以下内容构成:云门匡真禅师语、偈颂、室中语要、垂示代语、游方遗录。"云门禅师语"相当于《云门广录》的对机部分,其他名称都与《云门广录》相同。另外,此本没有勘辨部分,其他部分除了游方遗录外,都比《云门广录》简略,故而可推测《续开古尊宿语要》只是《云门广录》的一个选本,这大概也是称为"语要"的原因吧。此外,此本中的《偈颂》和《游方遗录》是现存版本中所见最早出现的。

2. 南宋咸淳三年《古尊宿语录》本

现存最早的《云门广录》版本——

书志特征——《重刻古尊宿语录序》

——《古尊宿语》——觉心居士

现存最早的收入《云门广录》的《古尊宿语录》版本是中国台湾"中央"图书馆所藏的一个《古尊宿语录》重刊本,刊于南宋度宗赵禥咸淳三年,也就是1267年。

藏于台湾的这个版本很难看到[1],昭和四十九年也

---

〔1〕 台湾所藏咸淳三年《古尊宿语录》,日本出版机构梭伽林于1992年影印出版为《宋重刊古尊宿语录》。另《中国古籍善本书目》子部释家类有《古尊宿语录》十四种十六卷,宋刻本,其中有《云门匡真禅师广录》三卷,宋释守坚辑。北京图书馆(国家图书馆)、北京大学图书馆都有收藏。国图藏本经与《宋重刊古尊宿语录》比对,版式文字若合符契,为同一版本。只是收藏印记不同,台湾所藏《古尊宿语录》之《云门匡真禅师广录》卷上有三个藏书章,其一为"'国立中央图书馆'收藏",其一为"适(?)圃收藏",其一不辨。国图所藏《古尊宿语录》之《云门匡真禅师广录》卷上有五个藏书章,其一为"北京图书馆藏",其一为"伯寅经眼",其一为"季振宜藏书",其一为"韩氏藏书",其一不辨。

就是 1974 年，阿部隆一到台湾、香港考察宋元古籍善本，后写成《中国访书志》一书。阿部隆一在《中国访书志》之三《台湾"国立中央图书馆"等藏宋金元版解题》中曾对这个版本的《古尊宿语录》的书志特征有过如下描述：

古尊宿语录　存二五家三二卷　〔宋咸淳三年〕刊　〔明州府·阿育王山广利禅寺〕[1]

该本所存二五家三二卷为池州南泉普愿和尚语要、投子和尚语录并序、睦州和尚语录并序、赵州真际禅师语录三卷、汝州南院颙和尚语要、汝州首山念和尚语录·次住广教语录·次住宝应语录、汝州叶县广教省禅师语录、潭州神鼎山第一代諲禅师语录、并州承天嵩禅师语录、石门山慈照禅师凤岩集并序、舒州法华山举和尚语要、筠州大愚芝和尚语录、悦禅师初住翠岩语录·次住法轮语录·后住云峰语录·住云峰悦禅师语录、袁州杨岐山普通禅院会和尚语录·后住潭州云盖山海会寺语录、潭州道吾真禅师语要、大随神照禅师语要、子湖山第一代神力禅师语录、鼓山先兴圣国师和尚法堂玄要广集、襄州洞山第二代初

禅师语录、智门祚禅师语录并序、舒州龙门佛眼和尚上堂
（附小参）语录上下二卷、宝峰云庵真净禅师住筠州圣寿
语录·住洞山语录·第一代住金陵报宁语录·宝峰云庵
真净禅师住庐山归宗语录中·住宝峰禅院语录·宝峰云
庵真净禅师偈颂下、云门匡真禅师广录三卷、滁州琅琊山
觉和尚中后四录·滁州琅琊山觉和尚语录·琅琊和尚中
后录·滁州琅琊山觉和尚拈古、舒州白云山海会演和尚
语录。[1]

　　第八册即为所收《云门广录》，阿部隆一作如下描述：

　　　　《云门匡真禅师广录》三卷／门人明识大师赐紫守
　　坚集（首有熙宁丙辰权发遣两浙转运副使公事苏澥之
　　序、末附门人住德山圆明大师缘密述颂云门三句法并
　　余颂八首、每卷末有住福州鼓山圆觉宗演校勘）（以上
　　一册）[2]

　　和南宋孝宗淳熙五年序本相比较，淳熙五年序本为二
十五家二十九卷，咸淳三年序本为二十五家三十二卷，所
收各家禅师名称一致，但卷数不一致，顺序也不一致。就
所收《云门广录》而言，淳熙五年序本为"《云门匡真禅师

---

　　〔1〕　阿部隆一所记各禅师语录顺序与1992年版《宋重刊古尊宿语
录》所记顺序略有不同，可能是因为后者出版时将顺序做了调整。
　　〔2〕　见阿部隆一《中国访书志》之三，第163页。

广录》二卷,门人守坚集",咸淳三年序本为"《云门匡真禅师广录》三卷,门人明识大师赐紫守坚集",多出了一卷。到底这一卷是由原来的二卷拆成三卷多出来的,还是在原来二卷的基础上新添的,因淳熙五年序本今天已不存,所以不能就内容方面进行比对了。

但不管怎样,《古尊宿语录》的编集是个不断增补的过程却是个不争的事实。物初大观《重刻古尊宿语录序》记载:

> 异时有赜藏主者,旁搜广采,仅得南泉而下二十二家示众机语。厥后又得云门、真净、佛眼、佛照等数家,总曰古尊宿语,非止乎此也,据其所搜采而言耳。
>
> 夫古人得亲故用亲,行到故说到,其所说者,如国家兵器,不得已而用之。从上为人,只贵眼正,是岂末流刻楮画花、雕蚶镂蛤,瞎学者眼所可同日语!
>
> 觉心居士出善女伦,秉烈丈夫志操,不为富贵所障、世相所麋。著净名衣,坐空生室,安住正受,动静提撕,是孰使之然哉?谓赜所编《古尊宿语》刊于闽中,而板亦漫矣,两浙丛林得之惟艰,勇捐己资,锓梓流通,命禅衲精校重楷,不鄙索序。噫!亦异矣!昔月上女抗舍利弗,发明大涅槃;庵提遮对曼殊室利,不生生不死死义。达摩来震旦以后,其间善女等伦,横

机诸大老,发明向上者多矣。近世秦国计氏与夫空室道人,皆以钟鼎家世而为般若眷属。今觉心则发挥古宿机语以遗佛种,无二无二分,无别无断故。

觉心魏氏,绍兴丞相文节公孙,余文昌之室。先莹住林庵虚席,命慈林解无言者摄解催请主庵人。觉心著语云:"庵主只在庵中,为甚么不见?道有又无,道无却有,又不近,又不远。举头鹞子过新罗,参得着,吃碗面。"余偈语多有,皆不计较而得,则日用中无非禅悦法喜之乐矣,并见于此。

时圣宋咸淳丁卯春清明日江浙等处明州府阿育王山广利禅寺住持沙门物初大观序。[1]

由此序可以知道,有赜藏主先搜集得南泉下二十二家示众机语。《云卧纪谭》卷上"鼓山刊录"条载:"福州鼓山于绍兴之初刊行《古尊宿语录》二十有二,洪之翠严芝禅师者,其一焉。"[2]这说明在绍兴(1131~1162)初年就有了《古尊宿语录》二十二家,实际上是《古尊宿语要》四策二十家二十二卷,在二十家中,赵州、云峰语录各分上下卷,《云卧纪谭》作者把二十二卷看成二十二家了。[3]后来在

---

〔1〕 见《古尊宿语录》X68-2b6~c5
〔2〕 见《云卧纪谭》X86-663a19~20
〔3〕 参见萧萐父、吕有祥、蔡兆华点校本《古尊宿语录》前言,中华书局,1997年,第27页。

嘉熙戊戌年（1238年）鼓山师明在四策二十家基础上，又添入六策八十家，成《古尊宿语要》，六策八十家又称《续开古尊宿语要》，此中所选云门语在一定意义上是一个选本。

那么，《云门广录》是何时加进《古尊宿语录》的？在绍兴初年最先由赜藏主编集二十家示众机语，成为后来的四策《古尊宿语要》。之后，宗演1143至1145年校勘《云门广录》成。在咸淳三年（1267年）重刊《古尊宿语录》之前，有一个包含《云门广录》的《古尊宿语》的版本长期存在。《重刊古尊宿语录序》中三次提到了这个《古尊宿语》版本，除了上述所引出现了两次外，在此序的末尾有一段文字也提到了《古尊宿语》这个版本。其中说到："唐宋诸硕师传佛心宗，道大德备。室中垂示，勘辨学者，征拈代别，皆有机语，流布寰中久矣。惟《传灯》一书尝赐入藏。诸师之语，《传灯》不能备载者，有赜公藏主别集南泉、赵州、黄檗、临济、云门、真净、佛眼、东山二十余家，总若干卷，题之曰《古尊宿语》，实有补于宗门。"[1]由此可知，《云门广录》并非1267年才首次进入《古尊宿语录》，而是久已存在于《重刊古尊宿语录》之前的《古尊宿语》中。

这次刊印的出资者是觉心居士，是有感于"赜所编《古

〔1〕 见《古尊宿语录》X68－2c5～10

尊宿语》刊于闽中,而板亦漫矣,两浙丛林得之惟艰"而
"勇捐己资,锓梓流通"的。物初大观并且记载了觉心居
士的一则机语,进而说到其机语多有,都是不计较(不是
通过思虑)而得,显然认为觉心居士是有一定见地和证悟
的人。

3. 明《嘉兴藏》《古尊宿语录》本(万历四十三年)

《嘉兴藏》—《嘉兴藏》《古尊宿语录》—《云门广录》

书志特征—金坛居士

《嘉兴藏》是晚明时开雕的私版大藏经。这部藏经先
在各处分刻,最后集中版片储藏于径山(现浙江省余杭县
境内)化城寺。另外它的版式改变了向来沿用的繁重的梵
筴式而采取轻便的方册即一般书本样式,因此得名为《径
山方册藏》。又此藏后来全部由嘉兴楞严寺经坊印造流
通,所以也称《嘉兴藏》。

《古尊宿语录》在明代入藏时,已增加到三十六家四十
八卷,被收入《嘉兴藏·正藏》。其中《云门匡真禅师广
录》三卷,收入《古尊宿语录》时被分为四卷。《云门匡真
禅师广录》卷上收入《古尊宿语录》第十五卷,卷中收入第
十六、十七卷,卷下收入第十八卷。

《嘉兴藏》本《古尊宿语录》每卷末尾均有一矩形方
框,刻有施资者、卷数、字数、银两数、校对者、书写者、刻工
名以及纪年和径山化城标识。其中《云门广录》每卷后记
载刊刻情况如下:

古尊宿语录卷之十五

金坛居士于玉立施赀刻此

古尊宿语录第十五卷××计字一万二千五百六十个

该银六两五钱三分

银山释海亮对 南京丘羲民书 上元李文炜刻

万历乙卯岁冬十二月径山化城识

古尊宿语录卷之十六

金坛居士于玉立施赀刻此

古尊宿语录第十六卷 计字一万零四百个

该银五两四钱

银山释海亮对 南京丘羲民书 泾县徐廷旻刻

万历乙卯岁春三月径山化城识

古尊宿语录卷之十七

金坛居士于玉立施赀刻此

古尊宿语录第十七卷 计字八千四百二十六个

该银四两三钱八分

银山释海亮对 上元李渊书 旌德刘邦瀛刻

万历乙卯岁春三月径山化城识

古尊宿语录卷之十八

金坛居士于玉立施赀刻此

古尊宿语录第十八卷　计字一万三千九百一十三个

该银七两二钱四分

银山释海亮对　南京丘羲民书　上元戴伍刻

万历乙卯岁春三月径山化城识

金坛居士于玉立,是江苏金坛人,明代高僧紫柏尊者的弟子,有《刻大藏愿文》:

> 玉立始生,征母氏梦,知先世从僧伽来。既壮,获承事达观老师称弟子,始归成法道。十方三世佛事,愿一肩荷之,摩顶至踵,致之法王。凡有一涓滴一毛发,可以报佛恩、奉扬师训者,即蹈镬汤炉炭,令此身碎为微尘,立欢喜奋决,盖虚空可陨,此愿不可移也。
>
> 万历癸未,缘父母少所训习诗书,滥厕科名,承乏郎署。服官以来,虚縻廪禄,无有尺树寸效,仰酬国恩,早夜惭惧。会吾法兄密藏募刻大藏,遂发愿捐每岁俸赀为唱缘,即去官亦捐资如俸,以终始其事。谛知建不世之勋庸,不如为国家广一滴菩提水。且立既暂作王臣,便当作王臣中佛事,此功德,愿我圣明发菩提心,大扬慈化,停毒苍生。又愿此经刻成,尽大地有情,见者闻者,豁开智眼,永息苦轮,彻证无生,等跻觉

位。又愿此经,于佛法灭后,放大光明,照耀一切,愿王不动,诸佛证盟。

　　万历丁亥正月望日佛弟子于玉立和南谨书

万历癸未也就是万历十一年(1583年),紫柏尊者的弟子密藏募刻大藏经,此即为后来的《嘉兴藏》,在万历丁亥年也就是万历十五年(1587年),许多人写了刻藏发愿文,金坛居士是其中之一。金坛居士是刊刻《云门匡真禅师广录》的施资者,在《古尊宿语录》每卷后的施资者中,除极少数外,都是金坛居士施资刊刻的。万历乙卯也就是万历四十三年(1615年),《云门匡真禅师广录》刻成。其校对者是宁波银山寺的释海亮;书写者,其中三卷为南京人丘羲民,一卷为上元人李渊;刻工为上元人李文炜、戴伍,泾县人徐廷旻,旌德人刘邦瀛。此外,单行本的《云门禅师语录》三卷收入《嘉兴续藏》第62函,《法宝总目录》经号1791,题曰宋释守坚编。《云门匡真禅师语录》三卷收入《嘉兴续藏》(新文丰版)第24册,题曰南汉文偃说、守坚编。卷一为机缘、示众。机缘相当于《大正藏》本《云门广录》的游方遗录,示众相当于对机。且卷一末尾有如下识语:

弟子

绍圣　　　朱氏　　　王氏

善元　　　如果　　　通珍

慧林　　　潘氏　　　念修

慧觉

卷二为室中语要、垂示代语。卷三为垂示代语。与《大正藏》本《云门广录》名称相一致。

4. 崇祯本《五家语录》

《五家语录》——黎眉居士
——《五家语录》之云门宗

《五家语录》又称《五宗录》，为我国禅宗五宗各祖之语录汇编。明代崇祯时盐官人黎眉居士郭凝之编集。该书辑录临济宗镇州临济义玄禅师，沩仰宗潭州沩山灵祐禅师、袁州仰山慧寂禅师，云门宗韶州云门匡真文偃禅师，曹洞宗瑞州洞山良价禅师、抚州曹山本寂禅师，法眼宗金陵清凉院文益禅师之上堂、机缘语句等。卷首有序三篇、五宗源流图及宋沙门惠洪所撰之临济宗旨。三篇序为吴门邓蔚山天寿圣恩禅寺于密法藏撰序、崇祯壬申（1632 年）孟春密云圆悟撰序、崇祯庚午（1630 年）冬日径山沙门语风圆信撰序。该本收录于《嘉兴藏》第五十八函（新文丰版第二十三册）、《卍续藏》第一一九册。其中，临济、云门二语录以外的五本语录，皆是第一次编集而成。

黎眉居士郭凝之早年服膺儒家心学，后由儒家心学悟入禅宗。法藏赞叹曰:"海昌黎眉居士,既从河洛一派,接续子瞿氏,传性命之宗。为长者折枝处,顿证拈花一脉,乃集释迦而下金色庆喜,已至大鉴振起五宗。"〔1〕关于郭氏编集《五家语录》的目的,圆信称:"搜寻五家尊宿语录,汇刻成编,以垂不朽。俾见者闻者,发宿命智,知有向上一著离相离名无位真人在,不行生死之纤径,高踏祖佛之顶颟。"〔2〕

《五家语录》中的云门语录,开首标有"五家语录云门宗",下有"门人明识大师守坚集,无地地主人郭凝之订",其具体内容包括韶州云门匡真文偃禅师之小传、机缘、上堂、室中语要、垂示代语、勘辨、十二时歌、偈颂、大师遗表、遗诫。其中,云门匡真文偃禅师之小传,糅合《云门广录》中行录及游方遗录中首尾二则而成。机缘部分相应于《云门广录》游方遗录中部分内容。上堂部分为《云门广录》对机中部分内容。其余部分名称和内容都同《云门广录》中的相应部分相当,《云门广录》中的何希范《请疏》在《五家语录》中没有出现。

5. 雍正十一年《御选语录》本

《御选语录》——御制序——《御选语录》之云门语录

《御选语录》又称《雍正御选语录》,清世宗(胤禛,即

雍正)编,雍正十一年(1733)刊行,乾隆元年(1736)入龙
藏。收于《卍续藏》第一一九册、《禅宗全书》第七十八册、
《龙藏》(新文丰版)第一六三册。《御选语录》共19卷,全
书内容如下:首为《御制总序》,卷一为《僧肇论》,卷二为
《永嘉觉禅师语录》,卷三为《寒山拾得诗集》,卷四为《沩
山灵祐禅师语录》、《仰山寂禅师语录》,卷五为《赵州谂禅
师语录》,卷六为《云门偃禅师语录》,卷七为《永明寿禅师
语录》,卷八为《紫阳真人张平叔语录》,卷九为《雪窦显禅
师语录》,卷十为《圆悟勤禅师语录》,卷十一为《玉林琇国
师语录》、《茆溪森禅师语录》,卷十二为《圆明居士语录》、
《圆明百问》,卷十三为《云栖莲池袾宏大师语录》,卷十四
至卷十八为《历代禅师语录》,卷十九为《当今法会》。雍
正并在每一卷语录之后,撰《御制序》一篇。

关于编选《御选语录》的原因、原则与目的,雍正在
《御制总序》中写道:

> 去圣遥远,魔外益繁,不达佛心,妄参祖席,金山
> 泥封,慧日云蔽。约其讹谬,亦有三端:其上者,才见
> 根尘互引,法界相生,意识纷飞,无非幻妄,顿生欢喜,
> 谓是真常,休去歇去,以空为空。不知性海无边,化城
> 无住,果能见性,当下无心,心既见空,即未见性。于
> 是形同槁木,心等死灰,万有到前,一空不敌。纵能立
> 亡坐脱,仍是业识精魂,况乃固执断见,必至变作狂

华。谓因果之皆空,恣猖狂而不返,岂非一妄在心,恒沙生灭?能不造生死业、断菩提根?又其下者,见得个昭昭灵灵,便谓是无位真人,面门出入,扬眉瞬目,竖指擎拳,作识神之活计,张日下之孤灯,宝鱼目为明珠,觅栴檀于粪土。嚼着铁丸,口称玉液,到得腊尽机除时,方知依旧是个茫茫无据。又其下者,从经教语录中挂取葛藤,从诸方举扬处拾人涕唾,发狂乱之知见,翳于自心;立幻化之色声,作为实法。向真如境上鼓动心机,于无脱法中自生系缚。魔形难掩,遁归圆相之中;解路莫通,躲向藤条之下。情尘积滞,识浪奔催,瞒己瞒人,欺心欺佛,全是为名为利,却来说妙说元。盲驴牵盲驴,沿磨盘而绕转;痴梦证痴梦,拈漆桶为瓣香。是则循觉路而扑火轮,能不由善因而招恶果?如是三者,实繁有徒,宗旨不明,沉沦浩劫矣。朕膺元后父母之任,并非开堂秉拂之人,欲期民物之安,惟循周孔之辙,所以御极以来,十年未谈禅宗。但念人天慧命,佛祖别传,拼双眉拖地以悟众生,留无上金丹以起枯朽,岂得任彼邪魔瞎其正眼,鼓诸涂毒,灭尽妙心?朕实有不得不言、不忍不言者。近于几暇,辨味淄渑,随意所如,阅从上古锥语录中,择提持向上、直指真宗者,并撷其至言,手为删辑。曰僧肇、曰永嘉、曰寒山、曰拾得、曰沩山、曰仰山、曰赵州、曰永明、曰云门、曰雪窦、曰圆悟、曰玉林十二禅师。藏外之书,曰紫阳真人。乃不数月之功,编次成集者,其他披览未周,即采掇未及,非曰此外无可取也。是数大善知识,实皆穷微洞本,究旨通宗,深契摩诘不二之门、曹溪一味之旨,能使未见者得无见之妙见,未闻者入不闻之妙闻,未知者彻无知之正知,未解者成无解之大解,此是人天眼目,无上宗乘。至于净土法门,虽与禅宗似无交涉,但念佛何碍参禅?果其深达性海之禅人,净业正可以兼修,于焉随喜真如,圆证妙果。云栖莲池大师,梵行清净,乃曾参悟有得者,阅其《云栖法汇》一书,见论虽未及数善知识之洞彻,然非不具正知正见,如著相执有者之可比拟,亦采其要语,别为一卷,以附于后,兼此净土一门,使未了证者建菩提道场,已了证者为妙觉果海途路之助。爰为总序,弁于篇端,刊示来今,嘉惠后学,庶几因指见月,得鱼忘筌,破外道之昏蒙,夺小乘之戈矛,朕有厚望焉。〔1〕

　　雍正编选《御选语录》的原因,是想纠正禅林中对参禅之理解的三种讹谬:一是以空境为究竟;二是认识神为见性;三是以经教知见为实法。如此三者都不能获得真正的解脱,有鉴于此,雍正从众多禅师语录中择取能提

〔1〕 见《御选语录》X68－524a8～c5

持向上、直指真宗的十二位禅师的语录,进行删辑,云门为其中一家。进而,雍正谈到了禅宗内部的关系、禅宗与净土的关系、禅宗与儒家的关系。他在禅宗内部强调五家同归曹溪一脉;在禅净关系上,主张禅净不二,并特别收入主张禅净合一的明末四高僧之一的云栖袾宏的法语;在禅宗与儒家关系上,他虽以循周孔之辙、期民物之安为本分,但也挂念着以教外别传之禅宗慧命觉悟众生,可以说雍正想用儒家与佛教从身心两方面安顿治下的子民。在一定意义上说,这篇《御制总序》是雍正宗教政策的说明书。

《云门偃禅师语录》收入《御选语录》第六卷,在此卷后,依例有一篇《御制序》,引录如下:

御制序

顾著曰鉴,拟问即咦,扬眉眨眼,败阙如斯。又道古来老宿为慈悲之故,有落草之谈,如是鉴咦,落草也未?大慈大悲,那顾丧身失命!只这注破,即今早已落草了也。佛印元曰:"云门说法如云雨,绝不喜人记录,见必骂逐曰:'汝口不用,反记吾语。'今室中对机录,皆香林、明教以纸为衣,随即书之。"朕今刊录,删辑云门言句,且道与云门意旨是同是别?云门古德,岂畏落草?朕亦大丈夫,岂问与云门是同是别者哉!虽然,超情绝解,直指自心,如云门者,实为奇特;垂示后世,云门与朕实是大慈大悲。设使灯笼露柱向前致问:"还慈悲个什么?"答曰:"鉴。"进云:"落草了也。"答曰:"咦。"

雍正十一年癸丑六月朔日[1]

雍正在此《御制序》中提到了"朕今刊录,删辑云门言句",说明了这个《云门偃禅师语录》只是一个选本,就如同师明《续刊古尊宿语要》所做的一样。此外,在此序中雍正特别提出了云门顾鉴咦的禅法,并在序中当场活用了云门顾鉴咦。同时,雍正还将自己和云门作比,显示了自己与云门一样不畏落草的精神。

6. 日本五山版《云门广录》

五山版——五山版《云门广录》

五山版是指日本 13 世纪镰仓时代到 16 世纪室町时代,以镰仓五山和京都五山为主要产地的刻印版本。其特点:一是以宋元本为底本进行覆刻;二是刻工大多为陆续进入日本的中国刻工。五山版的刊行不仅凸显禅僧对日本文化的贡献,而且对日本的出版文化也深具意义,其所采的装订方式及版式皆模仿宋元版本,有轮廓、界线,采用袋缀,也成为后世日本出版物的典范。

宋本《古尊宿语录》刊刻后,传到日本,日本对此进行

---

[1] 见《御选语录》X68－527c8～20

了覆刻，由此《云门广录》就有了日本五山版刻本。椎名宏雄对驹泽大学图书馆所藏台湾地区"国立图书馆"的1267年宋版《古尊宿语录》中《云门广录》的影印本与京都两足院所藏一部五山版覆刻宋版《云门广录》三卷进行了调查比较，得出如下书志学特征：两足院五山版覆刻宋版《云门广录》与台湾宋版《古尊宿语录》行格版式相同；宋版《云门广录》卷下末尾有"住福州鼓山圆觉宗演校勘"十一字，五山版《云门广录》则每卷末尾都有；且五山版《云门广录》卷下末尾有"板在福州鼓山王溢刊"的刊记，而宋版没有。[1]一般地，五山版是对宋版的直接覆刻，所以这个五山版《云门广录》可能是由1267年《重刊古尊宿语录》的祖本覆刻而来，即是覆刻1143～1145年的宗演本而来，那个本子是由王溢刊刻的，而1267年的重刊本是由觉心居士捐资重刊的，所以没有了王溢刊刻的印记。

三、版本系统

《云门广录》的各种早期刻本和现存各种版本之间有何演变关系呢？椎名宏雄在《『雲門広録』とその抄録本の系統》一文中绘制了一个图表说明其流变关系[2]：

---

〔1〕 参见椎名宏雄《『雲門広録』とその抄録本の系統》，第190页。
〔2〕 同上，第196页。

云门语 949

行录 949

① 守坚编集本 958

勘辨

② 对机·室中3卷

③ 天衣修订本 1053

④ 苏澥刊正本 1076

ⓐ 事苑付注项目 1108

⑤ 宗演校勘本 1143~1145

ⓑ 续古尊宿本 1238

⑥ 古尊宿本 1267

⑦ 五山版

⑧ 古活字版 1613

⑨ 明版古尊宿本 1615

ⓒ 五家语录本 1630

⑩ 宽永本 1640

ⓔ 语录本

⑪ 后刷本

ⓕ 御选语录本 1733

ⓖ 广录语要本 1835

⑫ 正藏本 1928

注：加 ☐ 者为现存本

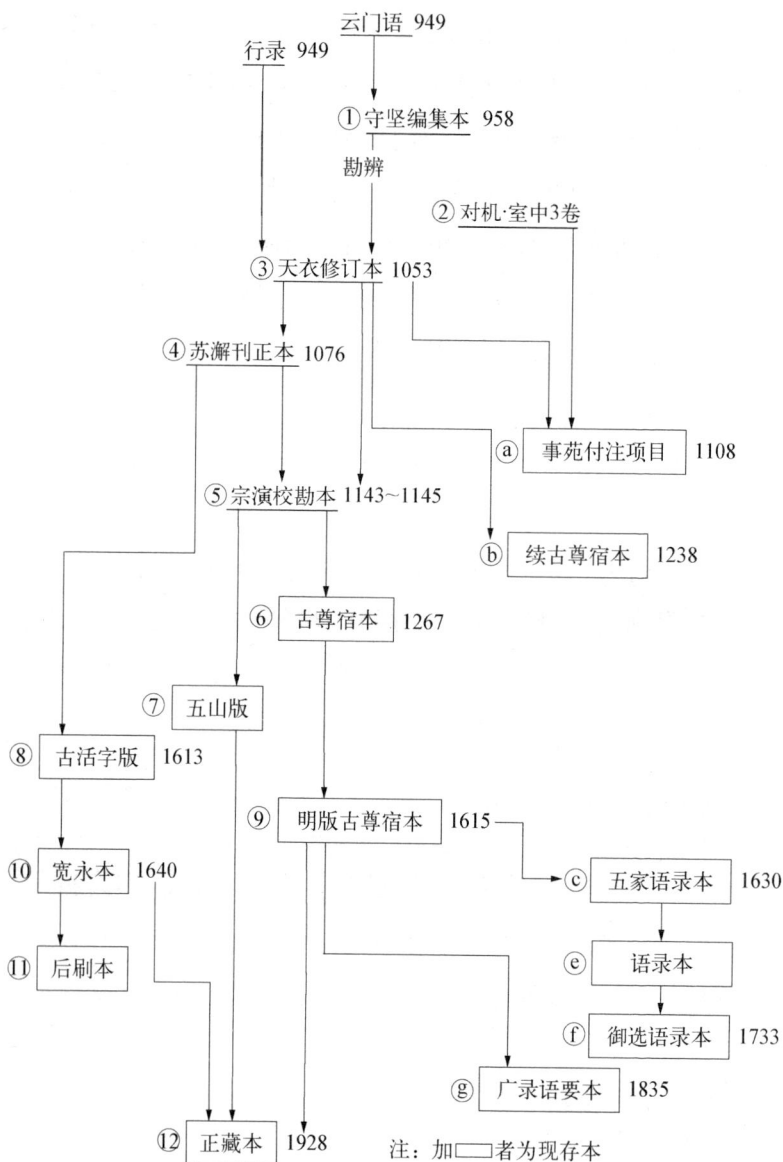

图 1-1 《云门广录》版本系统

上表中，①②③④⑤⑥⑦⑧⑨⑩⑪⑫可以看作是《云门广录》形成以及刊刻过程中出现的不同版本，ⓑⓒⓔⓕ是不同历史时期的选本，其中ⓔ即为《嘉兴续藏》所收云门语录。⑦⑧⑩⑪⑫为日本刊刻版本。③④⑤为已失传早期刻本。

第三节 云门语录的记载

一、大藏经中的云门语录

《云门匡真禅师广录》(《古尊宿语录》、
《五家录》《御选语录》)入藏

《古尊宿语录》、《五家录》、《御选语录》都包含了云门语录的不同形态，这些语录集的入藏一定程度上就是云门语录的入藏，作为单独的《云门广录》亦被收入各种藏经，下面列表说明云门语录入藏经的情况。

二、艺文志与各类书目中的云门语录记载

艺文志和书目中著录云门语录情况

一些艺文志和书目中也有一些关于云门语录的著录，略见下表：

表1-2 云门语录入藏列表

藏经	古尊宿语录（古尊宿语）	云门匡真禅师广录（云门匡真禅师语录，云门禅师语录）	五家语录（五家录）	御选语录
《洪武南藏》(1372～1399)	No.1385《古尊宿语录》僧录司左讲经兼鸡鸣寺住持臣僧争戒敕重册数：210/页数：211/卷数：45千字文：誊2(606)-九9(609)			
《永乐南藏》(1412～1417)	No.1518《古尊宿语》部别：此方撰述千字文：密(563)-士(566)			
《永乐北藏》(1419～1440)	No.1760《古尊宿语录》宋赜藏主集部别：附入南藏函号著述/册数：197～198/页数：55/卷数：48千字文：密-士			

续　表

藏　经	古尊宿语录（古尊宿语）	云门匡真禅师广录（云门匡真禅师语录、云门禅师语录）	五家语录（五家录）	御选语录
《嘉兴藏》（1589~1676）	No.1653《古尊宿语录》宋赜藏主集 部别：北藏缺南藏函号 附/法宝总目录经号：1652 千字文/函号：[正藏]密(563)—土(566)	No.1792《云门禅师语录》宋释守坚编 部别：续藏 总目录经号：1791 千字文/函号：[续藏]62函	No.1788《五家录》明释慧然等编一部凝之重订 部别：续藏 总目录经号：1787 千字文/函号：[续藏]58函	
《嘉兴藏》（新文丰版）	[正藏]No.159《古尊宿语录》宋颐藏主编 册数：10/页数：89/卷数：48	[续藏]No.138《云门匡真禅师语录》南汉 守坚编 册数：24/页数：373/卷数：3	[续藏]No.134《五家语录》唐 慧然集 册数：23/页数：513/卷数：5	
《乾隆藏》（1733~1738）				No.1667《御选语录》清 世宗御编 部别：此土著述/册数：163/页数：1/卷数：40千字文：林—即

续 表

藏　经	古尊宿语录（古尊宿语）	云门匡真禅师广录（云门匡真禅师语录、云门禅师语录）	五家语录（五家录）	御选语录
缩刻藏（1881～1885）	No. 1803《古尊宿语录》部别：支那撰述－诸宗部－禅宗部 卷数：48 千字文：腾 4（34）－腾 6（34）			
《卍正藏》				
《大正藏》（1922～1934）		No. 1988《云门匡真禅师广录》宋 守坚集 部别：诸宗部四 册数：47/页数：544/卷数：3		
《佛教大藏经》	No. 2005《古尊宿语录》唐末 诸宗部五禅师说 部别：诸宗部五禅宗/ 册数：72－73/页数：844/卷数：48			

续　表

藏　经	古尊宿语录（古尊宿语）	云门匡真禅师广录（云门匡真禅师语录、云门禅师语录）	五家语录（五录）	御选语录
《中华藏》	No.1710《古尊宿语录》（宋赜藏主集），（明僧司右阐教兼钟山灵谷禅寺住持守戒重校）册数：77/页数：615/卷数：48/底本：明永乐南藏本 No.1711《古尊宿语录（别本）》（宋赜藏主集）册数：78/页数：1/卷数：48/底本：明径山山藏本			No.1750《御选语录》清世宗胤禛册数：81/页数：444/卷数：40/底本：清藏本

续 表

藏经	古尊宿语录（古尊宿语）	云门匡真禅师广录（云门匡真禅师语录、云门禅师语录）	五家语录（五家录）	御选语录
《新纂卍续藏》	No.1315《古尊宿语录》宋 赜藏主集 部别：中国撰述诸宗著述部十五禅宗语录通集/册数：68/页数：2/卷数：48 《卍大日本续藏经》套数：第二编·第23套 数：《卍续藏经》（新文丰版）册数：第118册			No.1319《御选语录》清 世宗皇帝御选 部别：中国撰述诸宗著述部十五禅宗语录通集/册数：68/页数：523/卷数：19 《卍大日本续藏经》套数：第二编·第24套 《卍续藏经》（新文丰版）册数：第119册
蔡运辰《二十五种藏经目录对照考释》编号	卷中：118	卷上：1988	卷中：278	卷中：657

表1-3 艺文志和书目中云门语录的著录情况

艺文志与书目	云门语录著录情况
《通志·艺文略》	《云门和尚语录》一卷
《通志·艺文略》	《云门正(匡)真大师对机语录》二卷
《遂初堂书目》	《云门语录》
《文渊阁书目》	《云门广录》一部一册
《赵定宇书目》	《云门语录》一本
《国史经籍志》	《云门匡真禅师语录》四卷
《适园藏书志》	《云门匡真禅师广录》二卷,门人守坚集。

　　《通志·艺文略》是南宋郑樵(1104~1162)所著,成书于绍兴三十一年(1161),郑樵去世前一年写定,是《通志》二十略之一,是在其所撰《群书会集》的基础上增删而成。《艺文略》著录释家语录五十六部九十一卷,其中有关云门语录二部三卷,即《云门和尚语录》一卷、《云门正(匡)真大师对机语录》二卷。郑樵所著录的这两部三卷大概就是1053年睦庵善卿《祖庭事苑》注释之云门语录的底本,即《云门正(匡)真大师对机语录》二卷为《云门录》上下两卷,《云门和尚语录》一卷为《云门室中录》一卷。也就是说,郑樵时代云门录三卷是分开刊行的两部书。

　　《遂初堂书目》为南宋尤袤(1127~1194)个人藏书书目。《四库提要》称:"宋人目录存于今者,《崇文总目》已无完书，惟此与晁公武志为最古，固考证家之所必稽矣。"[1]其释家类录有《云门语录》，没有部、卷、册的说明。

《文渊阁书目》为明代杨士奇（1366～1444）所撰明初国家藏书书目。正统六年（1441），大学士杨士奇、学士马愉、侍讲曹鼐等奏请将文渊阁藏书登录编目，于是编成明代国家藏书目录《文渊阁书目》。该书不分经史子集四部而以《千字文》排次为序，自天字至往字，凡二十号，共五厨，著录图书七千二百五十六部，四万两千六百余册，其中刻本占十分之三，抄本占十分之七。该书目对当时的官府藏书收录比较齐全，且多古本。对于该书的评价，历来褒贬不一。但它是明代官修目录，对于考校当时的图书状况和保留遗佚书的资料等有一定的参考价值。《四库全书总目提要》称："今阅百载，已放失无余，惟藉此编之存，尚得略见一代秘书之名数，则亦考古者所不废也。"[2]《文渊阁书目》著录有"《云门广录》一部一册"。[3]未知与《遂初堂书目》是否是同一本。

《赵定宇书目》一卷，明代常熟赵用贤（1535～1596）个人藏书目录。赵用贤字汝师，号定宇。隆庆间进士，官至吏部侍郎、侍读学士。旧居九万圩，以松石斋名室。《赵

---

[1] 见《文渊阁四库全书》史部十四，目录类一。
[2] 同上。
[3] 同上。

定宇书目》著录有"《云门语录》一本"。〔1〕因其没有卷数
的说明,未知与《遂初堂书目》、《文渊阁书目》所著录是否
为同一本。

《国史经籍志》为明代焦竑(1540～1620)在南宋郑樵
《通志·艺文略》基础上撰成。《四库全书总目》卷八十七
评曰:"《国史经籍志》六卷,两江总督采进本。明焦竑撰。
竑有《易筌》已著录。是书首列制书类,凡御制及中宫著
作、记注、时政、敕修诸书皆附焉。余分经史子集四部,末
附纠谬一卷,则驳正《汉书》、《隋书》、《唐书》、《宋书》诸
《艺文志》及《四库书目》、《崇文总目》、郑樵《艺文略》、马
端临《经籍考》、晁公武《读书志》诸家分门之误。盖万历
间陈于陛议修国史,引竑专领其事,书未成而罢,仅成此
志,故仍以国史为名。顾其书丛抄旧目,无所考核,不论存
亡,率尔滥载。古来目录,惟是书最不足凭。世以竑负博
物之名,莫之敢诘,往往贻误后生,其谲词炫世又甚于杨慎
之《丹铅录》矣。"〔2〕《国史经籍志》收入《云门匡真禅师广
录》四卷〔3〕,这显然不是照录郑樵《通志·艺文略》,而是
反映了《云门匡真禅师广录》在明代刊刻的情况,极有可能
是万历四十三年(1615年)《嘉兴藏》版《古尊宿语录》中

---

〔1〕 见椎名宏雄《宋元版禅籍の研究》第476页。
〔2〕 见《四库全书总目提要》卷八十七史部目录类存目,中华书局影印
本,1965年,第744页。
〔3〕 见椎名宏雄《宋元版禅籍の研究》第469页。

的《云门匡真禅师广录》,因为《云门匡真禅师广录》三卷
在《嘉兴藏》版《古尊宿语录》中被分成了四卷。如果上述
推测成立的话,那么,《四库全书总目提要》对此书的评价
"顾其书丛抄旧目,无所考核,不论存亡,率尔滥载。古来
目录,惟是书最不足凭",或有失公允。

　　《适园藏书志》十六卷,为清末张钧衡(1872～1927)
个人藏书目录。张均衡,祖籍安徽休宁,字石铭,号适园主
人。世代经商,以丝绸及盐业致富。后在上海定居。青年
时代即喜藏书,见有异书,或购买或借钞,积二十年,得书
万卷。清光绪三十三年(1907年)于南浔筑一园林,名适
园,中有六宜阁为藏书之所。《适园藏书志》载有宋本45
部,元本57部,黄荛圃(黄丕烈)跋本26部,永乐大典十余
册,名人手校本近百种。其长子乃熊(字芹伯、一字近圃)
继承父志,亦爱收书,精鉴别。民国三十年(1941年)编
《芹圃善本书目》,宋本增为88部,元本74部,黄跋本达
101部,共计善本1 200部,所藏除清代刊本及吴兴乡贤著
述外,均让归台湾"中央图书馆"。其孙珩(字葱玉,别号
希逸)亦喜藏书,所藏也先后为"中央图书馆"购去。张氏
三代藏书不懈,其家藏现为台湾"中央图书馆"最大宗而且
最完整之故家旧藏。家刻书籍有《张氏适园丛书》、《择是
居丛书》、《适园藏书志》等。室名"适园"、"择是居"、"六
宜阁"、"怡颜书屋"等。藏印"择是居"。《适园藏书志》著
录有"《云门匡真禅师广录》二卷,门人守坚集"。这是一

个宋刊本,此宋刊本极有可能与《祖庭事苑》所载上下两卷《云门录》是同一系统。

以上所列国家和个人藏书书目,其中所记云门语录各种版本卷数不一,所记内容也详略不一,说明云门语录除了在丛林中的收录外,也不同程度地进入了一般士人的收藏视野。

第二章 《云门匡真禅师广录》之作者

第一节 云门生平概述——《云门行录》《遗表》

一、雷岳《云门行录》所记载的云门生平

行录——雷岳所撰《云门行录》——
《云门行录》所载云门的几个重要阶段

雷岳的《云门行录》(全称为《云门山光泰禅院匡真大师行录》),撰写于己酉岁孟夏月二十有五日,即云门禅师于乾和七年己酉(949 年)四月十日顺寂后第四十五日,是现存最早的有关云门禅师的官方传记。行录,乃记述人一生行谊及其籍贯、生卒年月之文字,为人物传记文体之一种。"行录"即集其行履机缘,录其要者之意。也称行状、行状记、行述、行实、行业、行业记。刻于石者又称行状碑、实性碑、塔铭、碑铭等。关于佛家行状之源起,《新唐书》卷五十九《艺文志》有辛崇之《僧伽行状》一卷,《广弘明集》

卷二十三《僧行》篇有诸僧诔行状。

雷岳之所以撰写《云门行录》，一方面是其文才为当时的南汉国主所重，另一方面是其对文偃禅师的生平行履非常熟悉。雷岳的文才为南汉中宗刘晟所赏识，据《南汉书》载，雷岳"少绩学，能词章，尤工骈偶文。乾和末，历官御书院给事，才名雅为中宗所知。朝廷有大著作，多出其手"[1]。御书院是集贤殿御书院的略称，主要负责草拟诏旨，所以才有"朝廷有大著作，多出其手"的说法。雷岳对云门禅师也应该非常熟悉，据雷岳自称"岳幸参目师之余化，知师所为之大略，敢不书之以贻方来"[2]，由此，我们也可以推测雷岳有可能参访过云门禅师，甚至可能多所过从。由于雷岳所撰《云门行录》是现存最早的云门禅师的传记，后世的僧传、灯录等禅宗史书对云门禅师的记载大多本此而来，故今把《云门行录》照录如下：

> 云门山光泰禅院匡真大师行录
>
> 集贤殿雷岳录
>
> 师讳文偃，姓张氏，世为苏州嘉兴人，实晋王同东曹参军翰十三代孙也。师凤负灵姿，为物应世。故才自髫龀，志尚率已厌俗，遂依空王寺志澄律师出家为

---

[1] 梁廷楠：《南汉书》，广东人民出版社，1981 年，第 68 页。

[2] 《云门匡真禅师广录》T47－576a16～17

弟子。以其敏质生知，慧辩天纵，凡诵诸典，无烦再阅，澄深器美之。及长落鬃，禀具于毗陵坛。后还澄左右，侍讲数年，赜穷四分旨。既毗尼严净，悟器渊发，乃辞澄谒睦州道踪禅师。踪，黄檗之裔也，知道不偶世，引己自处，潜居古伽蓝。虽揖世高蹈，而为世所慕。凡应接来者，机辩峭捷，无容伫思。师初往参，三扣其户，踪才启关，师拟入，踪托之云："秦时𨍏𨍏钻。"因是释然朗悟。既而咨参数载，深入渊微。踪知其神器充廓，觉辕可任，因语之曰："吾非汝师，今雪峰义存禅师可往参承之，无复留此。"师依旨入岭造雪峰，温研积稔，道与存契，遂密以宗印付师。由是回禀存焉。师参罢出岭，遍谒诸方，核穷殊轨，锋辩险绝，世所盛闻。后抵灵树知圣禅师道场。知圣夙已忆其来，忽鸣鼓告众，请往接首座，时师果至。先是知圣住灵树凡数十年，堂虚首席，众屡请命上座，知圣不许。尝曰："首座才游方矣。"及师至，始命首众焉。洎知圣将示灭，欲师踵其席，乃潜书秘函中，谓门弟子曰："吾灭后，上或幸此，请以遗。"上果会驾幸山，知圣预测上至，乃升堂加趺而终。及帝至，已灭矣。帝询师遗示，门人出函奉之。上启函得书云："人天眼目，堂中上座。"帝乃敕刺史何希范具礼，命师以袭法会。上于是钦美之，累召至阙。每所顾问，酬答响应。帝愈揖服，遂赐紫袍师名。后徙居云门山，鼎革废址，大新栋宇。

师自衡踞祖域,凡二纪有半。风流四表,大弘法化。禅徒凑集,登门入室者,莫可胜纪,今白云山实性大师乃其甲也。师以乾和七年己酉四月十日顺寂。夙具表以辞帝,兼述遗诫,然后加趺而逝。寻奉敕赐塔额。以师遗旨,令置全躯于方丈中。或上赐塔额,只悬于方丈,勿别营作。门人乃依教瘗师于丈室,以为塔焉。师先付法于弟子实性,俾绍觉场。佥议为实性已传道育徒,乃革命在会门人法球以继师席。呜呼!世导云灭矣。摘植冥行者,何所从适哉?岳幸参目师之余化,知师所为之大略,敢不书之以贻方来!时己酉岁孟夏月二十有五日。雷岳录。[1]

　　雷岳的《云门行录》提及了云门为晋张翰十三世孙的家世,并对云门一生的几个重要阶段进行了信实的记录。这几个重要阶段为:(一)依空王寺志澄律师出家,并依止研习四分律数年;(二)于睦州陈尊宿处因特殊机缘开悟,并依止咨参数载;(三)于福州雪峰处获得印可,并依止数载,得嗣其法脉;(四)出岭遍谒诸方,其参访经历,后人辑为《游方遗录》;(五)最后驻锡广东灵树及云门传法,并与南汉政权建立了良好的关系。以下诸节,结合其他文献分别论述此几个阶段。

---

　　[1]　见《云门广录》T47－575c3～576a18

二、云门《遗表》中的云门自述

《遗表》——云门《遗表》——
《遗表》所述云门的几个重要阶段

《遗表》是臣子临终前所写的章表,于卒后上奏。禅门亦有住持临终前写《遗表》的规制,此类《遗表》之撰作,一般由书记(书状)担任,也有住持亲自写的。《敕修百丈清规》说:"盖古之名宿多奉朝廷征召,及名山大刹,凡奉圣旨敕黄,住持者即具谢表,示寂有遗表,或所赐所问,俱奉表进。而住持专柄大法,无事文字,取元戎幕府署记室参军之名,于禅林特请书记以职之,犹存书状,列于侍者,使司方文(文疑作丈——作者注)私下书问。"[1]

云门《遗表》作于乾和七年(949 年)四月十日,即云门禅师示寂的当天,可能是由其书记代笔的。此两点《碑铭》有记载:"四月十日,寝膳微爽,动止无妨,忽谓诸学徒曰⋯⋯亟令修表告别君王。"[2]《云门广录》所收《遗表》如下:

伏闻:有限色身,讵免荣枯之叹?无形实相,孰云迁变之期?既风灯炬焰难留,在水月空华何适?罔避典彝之咎,将陈委蜕之词。臣中谢伏念:臣迹本寒微,生从草莽,爱自鬌龀,切慕空门,洁诚誓屏于他缘,

---

〔1〕 见《敕修百丈清规》T48 - 1131a13 ~ 19
〔2〕 见岑学吕《云门山志》,第 224 页。

锐志唯探于内典。其或忘餐待问,立雪求知,困风霜于十七年间,涉南北于数千里外,始见心猿罢跳,意马休驰。身隈韶石之云,头变楚山之雪,以至荣逢景运,屡沐天波。诘道谈空,誓答乾坤之德;开蒙发滞,星驰云水之徒。获扬利益之因,迥自圣明之泽。加以联叨凤诏,累对龙庭,继奉颁宣,重迭庆赐,抚躬惆怅,殒命何酬? 不谓臣驽马年衰,难胜睿渥,遽萦沦于疲瘵,唯待尽于朝昏。星汉程遥,遐眄而才瞻北极;波涛去速,回眸而已逐东流。伏愿:凤历长春,扇皇风于拂石之劫;龙图永固,齐寿考于芥子之城。臣限余景无时,微躬将谢,不获奔辞丹阙,祝别彤庭。臣无任瞻天恋圣,激切屏营之至。谨奉表以闻。[1]

《遗表》虽然不是云门禅师亲自书写,但仍然可以看做是云门禅师的自述。其中提到了其出身寒微,并对自身经历陈述了以下几点:(一) 少时锐志内典,此相当于后来雷岳《云门行录》所说云门在志澄律师处数年学经典的阶段;(二) "忘餐待问,立雪求知",此相当于《云门行录》所述在睦州、雪峰处的数年;(三) "困风霜于十七年间,涉南北于数千里外",此相当于《云门行录》所述遍谒诸方之阶段;(四) "身隈韶石之云,头变楚山之雪",以至"荣逢景

---

[1] 见《云门广录》T47 – 575a21 ~ b11

运、屡沐天波"，此相当于《云门广录》所述其在灵树、云门两处传法并与南汉政权建立良好关系之阶段。云门禅师在《遗表》最后用通例进行了祝圣。清人道霈在引述《遗表》之后，并对之评论，认为云门说法如云如雨的境地来源于十几年的参访经历，以此对当时学人的一知半解之风提出了警示。道霈之论引述如下：

> 云门平生气宇如王，说法如云如雨，而垂死辞世之言，乃特叙其参访履历之功曰："忘餐侍问，立雪求知，困风霜于十七年间，涉南北于数千里外，始见心猿罢跳，意马休驰。"呜呼！今日学者，未具一知半解，而辄自谓千了万当，堕增上慢者，亦可以思矣。[1]

三、《云门行录》《遗表》被收入《云门广录》之时间

《云门行录》被收入《云门广录》至迟是在 1076 年。据苏澥序所说："其传于世者，对机、室录、垂代、勘辨、行录，岁久或有差舛，今参考刊正，一新镂板，以永流播。"[2] 其中提到了"行录"，序末的年号及落款是"熙宁丙辰三月二十五日权发遣两浙转运副使公事苏澥序"，熙宁是宋神宗赵顼的年号，熙宁丙辰是 1076 年，由此推知，《云门行

---

[1] 见《圣箭堂述古》X73 - 448b6 ~ 11
[2] 《云门广录》T47 - 545a4 ~ 6

录》被收入《云门广录》至迟在此年。

《遗表》被收入《云门广录》至迟是在 1267 年,因为现存最早的 1267 年刊本,就收入了《遗表》。Urs App 推测在宗演 1143～1145 年的刊本里就有了《遗表》,参见第一章论述早期刻本宗演本部分。

第二节 云门之师承—— 志澄、睦州、雪峰

云门禅师作为开宗立派的禅师,其禅法禅风的形成,除了自身素质外,师友的锤炼也是非常重要的。清代纪荫在《宗统编年》中编辑云门年历时也提到了此点:

> 向见云门机用,以为英灵骏发,杰出之士也。今编年历,详检生平,知其早脱羁于睦州,旋蜜(蜜通密——作者注)证于雪峰。忘餐待问,立雪求知,出岭遍参诸方名宿,如疏山、卧龙、归宗、天童、鹅湖、乾峰等,无一不激扬勘辨。维时天下分崩,云迷雾塞,师乃不避险难,孤策遨翔。今读其《遗表》"困风霜于十七年间,涉南北于数千里外,始见心猿罢跳,意马休驰"之语,为之神悚泪落,是知师乃百炼精金铸成,神锋四照,其光芒焰彩,有不望影心服者乎?宋苏澥序师之

录,有曰:"擒纵舒卷,纵横变化。放开江海,鱼龙得游泳之方;把断乾坤,鬼神无行走之路。草木亦当稽首,土石为之放光。本分钳锤,金声玉振,峥嵘世界,瓦解冰消,列派分宗,将错就错。"其知言哉![1]

纪荫提到了云门在师承上受陈尊宿、雪峰的影响,此外,云门还参访诸山名宿如疏山、卧龙、归宗、天童、鹅湖、乾峰等。但在到陈尊宿处之前,云门禅师还在志澄律师处受了几年经教与律学的训练。可以说,在志澄律师处的训练,为云门禅师成为一个合格的僧人打下了坚实的基础,然后在陈尊宿处因特殊机缘而发明心地,在雪峰禅师处得到历练印可,从而具有了传法的资格。在灵树如敏禅师处,云门禅师获得了传法的道场,与当地王国君主建立了良好关系。

一、云门与志澄——律学基础及其他

几种文献关于文偃禅师在志澄处的记载——

志澄律师与空王寺——童行与试经得度——

出家与剃度——常州受戒——四分律

——经教——云门之相——离开志澄的原因

几种禅宗文献记载了云门到志澄律师处的情况,表列如下:

---

〔1〕 见《宗统编年》X86 - 189c1 ~ 13

表 2 - 1 禅宗文献中云门与志澄关系的记载

禅宗文献名称	相关内容记载
雷岳《云门行录》(949 年)	师凤负灵姿,为物应世。故才自龆龀,志尚率己厌俗,遂依空王寺志澄律师出家为弟子。以其敏质生知,慧辩天纵,凡诵诸典,无烦再阅,澄深器美之。及长落髭,禀具于毗陵坛,后还澄左右侍讲数年,赜穷四分旨,既毗尼严净,悟器渊发,乃辞澄谒睦州道踪禅师。(T47 - 575c6 ~ 12)
静、筠二禅师《祖堂集》(952 年)	年十七,依空王寺澄律禅师下受业,年登癸卯,得具尸罗,习四分于南山,听三车于中道。(P512)
雷岳《实性碑》(959 年)	师幼慕出尘,乃栖于嘉兴空王寺志澄律师下为童(童者行童),凡读诸经,无烦再阅。及长落采,具足于常州坛,后侍澄公讲数年,倾穷四分指归,乃辞澄谒睦州道踪禅师。(P215 ~ 216)
陈守中《碑铭》(964 年)	生而聪敏,幼足神风,不杂时流,自高释姓。才逾卯岁,便慕出家,乃受业于嘉兴空王寺律师志澄下为上足,披经怪偈,一览无遗,勤苦而成。依年具尸罗于常州戒坛,初习小乘,次通中道。因闻睦州道踪禅师关钥高险,往而谒之。
契嵩《传法正宗记》(1061 年)	学经律论,未几皆通。及参访善知识,一见睦州陈尊宿,大达宗旨。(T51 - 757b15 ~ 16)
睦庵善卿《祖庭事苑》(1108 年)	受业于兜率院。(X64 - 314a10)
惠洪《禅林僧宝传》(1122 年)	少依兜率院得度。性豪爽,骨面丰颊,精锐绝伦,目纤长,瞳子如点漆,眉秀近睫,视物凝远。博通大小乘,弃之游方。(X79 - 494b21 ~ 23)
普济《五灯会元》(1252 年)	幼依空王寺志澄律师出家,敏质生知,慧辩天纵。及长,落发禀具于毗陵坛。侍澄数年,探穷律部。以己事未明,往参睦州。(X80 - 303b1 ~ 4)

　　关于志澄律师和空王寺,各种僧传均没有详细明确的记载,在宋赞宁的《宋高僧传》中有唐吴郡嘉兴法空王寺元慧传,永井政之考证法空王寺即为空王寺,志澄为元慧之后的法空王寺住持。[1]又《云门行录》《祖堂集》《实性碑》《碑铭》将志澄律师所主持与云门剃度之地记载为空王寺,《祖庭事苑》《禅林僧宝传》载为兜率院,那么兜率院与空王寺是一是二?《至元嘉禾志》卷十四《仙梵》载:"僧文偃,嘉禾人,俗姓张氏。因出外游方,遂得道于雪峰禅师。至韶州,康王赐号康真。既葬,肉身不坏。宋太宗赐号大慈云康真洪明禅师,至今云门一宗遂传。有云门井,在兜率寺中,病者饮其水以疗疾。"[2]《至元嘉禾志》卷十《寺院》载:"兜率寺在郡治东北一里。考证旧放生池也。唐乾元元年置,名法空寺。钱氏改为轮王寺。宋大中祥符元年赐名兜率,德祐元年废为教场,今为北营。"[3]由是可知,唐代称法空寺、法空王寺、空王寺,五代称轮王寺,宋代大中祥符元年(1008)称兜率院。《祖庭事苑》成书于1108年,《禅林僧宝传》成书于1122年,故都称兜率院。

　　文偃何时到志澄律师处的,几种石刻文献和禅宗典籍未给出具体的时间,只是给出了大概的时间。最早的文献

────────────

〔1〕　参见永井政之《云门》,临川书店,2008年,第38页。
〔2〕　见《文渊阁四库全书》史部地理类《至元嘉禾志》。
〔3〕　同上。

是雷岳所撰《云门行录》(949 年)，其中提到文偃禅师"故才自龆龀，志尚率己厌俗，遂依空王寺志澄律师出家为弟子。"之后陈守中《碑铭》(964 年)提到文偃禅师"才逾卯岁，便慕出家，乃受业于嘉兴空王寺律师志澄下为上足"。此处两个关于年龄的概略提法，一个是"龆龀"，一个是"卯岁"。卯岁应是指小于四岁的年龄，龆龀是男孩八岁的年龄。[1] 也就是说，文偃禅师很小的时候就到了志澄律师那里。雷岳《实性碑》提到文偃在志澄律师那里为"童"。"童"又称童行、童侍、僧童、道者，是入寺院欲为沙门而尚未剃度的童子。童子，梵语究摩罗、鸠摩罗迦，为八岁以上未冠者之总称。西国希望出家而寄侍于比丘所者，称曰童子，童子在寺中主要是随侍师长，服杂役，有时随师长诵读经典。唐朝义净《南海寄归内法传》云："凡诸白衣，诣比丘所，若专诵佛典，情希落发，毕愿缁衣，号为童子；或求外典，无心出离，名曰学生。斯之二流，并须自食，若餐常住，圣教全遮；必其于众有劳，准功亦合餐食。"[2]《南海寄归内法传》是唐代义净法师在南海之室利佛逝国，

---

〔1〕《诗·齐风·莆田》："婉兮娈兮，总角卯兮。"古时儿童发式，女曰羁，男曰角，束发成两角叫卯。因此童年时代称总角、羁卯，也有称卯岁的。明代赵琦美编了一本书叫《赵氏铁网珊瑚》，卷五里面录了一篇《杨椿书虞秦公祺传》，中有"后生祺，甫卯岁，知孝敬父母；四岁，口诵数百言；既长，学愈力。"年龄是按卯岁、四岁、既长排列下来的。所以卯岁应该是比四岁还要小的年纪。

〔2〕《南海寄归内法传》T54－220b11～16

记印度之僧规，以寄归客，赠大唐诸德之书。在中国唐宋时代，曾有童行试经制，即童行剃发为沙弥时，须先试经，称为"试经得度"。[1] 由官设度科，印度无此法，而是始于中国，且当时以试《法华经》为主。《佛祖统纪》记载："唐中宗景龙初，诏天下试经度僧，山阴灵隐僧童大义，诵《法华》，试中第一。肃宗敕白衣诵经五百纸，赐明经出身为僧，时僧标试中第一。代宗敕童行策试经律论三科，给牒放度。敬宗敕僧背经百五十纸，尼百纸，许剃度。宣宗敕每岁度僧，依戒定慧三学，择有道性、通法门者。"[2] 又记载："窃详《大宋高僧传》、洪觉范《僧宝传》所载，自建隆开国至于南渡，明德高行皆先策试《法华》，然后得度。以由此经是如来出世一化之妙唱，群生之宗趣，帙唯七卷，繁简适中，故学者诵习无过与不及之患。自唐至今五百年来，昭垂令典，虽下及万世，可举而行。"[3] 那个时代沙弥童行主要是学经教的，在《云门广录》里，云门禅师曾经问一个僧人，三乘十二分教，什么人承当得？这个僧人无语，云门禅师代他下语，说是沙弥童行。[4]

---

〔1〕 袁震在其《两宋度牒考》中把试经给牒之起源上推至东晋安帝时，他说："东晋安帝元兴中桓玄当国，曾下令设三科以甄别僧徒。三科以畅说经义为第一，禁行修整为第二，山居养志为第三。不合者悉罢遣为民。"参见张曼涛主编《现代佛教学术丛刊·宋辽金元篇（上）》，北京图书馆出版社，2005年，第144页。

〔2〕 《佛祖统纪》T49－452c5～11

〔3〕 《佛祖统纪》T49－430a22～28

〔4〕 参见《云门匡真禅师广录》T47－562b2～3

　　身处试经得度时代的文偃,也必定经历一个由童行而试经得度的过程。文偃的得度得力于童行阶段的广习经律论。因为在文偃生前的宣宗时期,朝廷规定依戒定慧三学而度僧。按云门禅师第一次开堂的说法,经为定学,律为戒学,论为慧学。之后契嵩在《传法正宗记》称文偃"学经律论,未几皆通"。并且文偃在所习经中,少不了自唐至宋试经都有的《法华经》。比文偃稍早些的僧人贯休(823~912),《宋高僧传》这样描述他:"释贯休,字德隐,俗姓姜氏,金华兰溪登高人也。七岁,父母雅爱之,投本县和安寺圆贞禅师出家为童侍,日诵《法华经》一千字,耳所暂闻,不忘于心,与处默同削染。"[1]《法华经》又称《妙法莲华经》,是中国天台宗立说的宗经,被称为一乘的圆顿大教。天台宗把佛陀说法判为五时八教,五时指天台宗按佛陀说法之顺序把佛陀教典划分为华严、鹿苑、方等、般若、法华涅槃五时;八教是指佛陀的教导方法和教导教理内容,即按教导方法分为顿、渐、秘密、不定等四类(化仪四教),按教导教理内容分为藏、通、别、圆等四类(化法四教)。以上合称五时八教。《法华经》就是在此语境下被天台宗称为一乘的圆顿大教。文偃在灵树首次开堂说法,就多处显现其在童行时期所受的影响。比如,其云:"然且教乘之中,各有殊分,律为戒学,经为定学,论为慧学。三

---

〔1〕 赞宁《宋高僧传》T50－897a11～14

藏五乘,五时八教,各有所归。然一乘圆顿也大难明,直下明得,与衲僧天地悬殊。"〔1〕另外《祖堂集》中有云门禅师的《宗脉颂》,为记载云门禅师的其他禅宗文献所无,其首句为"如来一大事,出现于世间,五千方便教,流传几百年"〔2〕,此即来源于《妙法莲华经·方便品第二》。〔3〕由此看来,云门禅师受《法华经》以及天台宗的影响还是十分明显的。早在北宋时,睦庵善卿在《祖庭事苑》中就表达了类似的观点。〔4〕Urs App 也说,《祖庭事苑》的评论指出,在这里云门禅师可能以当时天台宗盛行的方法对佛陀教法进行分类,这种分类试图把佛陀教法的一致性和连续性归于佛陀一生的特殊阶段和场合。〔5〕

和童行与试经得度相关联的另一个问题是出家与剃度问题。这个问题的澄清也有助于对清代梁廷楠《南汉书

〔1〕 《云门匡真禅师广录》T47－545a20～23

〔2〕 静、筠二禅师,《祖堂集》,中华书局,2007 年,第 515 页。

〔3〕 参见《妙法莲华经·方便品第二》:"诸佛世尊唯以一大事因缘故出现于世。舍利弗!云何名诸佛世尊唯以一大事因缘故出现于世?诸佛世尊,欲令众生开佛知见,使得清净故,出现于世;欲示众生佛之知见故,出现于世;欲令众生悟佛知见故,出现于世;欲令众生入佛知见故,出现于世。舍利弗!是为诸佛以一大事因缘故出现于世。"T9－7a21～28

〔4〕 《祖庭事苑》在解释《云门录》中的词语"四时""八教"时提到:"按台宗有五时,言四时,盖误也。所谓五者:一、华严时,譬如日出先照高山;二、鹿苑时,说《四阿含》,如日照幽谷;三、方等时,说《维摩》《思益》《楞伽》《楞严三昧》《金光明》《胜鬘》等经,约时,即食时;四、般若时,说《摩诃般若》诸般若经,则禺中时;五、法华、涅槃时,则日轮当午,罄无形影。""台宗有化法四教:一藏、二通、三别、四圆;有化仪四教:一顿、二渐、三秘密、四不定。一乘圆顿,教家之极则也。"参见《祖庭事苑》X64－315b14～22

〔5〕 参见 Urs App, *MASTER YUNMEN*,第 84 页。

考异》中关于云门禅师的一个问题的解决。梁廷楠在《南汉书考异》中提到：

> 又《塔铭》云："己酉岁四月十日子时,师顺世……法龄七纪二,僧腊六旬六。"十二年为一纪,此与《碑》称"寿龄八十六,僧腊六十六"正同。以僧腊六十六计之,则文偃实年二十始出家从师矣。然《塔铭》明云："幼慕出尘,乃栖嘉兴空王寺志澄律师下为童。"寺碑亦云："才逾丱岁,便慕(当为慕——作者注)出家。"据此,又自相抵牾也。[1]

此处的《塔铭》指雷岳《实性碑》,《碑》指陈守中《碑铭》。梁廷楠所说的自相抵牾指的是《塔铭》《碑铭》所述文偃出家年龄的不同所引起的疑惑。其一,梁廷楠通过文偃寿龄和僧腊的推算,说明文偃二十岁出家从师。其二,通过《塔铭》和《碑铭》的直接记述,"幼慕出尘,乃栖嘉兴空王寺志澄律师下为童","才逾丱岁,便慕出家",说明文偃童年出家。其实这里并无自相抵牾之处,因为此处涉及到了文偃出家生涯的三个阶段,即童行、剃度与受戒。《碑铭》和《实性碑》所记文偃幼年出家,其实指的是文偃出家为童行的年龄,梁廷楠所言丱岁出家其实即

---

[1] 梁廷楠《南汉书》第190—191页。

是出家为童行。童行作为少年行者,是不剃发的。带发而依止寺僧者,称为行者。[1]且上引贯休为童侍时"与处默同削染"也说明了童侍是不剃发的。童行住在寺内的童行堂(又名行堂),必须接受经典读诵及诸法式的训练,同时也要从事寺内杂役。所以在《敕修百丈清规》里可以见到方丈行者、客头行者、堂司行者、监作行者等名称。另外"为行者普说"就是住持对行者垂示。文偃十七岁在志澄律师座下剃度为沙弥,且文偃这个名字也是志澄律师为其所取。[2]《祖堂集》言:"年十七,依空王寺澄律禅师下受业",[3]志澄律师是文偃的受业师,受业师又叫亲教师,是依之出家、受经、剃度者。[4]文偃二十岁到常州受戒,《祖堂集》言:"年登癸卯,得具尸罗,习四分于南山,听三车于中道",[5]癸卯年为唐僖宗中和三年(883年),此年文偃二十岁。且佛有明制,年未满二十岁

〔1〕 无著道忠引旧说认为:"中华则凡剃发者,唯有僧及沙弥而已。如行者则不剃落,不披帽,其发岐二,长下垂背后。"参见无著道忠《禅林象器笺》第562页。

〔2〕 永井政之认为文偃之名为志澄律师所取,是取《书经》"偃武修文"之意。"志澄によって文偃と命名さ札たのは。"参见永井政之《云门》第36页。

〔3〕 见《祖堂集》第512页。

〔4〕 《释氏要览》云:"师有二种,一、亲教师,即是依之出家、授业、剃发之者,《毗奈耶》亦云亲教;二、依止师,即是依之禀受三藏学者。"T54-265c3~6

〔5〕 见《祖堂集》第512页。

不得受比丘大戒。[1] 所以《碑铭》云"依年具尸罗于常州戒坛",[2]此处"依年"也说明了文偃二十岁受比丘戒。梁廷楠所言文偃二十岁出家在此处指的是出家受具足戒。文偃在常州受具足戒后,又回到志澄律师身边随侍学习至少五年。佛制,受戒五夏后方许听离依止师。[3]五夏以前,专精戒律;五夏以后,方乃听教参禅。专精戒律至五夏,如此才能戒力坚固,不为境风所摇夺。也就像树木培植五夏,根干茂郁,不为秋霜所肃杀。戒律是佛教万行之首,如择居之有地,御船之有水,居无地无以立,船无水无以行,所以戒律是成佛作祖之实地,也是超生脱死之法船。志澄作为律师,一定会按照佛制要求文偃这样做的。归纳几种文献记载,可以看到文偃在这几年中如下的生活经历:一、受戒后又回到志澄律师身边,做志澄侍讲数年,钻研戒律,尤其是南山四分律。二、研学经律论,博通大小乘。

另外,文偃禅师此时的相貌也在一些文献中得到记载。[4]在惠洪所著《禅林僧宝传》(1122年)中的云门传记里,惠洪说:"少依兜率院得度,性豪爽,骨面丰颊,精锐绝伦,目纤长,瞳子如点漆,眉秀近睫,视物凝远,博通大小

---

〔1〕 参见《四分律》T22–679c18~28
〔2〕 见《云门山志》第222页。
〔3〕 参见《根本说一切有部毗奈耶出家事》T23–1032b20~21
〔4〕 云门文偃禅师的肉身在1966~1976年间被毁。

乘,弃之游方。"[1]

无疑,文偃在志澄律师处得到了比较好的经律论的熏习,尤其是南山四分律与自己身语意的对治,但文偃没有继续跟随志澄成为一名律师,而是离开了志澄律师。文偃离开志澄律师的原因何在呢?《五灯会元》给出了一个解释,那就是"以己事未明,往参睦州"。"己事"在禅宗中指生死大事,己事已了,己事已办,是指生死大事已了已办。大珠慧海禅师在回答王长史法师、律师、禅师哪个最胜的问题时,也指出禅师要拔生死之根,解决己事未明的生死

---

[1] 惠洪《禅林僧宝传》X79-494b21~23,在此之前,同是惠洪所著的《林间录后集》记载,惠洪于大观三年(1109年)曾经在富弼处拜观云门禅师的画像,并作赞。惠洪这样描述:"富郑公家所蓄云门禅师之像,僧原静移写,其本藏于蒋山。大观三年六月予获拜观焉,稽首为之赞曰:见流滔天,公峙如山。壁立万仞,捍其狂澜。可望而却,不可揽攀。犀颅虎眸,美髯遏䐊。云词电机,霹雳为舌。邪宗堕倾,魔胆破裂。须臾清明,光风霁月。丛林驴骡,蹴踏龙象。不可系羁,逸气迈往。我不得济,大地是浪。忽然现前,清机历掌。"参见惠洪《林间录后集》X87-279b10~16。此外,高邮人孙觉在北宋元丰三年(1080年)所作《雪峰真觉大师广录后序》中也提到了云门画像。他说:"余来福州二年,恨不得至其山中一瞻其塔,因取画像入城礼焉。像之幅四,雪峰大师正中危坐,立两旁而侍焉者,若云门偃、玄沙备,凡十有二人焉。余既传其图,将以似夫学者。"参见《雪峰真觉大师广录后序》X69-91a20~23。宋代绘画中有许多禅师的顶相图和禅宗故实的禅机图,今日本天龙寺藏有一幅宋代马远所绘的云门大师像,图下右侧一老僧手持挂杖,是为云门大师,面向左坐一石上,对面一僧面向云门大师,叉手而立,似在参问。图中部右侧为远山一抹。图上部有杨后楷题六言偈语四行:"南山深藏鳖鼻,出草长喷毒气。拟议总须丧身,唯有韶阳不畏。"

大事。[1]一些禅师生死未了，才芒鞋踏破岭头云，去各地参访善知识，抉择生死，求开悟，获得人生的解脱。正如《证道歌注》所说："游江海，涉山川，寻师访道为参禅。所游江海，涉历山川，途路疲劳，奔驰南北，非为别事，乃为参寻知识，决择死生，所谓无常迅速，生死事大。古投子云：一切世人向紧急处却闲慢，闲慢处却紧急。若欲出离生死，须遇善知识为增上缘，发明己事，实非小缘也。所谓青山长在，知识难逢，故曰寻师访道为参禅也。"[2]文偃经过几年的经律论的学习，可能感到这些还不足以解决自己的生死大事，于是就走上了像其他青年僧人一样的参访之路，并且五年过后，按佛制也可以离开依止师去各地参访了。[3]当时在禅林中颇有影响力的陈尊宿就在距离嘉兴很近的睦州，离开志澄律师后，文偃便前往睦州参访陈尊宿去了。

---

〔1〕 大珠慧海说："法师者，踞师子座，泻悬河之辩，对稠人匡众，启凿玄关，开般若之妙门，等三轮之空际，若非龙象蹴踏，安敢当人？律师者，启毗尼之法藏，名利双行，持犯开遮，威仪作则，叠三翻之羯磨，作四果之初因，若非宿德白眉，安敢造次？禅师者，撮其枢要，直了心源，出没卷舒，纵横应物，威均事理，顿见如来，拔生死之深根，得现前之三昧，若不安禅静虑，到这里总须茫然。"见《祖堂集》第621—622页。

〔2〕 彦琪《证道歌注》X63－267a14～20

〔3〕 宋代吴山净端禅师有《赠武居士为僧》诗一首，叙述自己出家学道参禅的经历："忆昔卯角岁，慈母正恩怜。老父心胆硬，舍我入林泉。相去百余里，双泪滴胸前。弱冠酬亲志，莲经诵万千。合格为僧相，霜坛受五篇。先穷台岭教，后学祖师禅。今年四十八，长城古寺边。心闲无所作，万虑已茫然。忽闻武居士，舍俗取金田。苦了心头事，可惜百年钱。"X73－81a10～15。其中提到了试经得度、受戒、学教参禅的过程，可见云门禅师的这种经历在后来者那里还是存在的。

二、云门与睦州——开悟及其他

陈尊宿之法系——几种文献关于云门禅师
在睦州陈尊宿处开悟的记载——己事未明
与文偃在陈尊宿处开悟机缘——陈尊宿与
文偃日后接人禅风——云门在睦州悟后又
参雪峰的原因

陈尊宿是南岳一系的禅师,其法系为六祖慧能——南岳怀让——马祖道一——百丈怀海——黄檗希运——陈尊宿。

《景德传灯录》卷十二、《联灯会要》卷八、《五灯会元》卷四、《指月录》卷十三、《教外别传》卷六、《禅宗正脉》卷二等都有关于陈尊宿的记载。陈尊宿因母老无人抚养,乃织草鞋奉母度日,岁久人称陈蒲鞋。又其禅风峻峭,难于凑泊,丛林尊为陈尊宿。《景德传灯录》载:

> 陈尊宿初居睦州龙兴寺,晦迹藏用,常制草屦密置于道上,岁久人知,乃有陈蒲鞋之号焉。时有学人叩激,随问遽答,词语峻嶒。既非循辙,故浅机之流往往嗤之,唯玄学性敏者钦伏。由是诸方归慕,谓之陈尊宿。[1]

---

〔1〕 见《景德传灯录》T51－291a20～24

陈尊宿对临济宗和云门宗的开山祖师临济义玄和云门文偃为力甚巨,他指引临济参黄檗,接引云门嗣雪峰,《联灯会要》称:"指临济参黄檗,接云门嗣雪峰,皆师之力也。"[1]杨无为赞:"丛林处处蒙沾润,莫测风雷起老龙。"[2]

几种文献对云门禅师到陈尊宿处的情形作了详略不同的记载,表列如下:

表2-2 禅宗文献中云门与陈尊宿关系的记载

禅宗文献名称	相关内容记载
雷岳《云门行录》(949年)	既毗尼严净,悟器渊发,乃辞澄谒睦州道踪禅师。踪,黄檗之裔也。知道不偶世,引己自处,潜居古伽蓝。虽捃世高蹈,而为世所慕。凡应接来者,机辩峭捷,无容伫思。师初往参,三扣其户,踪才启关,师拟入,踪托之云:"秦时𨍏轹钻。"因是释然朗悟。既而咨参数载,深入渊到。踪知其神器充廓,觉辕可任,因语之曰:"吾非汝师,今雪峰义存禅师可往参承之,无复留此。"T47-575c11~19
雷岳《实性碑》(959年)	乃辞澄谒睦州道踪禅师,则黄檗之派也。一室常闭,四壁唯空,或复接人,无容伫思。师卷舒得志,径往叩门。禅师问:"谁?"师曰:"文偃。"禅师关门云:"频频来作什么?"师云:"学人己事不明。"禅师曰:"秦时𨍏轹钻。"以手托出闭门,师因是发明。又经数载,禅师以心机秘密,关钥弥坚,知师终为法海要津,定做禅天朗月,因语师云:"吾非汝师,莫住。"师遂入闽。

〔1〕 见《联灯会要》X79-78c12~13
〔2〕 见《四明尊者教行录》T46-934a5~6

禅宗文献名称	相关内容记载
陈守中《碑铭》(964 年)	因闻睦州道踪禅师关钥高险,往而谒之。来去数月。忽一日,禅师发问曰:"频频来作什么?"对曰:"学人己事不明。"禅师以手推出云:"秦时辘轹钻。"师因是发明,征而有理。经数载,策杖入闽。
道原《景德传灯录》(1004 年)	初参睦州陈尊宿,发明大旨。T51-356b28
契嵩《传法正宗记》(1061 年)	及参访善知识,一见睦州陈尊宿,大达宗旨。T51-757b15~16
佛国惟白《建中靖国续灯录》(1101 年)	初参睦州陈尊宿,发明心地,寻入岭,参雪峰。X78-646b10~11
睦庵善卿《祖庭事苑》(1108 年)	访道诸方,初至睦州,参陈尊宿,扣其门,陈问:"阿谁?"曰:"文偃。"陈开门把住曰:"道!道!"师无语,陈曰:"秦时辘轹钻。"遂托开,以门掩折右足,师因发明大意。陈指游雪峰。X64-314a11~14
惠洪《禅林僧宝传》(1122 年)	博通大小乘,弃之游方。初至睦州,闻有老宿饱参,古寺掩门,织蒲屦养母,往谒之。方扣门,老宿搛之曰:"道!道!"偃惊不暇答,乃推出曰:"秦时辘轹钻。"遂掩其扉,损偃右足。老宿名道踪,嗣黄檗断际禅师,住高安米山寺,以母老东归,丛林号陈尊宿。偃得旨辞去,谒雪峰存。X79-494b23~c4

续 表

禅宗文献名称	相关内容记载
普济《五灯会元》(1252 年)	以己事未明,往参睦州。州才见来,便闭却门,师乃扣门,州曰:"谁?"师曰:"某甲。"州曰:"做甚么?"师曰:"己事未明,乞师指示。"州开门,一见便闭却。师如是连三日扣门,至第三日,州开门,师乃拶入,州便擒住曰:"道!道!"师拟议,州便推出曰:"秦时轆轢钻。"遂掩门,损师一足,师从此悟入。州指见雪峰。X80 - 303b3 ~ 9
赜藏主《古尊宿语录》(1267 年)所收《云门匡真禅师广录·游方遗录》	师初参睦州踪禅师,州才见师来,便闭却门,师乃扣门,州云:"谁?"师云:"某甲。"州云:"作什么?"师云:"己事未明,乞师指示。"州开门,一见便闭却。师如是连三日去扣门,至第三日,州始开门,师乃拶入,州便擒住云:"道!道!"师拟议,州托开云:"秦时轆轢钻。"师从此悟入。T47 - 573b5 ~ 10

如上表所列《云门行录》《实性碑》《碑铭》《景德传灯录》《传法正宗记》《建中靖国续灯录》《祖庭事苑》《禅林僧宝传》《五灯会元》《游方遗录》等,文偃是在陈尊宿座下开悟的,此几种禅宗文献都有明确的记载。但有两种观点:一是云门禅师在陈尊宿"秦时轆轢钻"一言下而悟,如《云门行录》《实性碑》《碑铭》《游方遗录》等早期文献所载。二是云门禅师是在陈尊宿关门损其一足使其害疼的状态下开悟的,如《祖庭事苑》《禅林僧宝传》《五灯会元》等后期文献所载。

"秦时轆轢钻"到底为何物?在禅宗语境中有何特殊

意义？文偃禅师为何于此言下大悟？云门禅师由疼开悟又有何种依据？

秦时轹轳钻，一说为回柄穿穴之锥，是一个需借车拉转，以使之钻物之大椎。据说秦始皇建造阿房宫（一说万里长城）时，曾造巨大之锥，此后，此大椎已无用，禅林遂以之比喻无用之人。[1]一说为秦时的马车轨迹。这是冯学成在《云门宗史话》中提出的。[2]一说喻为已达无心之境之人，比如惠岩禅师对资寿尼无著禅师的偈语："尽道山僧爱骂人，未曾骂着一个汉。只有无著骂不动，恰似秦时轹轳钻。既骂不动，为什么似轹轳钻？具眼者辩。"[3]禅林中还有相类似的说法，即"秦时镜"，喻指悟道的契机，大阳警玄禅师曾有"蒙师指出秦时镜，照见父母未生时"[4]之语。

以上几说尽管各有道理，但更重要的是这句话恰到好处地给云门禅师提供了一个机缘，而这个机缘是陈尊宿提供的。陈尊宿是黄檗禅师的弟子，又是临济禅师的师兄，黄檗是百丈怀海禅师的法嗣，百丈又是马祖道一禅师的法

---

〔1〕　参见木村晟、片山晴贤《語録訳義ゴ》，若水俊《祖徕と佛徒との交流に関する考察》中的相关解释。

〔2〕　冯学成《云门宗史话》："云门大师正思考怎样回答时，老睦州却一把把他推开，说：'秦时轹轳钻'——你去研究秦始皇时的马车轨迹吧，这也是'古道'嘛。云门大师就在这时有所悟入。"第20页。

〔3〕　《佛祖历代通载》T49－700b22～25

〔4〕　参见《佛祖历代通载》T49－662c9

嗣，马祖又是南岳怀让禅师的法嗣，如此看来云门禅师与南岳一系亦有莫大渊源。[1]《景德传灯录》有陈尊宿传记。陈尊宿接人手段机辩峭捷，无容伫思，是不容学人拟议思考的。悟道之机稍纵即逝，当下即是，哪里还有时间让你停下来思考呢？[2] 文偃禅师去参陈尊宿，三扣其户（《五灯会元》与《游方遗录》作"连三日扣门"——作者注），说明文偃禅师多次尝试去亲近陈尊宿。《实性碑》和《碑铭》都有陈尊宿"频频来作什么"之语，说明陈尊宿明知文偃来却故意不开门。在最后一次，陈尊宿才开门，文偃禅师正想进入的时候，陈尊宿把文偃禅师推出，并说"秦时䡊轹钻"，在此闪电疾风式的机缘下，文偃禅师"释然朗悟"。[3]

---

〔1〕 法藏曾说："云门这一着，从睦州才见便闭门处来，睦从黄檗吐舌处来，蘗从百丈、马祖大机之用处来。且道如何是云门这一著？咦！"见《御制拣魔辨异录》X65－244c10～12

〔2〕 汾阳无德禅师有《识机锋二颂》："烁电之机不易当，将心学道转颠狂。直饶咬得当锋箭，也是乌龟水底藏。疾焰过风用更难，扬眉瞬目隔千山。奔流度刃犹成滞，拟拟如何更得全？"意为机锋如闪电，难以把握。要以分别心学道，那是更增癫狂。即使你有通天的本领，就像一口咬住迎面飞速而来的利箭那样，抵挡住禅师的机锋，你也未必是真的悟了（可能还是凭借意识，运用聪明），那自性可能仍如乌龟藏水底那样与你隔了一层。机锋犹如风卷烈焰般难于驾驭，刚想对它有所表示（扬眉瞬目）就已远隔万水千山。即使如急流冲过刀刃般地迅疾，犹显滞碍，如果还要考虑犹豫，那就更不相干。参见林国良《佛典选读》，广西师范大学出版社，2006 年，第 491 页。

〔3〕 在睦州用"秦时䡊轹钻"接引云门禅师之前，沩山曾用此语接引其弟子仰山。《祖堂集》记载如下："仰山谘沩山云：'初礼辞和尚时，和尚岂不有语处分？'沩山云：'有语。'云：'虽是机理，不无含其事。'沩山云：'汝也是秦时铎落钻。'仰山云：'此行李（当为行履——作者注）处，自谩不得。'沩山云：'仁子之心，亦合如此。'"

惠洪在《智证传》中以《大乘起信论》的无能所的随顺理论解释云门禅师闻"秦时𫐓轹钻"而言下开悟一事。《智证传》载：

> 《起信论》曰："当知一切法不可说、不可念故，名为真如。问曰：'若如是义者，诸众生等，云何随顺，而能得入？'答曰：'若知一切法，虽说，无有能说可说；虽念，亦无能念可念，是名随顺。若离于念，名为得入。'"《传》曰："以方便观，其说并念，皆无能所，谓之随顺，而观行深久，妄念自离，则契彼无念真理，谓之得入。夫言若离于念，名为得入。而论者曰：方便观法，久自离念者，为钝根说也。据佛祖本意，即不如是。予闻云：门偃禅师初扣陈尊宿之门，尊宿开门，把住曰：'道！道！速道！速道！'偃拟议，尊宿托开曰：'秦时𫐓轹钻。'云门于是大悟于言下。如云门，可名得入也。"[1]

关于云门禅师因折脚伤痛而悟，佛典中有相似的记载和理论阐释。《楞严经》中记载有二十五种方式可获

---

[1] 见《智证传》X63–184b4～14

得圆通[1]，其中毕陵伽婆蹉由伤足害痛而获圆通。《楞严经》载：

> 毕陵伽婆蹉即从座起，顶礼佛足，而白佛言："我初发心，从佛入道，数闻如来说诸世间不可乐事，乞食城中，心思法门，不觉路中毒刺伤足，举身疼痛，我念有知，知此深痛。虽觉觉痛，觉清净心，无痛痛觉。我又思惟：如是一身，宁有双觉？摄念未久，身心忽空，三七日中，诸漏虚尽，成阿罗汉，得亲印记，发明无学。佛问圆通，如我所证，纯觉遗身，斯为第一。"[2]

明代的曾凤仪在《楞严经宗通》中从能所双亡而证道的角度对此作了进一步的理论阐释，并把玄沙和云门的因痛开悟和毕陵伽婆蹉相类比：

> 毕陵伽婆蹉，呼河神为婢子，有宿生尊贵习气在，

---

〔1〕 圆通，谓遍满一切，融通无碍，即指圣者妙智所证之实相之理。由智慧所悟之真如，其存在之本质圆满周遍，其作用自在，且周行于一切，故称为圆。复次，以智慧通达真如之道理或实践，亦可称圆通。《大佛顶首楞严经》卷五谓，二十五位菩萨个个皆具圆通，共有六尘、六根、六识、七大等二十五圆通。此外，楞严会上二十五圣之中，以观世音之耳根圆通为最上，故称为圆通尊、圆通大士。参见慈怡编《佛光大辞典》，北京图书馆出版社，2004年，第5407页。
〔2〕 见《大佛顶如来密因修证了义诸菩萨万行首楞严经》T19－126b20～27

不能遗身,故于毒刺伤足,举身疼痛,乃能省入。虽有能觉觉于所痛,觉乃清净心,离于能所,非痛所及。痛是所觉,觉能觉之,觉是能觉,痛不能痛之。一痛一不痛,既觉痛,又觉不痛,岂一身而有双觉耶?觉唯一真,觉痛是妄,由是摄念,外忘其身。所觉既泯,内忘其心,能觉亦化,身心忽空,斯证无学,止一清净觉,故曰纯觉。既证纯觉,能所俱离,乃能遗身,既能遗身,则诸世间不可乐事,当即解脱。……玄沙初欲遍历诸方,参寻知识,携囊出岭,筑着脚趾,流血痛楚,叹曰:"是身非有,痛从何来?"便回雪峰。峰问:"那个是备头陀?"沙曰:"终不敢诳于人。"又一日,峰召曰:"备头陀何不遍参去?"沙白:"达摩不来东土,二祖不往西天。"峰然之。云门初参睦州,州才见来,便闭却门,门乃扣门,州曰:"谁?"门曰:"某甲。"州曰:"作甚么?"门曰:"己事未明,乞师指示。"州开门,一见便闭却门。如是连三日扣门,至第三日,州开门,门乃拶入,州复擒住,曰:"道!道!"门拟议,州便推出,曰:"秦时輘轹钻。"遂掩门,损门一足,门遂彻悟,州乃指见雪峰。若玄沙、云门,亦毕陵伽婆蹉再来者也。依然伤足,习气不除。[1]

圆悟克勤《碧岩录》第六则也记载了云门禅师忍痛做

---

[1] 参见《楞严经宗通》X16-838a16~b18

声,忽然大悟。进而圆悟克勤禅师认为云门禅师"后来语脉接人,一摸脱出睦州"[1]。下面略举几例,以观睦州接人与云门接人的相似之处。

其一,睦州接引云门与云门接引福朗上座具有非常明显的同构性。睦州接云门已见上述,云门接福朗上座在《天圣广灯录》有如下记载:

> 师(指福朗禅师)自幼岁常游讲肆,时云门禅师出世。僧问:"如何是透法身句?"云(指云门禅师)云:"北斗里藏身。"师闻斯语,罔测微旨。遂造之,云门一见,把住云:"道!道!"师拟议,云门拓开,乃有颂……师因斯大悟,自此依栖云门为上座。[2]

其二,睦州示众与云门示众关于得个入头的开示。《列祖提纲录》载睦州示众:

> 睦州陈尊宿晚参谓众曰:"汝等诸人还得个入头处也未? 若未得个入头处,须觅个入头处。若得个入头处,已后不得孤负老僧。"时有僧出礼拜曰:"某甲终不敢孤负和尚。"师曰:"早是孤负我了也。"又曰:"明明向

---

〔1〕 参见《碧岩录》T48－145c22～23
〔2〕 参见《天圣广灯录》X78－523a4～10

你道尚自不会,何况盖覆将来?"又曰:"老僧在此住持,不曾见个无事人到来,汝等何不近前?"时有一僧方近前,师曰:"维那不在,汝自领去三门外与二十棒。"曰:"某甲过在甚么处?"师曰:"枷上更着扭。"〔1〕

《云门广录》载云门示众:

> 道个举体全真,物物觌体不可得,我向汝道直下有什么事,早是相埋没了也。尔若实未得个入头处,且中私独自参详,除却着衣吃饭,屙屎送尿,更有什么事,无端起得如许多般妄想作什么?〔2〕

其三,睦州勘辨《涅槃经》座主与云门勘辨《涅槃经》座主。《五家正宗赞》载睦州勘辨《涅槃经》座主:

> 师问座主:"讲什么经?"曰:"《涅槃经》。"曰:"问一段义,得么?"曰:"得。"师以脚踢空中,吹一吹,曰:"是什么义?"曰:"经中无此义。"曰:"脱空谩语汉,五百力士揭石义,却道无。"〔3〕

〔1〕 见《列祖提纲录》X64-84a19~b2
〔2〕 见《云门广录》T47-548b13~17
〔3〕 见《五家正宗赞》X78-581c3~6

《云门广录·勘辨》载云门勘辨《涅槃经》座主：

> （云门禅师）问座主："讲什么经？"主云："《涅槃
> 经》。"师云："涅槃具四德，是不？"主云："是。"师拈起
> 椀子云："这个具几德？"主云："一德也无。"师云："古
> 人因甚与么道？"主云："古人与么道如何？"师敲椀子
> 云："会么。"主云："不会。"师云："且讲经着。"[1]

云门在陈尊宿处悟后，睦州为何还要指示云门到雪峰
处？明代的戒显（明末临济宗禅师）也提出了这个问题，他
说："云门于推折足下廓然大悟矣，睦州何故又指见雪峰温
研积稔，授以宗印乎？既一悟为是矣，温研者何事？密授
者何法乎？"[2]随后，戒显从明得纲宗和明得差别智等方
面对云门在雪峰禅师处温研积稔的原因作出了解释。
他说：

> 是故学家根本已明，当依止师承，温研密谂，务彻
> 古人堂奥。师家见学人已透根本，更须以妙密钳锤，
> 深锥痛札，务令透纲宗眼目，庶不至彼此承虚接响，而
> 正法眼藏，得永远而流传矣。[3]

---

〔1〕　见《云门广录》T47－573a25～b1
〔2〕　见《禅门锻錬说》X63－781b12～14
〔3〕　见《禅门锻錬说》X63－782a19～23

根本已明、透得根本就是指开悟,在云门禅师而言就是在睦州处明得己事。明得根本事后,还必须悟后起用,透纲宗眼目,才能够对机接引学人。而悟后起用是一个很长的过程,这就有了云门禅师在雪峰禅师处温研积稔的过程。此过程从教理而言,亦为明得差别智的过程。戒显接着说明:

> 逮乎疑团破矣,根本明矣,涅槃心易晓,差别智难明,古人有言矣。即涅槃心中,有无穷微细;差别智内,有无限淆讹。诸祖机缘,如连环钩锁。五家宗旨,如卧内兵符。言意藏锋,金磨玉碾而不露;有无交结,蛛丝蚁迹而难通。此岂仅当阳廓落,止得一橛者,谓一了百了,一彻尽彻哉! 温研积稔,全恃乎学也。[1]

法藏在《五宗原》中也提到:

> 得心于自,得法于师。师有人法之分,心有本别之异。根本智者,自悟彻头彻尾者是;差别智者,自悟之后,曲尽师法,以透无量法门者是。良以师必因人,人贵法妙,分宗列派,毫发不爽,故传法之源流,非独

---

[1] 见《禅门锻链说》X63 - 783b22 ~ c3

以人为源流也。[1]

由上，睦州指示云门去参雪峰，是为了云门证体后而能起用，明得纲宗，明得后得智，从而为云门成为人天眼目接引学人打下基础。

三、云门与雪峰——印可及其他

<blockquote>

雪峰禅师法系——几种文献对云门见雪峰的记载——云门追随雪峰的时间——云门离开雪峰之原因——云门与雪峰给国主说法方式之比较

</blockquote>

云门在陈睦州的指导下，去参访在福建象骨山的雪峰禅师。

雪峰是青原一系的禅师，其法系为六祖慧能——青原行思——石头希迁——天皇道悟——龙潭崇信——德山宣鉴——雪峰义存。

《景德传灯录》卷十六、《建中靖国续灯录》卷一、《联灯会要》卷二十一、《宋高僧传》卷十二、《五灯会元》卷七、《指月录》卷十七、《教外别传》卷七都有关于雪峰的记载。《联灯会要》载：

> （雪峰）泉州曾氏子，师出岭，首谒盐官，自后三到投

子,九上洞山,因缘不契。后参德山,遂问:"宗乘中事,学人还有分也无?"山和声便棒,师当下如桶底脱相似。[1]

几种文献对云门禅师到雪峰禅师处作了详略不同的记载,表列如下:

表 2‑3　禅宗文献中云门与雪峰关系的记载

禅宗文献名称	相关内容记载
雷岳《云门行录》(949 年)	师依旨入岭造雪峰,温研积稔,道与存契,遂密以宗印付师,由是回禀存焉。[2]
静、筠二禅师《祖堂集》(952 年)	辞入闽岭,才登象骨,直奋鹏程。三礼欲施,雪峰便云:"何得到与么?"师不移丝发,重印全机,虽等截流,还同戴角。每与参请,暗契知见。[3]
雷岳《实性碑》(959 年)	师遂入闽,才登象骨,直奋鹏程。因造雪峰会,三礼欲施,雪峰便云:"因何得到与么?"师不移丝发,重印全机,虽等截流,还同戴角。由是学徒千余,凡圣莫审。师昏旭参问,寒燠屡迁,抠衣惟切于虚心,得果莫输于实服。因有僧问雪峰云:"如何是触目不见道,运足焉知路?"峰云:"苍天!"僧不明,问师,师曰:"两斤麻,一匹布。"僧后闻于峰,峰云:"噫!我常疑个布衲。"师于会里,密契玄机。因是出会,遍谒诸山尊宿,颇有言句,世所闻之。后雪峰迁化,学徒乃问峰佛法付谁,峰云:"遇松偃处住。"学徒莫识其机,偃者盖师名也。至今雪峰遗诫不立尊宿。[4]

〔1〕　见《联灯会要》X79‑184a9~12
〔2〕　雷岳《云门山光泰禅院匡真大师行录》T47‑575c19~21
〔3〕　静、筠二禅师《祖堂集》,第512页。
〔4〕　雷岳《大汉韶州云门山光泰禅院故匡真大师实性碑并序》,见《云门山志》,第216页。

续　表

禅宗文献名称	相关内容记载
陈守中《碑铭》 （964 年）	策杖入闽,造于雪峰会下,三礼之后,雪峰和尚颇形器重之色。是时千人学业,四众咸归,肃穆之中,凡圣莫测。师朝昏参问,寒燠屡迁,昂鹤态于群流,闭禅扉于方寸。因有僧问雪峰曰:"如何是触目不见道,运足焉知路?"雪峰曰:"啐!"其僧不明,举问师此意如何,师曰:"两斤麻,一匹布。"僧又不明,复问何意,师曰:"更奉三尺竹。"僧后闻于雪峰,峰曰:"噫!我常疑个布衲。"其后颇有言句,繁而不书。乃于众中密有传授,因是出会,游访诸山。后雪峰迁化,学徒问曰:'和尚佛法付谁?'峰曰:"遇松偃处住。"学徒莫测。偃者则师之法号也。遗诫至今,雪峰不立尊宿。[1]
道原《景德传灯录》（1004 年）	初参睦州陈尊宿发明大旨,后造雪峰而益资玄要,因藏器混众。[2]
契嵩《传法正宗记》（1061 年）	寻印可于雪峰存禅师,自是匿曜,一混于众。 T51－757b15～17
佛国惟白《建中靖国续灯录》（1101 年）	参雪峰,一日,遇升堂,僧问:"如何是佛?"峰云:"苍天,苍天。"师闻,忽释所疑,契会宗要。[3]

---

〔1〕　陈守中《大汉韶州云门山大觉禅寺大慈云匡圣弘明大师碑铭并序》,见《云门山志》第 222 页。

〔2〕　道原《景德传灯录》T51－356b28～29

〔3〕　佛国惟白《建中靖国续灯录》X78－646b11～12

禅宗文献名称	相关内容记载
睦庵善卿《祖庭事苑》（1108 年）	陈指游雪峰。师既至，适雪峰升堂，乃出众曰："项上三百斤铁枷何不脱却?"峰下座，把住云："因甚到与么?"师以手拭目。[1]
惠洪《禅林僧宝传》（1122 年）	谒雪峰存，存方堆椳坐，为众说法，偃犯众出，熟视曰："项上三百斤铁枷何不脱却?"存曰："因甚到与么?"偃以手自拭其目，趋去，存心异之。明日升座曰："南山有鳖鼻蛇，诸人出入好看。"偃以拄杖掷出，又自惊栗，自是辈流改观。[2]
普济《五灯会元》（1252 年）	州指见雪峰。师到雪峰庄，见一僧，乃问："上座今日上山去那?"僧曰："是。"师："寄一则因缘问堂头和尚，只是不得道是别人语。"僧曰："得。"师曰："上座到山中见和尚上堂，众才集便出，握腕立地曰：这老汉项上铁枷何不脱却?"其僧一依师教。雪峰见这僧与么道，便下座拦胸把住曰："速道! 速道!"僧无对，峰拓开曰："不是汝语。"僧曰："是某甲语。"峰曰："侍者将绳棒来!"僧曰："不是某语，是庄上一浙中上座教某甲来道。"峰曰："大众，去庄上迎取五百人善知识来。"师次日上雪峰，峰才见便曰："因甚么得到与么地?"师乃低头，从兹契合，温研积稔，密以宗印授焉。[3]

---

〔1〕　睦庵善卿《祖庭事苑》X64－314a13～16

〔2〕　惠洪《禅林僧宝传》X79－494c4～8

〔3〕　普济《五灯会元》X80－303b8～19

续　表

禅宗文献名称	相关内容记载
赜藏主《古尊宿语录》(1267年)所收《云门匡真禅师广录·游方遗录》	师到雪峰庄,见一僧,师问:"上座今日上山去那?"僧云:"是。"师云:"寄一则因缘问堂头和尚,只是不得道是别人语。"僧云:"得。"师云:"上座到山中见和尚上堂,众才集便出,握腕立地曰:这老汉项上铁枷何不脱却?"其僧一依师教。雪峰见这僧与么道,便下座拦胸把住其僧云:"速道!速道!"僧无对,雪峰拓开云:"不是汝语。"僧云:"是某甲语。"峰云:"侍者将绳棒来!"僧云:"不是某语,是庄上一浙中上座教某甲来道。"雪峰曰:"大众,去庄上迎取五百人善知识来。"师次日上山,雪峰才见便云:"因什么得到与么地?"师乃低头,从兹契合。师在雪峰,时有僧问雪峰:"如何是触目不会道,运足焉知路?"峰云:"苍天!苍天!"僧不明,遂问师:"苍天意旨如何?"师云:"三斤麻,一匹布。"僧云:"不会。"师云:"更奉三尺竹。"后雪峰闻,喜云:"我常疑个布衲。"[1]

通过上面的列表比较,可以得到下面的一些信息:

1. 雷岳《云门行录》、雷岳《实性碑》及陈守中《碑铭》都提到了云门禅师得到了雪峰禅师的宗印。《云门行录》说"密以宗印付师",《实性碑》及《碑铭》说"雪峰不立尊宿",这些都暗示了雪峰将禅法宗印付给了云门禅师。禅宗非常重视法统的传承,有了这样的传承,就具有了开山

---

[1]　赜藏主《古尊宿语录》X68-119c1~15

传法的资格。禅宗六代之前都是单传,既传衣钵,也同时传法;六祖大师之后,衣钵不传,只是传法,不是单传,而是多传,形成了分头并弘的局面。云门禅师从雪峰禅师处得法,雪峰禅师是云门禅师的嗣法师,也称得法师,云门禅师承继了雪峰的法统后,也就具有了开山传法的资格。

2.《祖庭事苑》、《禅林僧宝传》、《五灯会元》和《云门广录·游方遗录》都提到了"三百斤铁枷何不脱却"的公案,但是所涉及的人物和叙述的详略程度都有不同。《祖庭事苑》和《禅林僧宝传》只涉及雪峰和云门两个人物,叙述简略,而《五灯会元》和《云门广录·游方遗录》多出来一个人物,并且叙述详细。这可能是由于不同时期的禅宗文献有不同的资料来源和谱系。由此,我们可以推测,《五灯会元》虽然是在之前"五灯"[1]的基础上编成的,但这则"三百斤铁枷何不脱却"的公案在之前的《景德传灯录》和《建中靖国续灯录》中都未出现,说明《五灯会元》的编成还有其他的资料来源。此外,《五灯会元》和《云门广录·游方遗录》对这则公案之记载有极大的同构性,说明两者有同一个资料来源。

云门追随雪峰有多长时间,云门是何时到达雪峰之处的,又是何时离开的,离开的原因又是什么,学术界有不同

---

[1] "五灯"指《景德传灯录》《天圣广灯录》《建中靖国续灯录》《联灯会要》《嘉泰普灯录》。

的观点。Urs App 在其著作《云门大师》中说道:"虽然很难确切地知道云门追随雪峰有多少年,但可以肯定的是,云门有好几年时间是与雪峰在一起的。云门在雪峰的象骨山停留之后,有一段比较长的时间在各地参访,鉴于此,云门是在他 30 岁之后离开,然后进行了十多年的各地参访,在他 47 岁时于中国极南之地驻锡下来。"[1]冯学成认为云门禅师乾宁元年(894 年)31 岁(虚岁)之时,辞别了陈尊宿前往福建雪峰,此时雪峰禅师 73 岁,刚好游历吴越归来。又云门曾参访临济宗尊宿灌溪智闲禅师,而灌溪智闲禅师在乾宁二年(895 年)圆寂,据此,冯学成认为云门禅师在雪峰禅师处只住了一年左右。[2]然而如果依云门禅师 20 岁时在常州受具足戒后又回到志澄律师身边,又依佛制依师五年后方许离师参访,那么云门禅师 25 岁时去参访睦州陈尊宿,发明心地后,在陈操尚书家三年,陈尊宿指示云门参雪峰禅师,此时云门禅师应为 28 岁,此当为大顺二年(891 年),据《雪峰年谱》,此年雪峰 70 岁,再游吴越,直至乾宁元年(894 年)重归福建。可以推测云门禅师是跟随雪峰禅师重回吴越之地的[3],否则早期文献记载的"温研积稔"(《云门行录》)、"昏旭参问,寒燠屡迁"(《实性碑》)、"朝昏参问,寒燠屡迁"(《碑铭》)就没有了

---

〔1〕 参见 *MASTER YUNMEN* p23~24。
〔2〕 冯学成《云门宗史话》第 23—24 页。
〔3〕 《雪峰年谱》有大顺二年(891 年)雪峰 70 岁时再游吴越的记载。

落脚之处。"稔"指庄稼成熟,后来引申为指时间的一年,"积稔"就至少是两年了。"寒燠"代指一年,寒燠屡迁也就是若干年的意思。为什么云门随雪峰禅师重返吴越参访时没有留下言句?考虑到这三四年的南游吴越期间即使是雪峰禅师有明确记载的言句也只有两则,一则是参访台州涌泉景欣禅师(石霜诸嗣),一则是在天台国清寺。那么作为随从的云门禅师没有言句也就在情理之中了;另一方面据早期文献之描述,云门禅师在雪峰会中是"密契玄机"(《实性碑》)、"闭禅扉于方寸"(《碑铭》)、"藏器混众"(《景德传灯录》)、"自是匿曜,一混于众"(《传法正宗记》),这也是他在雪峰会中言句少的原因之一。云门禅师离开雪峰禅师的时间,据《遗表》的云门禅师自述"困风霜于十七年间,涉南北于数千里外,始见心猿罢跳,意马休驰。身限韶石之云,头变楚山之雪",意谓云门禅师从离开雪峰禅师出岭到抵达灵树禅师处中间经历17年的参访游历。云门禅师到达灵树禅师处为开平五年(乾化元年,911年,详见第四节),云门48岁时,上推17年即为乾宁元年(894年),云门31岁。故云门禅师跟随雪峰禅师的时间约为四年。

云门禅师离开雪峰的原因,相关文献都未记载。雷岳《实性碑》只是提到:"师于会里,密契玄机。因是出会,遍谒诸山尊宿,颇有言句,世所闻之。后雪峰迁化,学徒乃问峰佛法付谁,峰云:'遇松偃处住。'学徒莫识其机,偃者盖师名也。至今雪峰遗诫不立尊宿。"陈守中《碑铭》也有相似的记载:"乃于众中密有传授,因是出会,游访诸山。后雪峰迁化,学徒问曰:'和尚佛法付谁?'峰曰:'遇松偃处住。'学徒莫测。偃者则师之法号也。遗诫至今,雪峰不立尊宿。"更早的雷岳《云门行录》提到"密以宗印付师",晚一些的《景德传灯录》提到"因藏器混众",这种种迹象表明在云门身上有六祖参访五祖得宗印又离开五祖的影子存在,其中不无云门和六祖有同样经历的暗示,这也为云门禅师参礼六祖塔增加了一层心理依据。

雪峰禅师和云门禅师都曾为国主说法,闽王曾问佛心印于雪峰与玄沙,此次谈话,内尚书三人在帐外随言记录而成《论佛心印录》,收入《雪峰义存禅师语录》卷下;南汉高祖曾问禅(本来心)于云门禅师,《实性碑》《碑铭》俱有记载。在《论佛心印录》中,雪峰为王大王(闽王王审知)讲说了一心真如之名、观心见性成佛之道。其说一心真如之名云:"一名佛性,二名真如,三名玄旨,四名清净法身界,五名灵台,六名真魂,七名赤子,八名大圆镜智,九名空宗,十名第一义,十一名白净识,此是一心之名目也。"[1]说观心见性成佛之道云:"起初观心时,无心可观,向无功用道。初观心时,随颠倒想起,从幻化起,如此想从妄想起,如空中风,无依止处,如是法相,不生不灭,我心自空,

---

〔1〕 见《雪峰义存禅师语录》X69－78c3～6

即悟真实法相也。此法无坏,观无心法,不住法中,诸佛解脱寂灭相、寂静相。如是知者,速得成佛,灭无量罪。大王即今既知,即今是佛,此是百千诸佛妙门,百千三昧门,百千智慧门,百千解脱门,一切神通妙用门,尽在方寸,周遍法界,俱在大王心,本来自在,无有三界可出,无有菩提可成,大道虚旷。大王! 今既已知本性,一时放下,并不得起别生丝发许也,了了之人,见观想念等绝虑。既已知了,切愿不得知有之人见,久久自有大乘之功果,此名无功之功,功不虚弃。知此法门,亦名无念之念。此是亘古亘今祖师玄旨,今共大王商议,灵山会上列圣众前秘密玄旨,为大王说,亦已知了,愿大王发大无量弘愿,保持取作佛去,莫受轮回,不可容易。"〔1〕可见雪峰禅师对王审知的讲法是从名称、观法、结果等方面解说明心见性成佛之道。

云门禅师对南汉高祖的说禅见于记载的约有两次。一次为《碑铭》中的记载:"及戊寅岁(918 年),知圣大师顺寂,恰遇高祖天皇大帝驾幸韶阳,至于灵树,敕为焚爇,果契前言也。师(指云门禅师)是时奉诏对扬,便令说法,授以章服。"〔2〕此次说法内容,当时未记录,从现在留存的文献来看没有记载其详细内容,也许与雪峰禅师一样,云门禅师第一次见当地最高行政长官,详细地解说了佛法。第

〔1〕 见《雪峰义存禅师语录》X69 - 79a13 ~ b3
〔2〕 见《云门山志》第 223 页。

二次则见于《实性碑》《碑铭》中。《实性碑》载:"至戊戌岁
(938年),高祖天皇大帝诏师入阙,帝亲问:'如何是禅?'
师云:'圣人有问,臣僧有对。'帝曰:'作么生对!'师云:
'请陛下鉴臣前前语。'帝悦云:'知师骨介,朕早钦
敬!'"〔1〕《碑铭》载:"至戊戌岁,高祖天皇大帝诏师入阙,
朝对有容,因宣问曰:'作么生是本来心?'师曰:'举起分
明。'帝知师冬韫玄机,益加钦敬。"〔2〕此次云门禅师对南
汉高祖说禅的风格与雪峰禅师对王审知宫中说法的风格
是迥然有异的。

四、《云门广录》对睦州与雪峰之记载

《云门广录》对睦州的记载——

《云门广录》对雪峰的记载

《云门广录》对睦州禅师的记载有六处,其中,《对机》
一则,《室中语要》三则,《游方遗录》一则,《云门行录》
一则。

《对机》一则,在一次上堂开示中,云门禅师把睦州禅
师与德山宣鉴禅师并举,看作禅门第一机的典型:

上堂云:"尽乾坤一时将来著尔眼睫上。尔诸人
闻与么道,不敢望汝出来,性燥把老僧打一掴,且缓缓

---

〔1〕 见《云门山志》第217页。
〔2〕 见《云门山志》第223页。

子细看,是有是无,是个什么道理?直饶尔向这里明得,若遇衲僧门下,好槌脚折。若是个人,闻说道什么处有老宿出世,便好蓦面唾,污我耳目。汝若不是个手脚,才闻人举便承当得,早落第二机也。汝不看他德山和尚才见僧入门,拽拄杖便趁。睦州和尚见僧入门来便云:'现成公案,放尔三十棒。'自余之辈合作么生?若是一般掠虚汉,食人脓唾,记得一堆一担搕搙,到处驰骋驴唇马嘴,夸我解问十转五转话。饶尔朝问至夜答到夜,论劫,还梦见么?什么处是与人著力处?似这般底,有人屈衲僧斋,也道得饭吃,堪什么共语处?他日阎罗王面前,不取尔口解说。"[1]

禅门第一机是一法不立的,故德山见僧入门,拽拄杖便打。禅门第一机也是言语道断的,故睦州见僧入门便云"现成公案,放尔三十棒"。云门禅师截断众流的禅法与此两位祖师在精神上是一致的。云门禅师随后谈到了当时禅林落入十转五转语言的禅风,此类落入语言第二机的掠虚汉,在阎罗王面前是不能获得生死解脱的。

《室中语要》有三处关于睦州禅师的举古。第一则为:

---

[1] 见《云门广录》T47 - 547a4 ~ 19

举睦州唤僧、赵州吃茶入水之义、雪峰辊球、归宗拽石、经头以字、国师水椀、罗汉书字、诸佛出身处、东山水上行,总是向上时节。[1]

睦州唤僧公案为:睦州唤僧,僧回头,州云:"担板汉。"[2]担板汉为只见前方不见左右的杂役之夫,禅宗比喻见解偏执不能见全体之人,也可以指未悟之人。此种作略与云门十八年唤远侍者相类。云门把睦州此类接引手段看作是提持向上时节的手段,也就是使学人开悟的手段。禅林中,把由下至上、从末至本,称为向上;反之,从上至下、从本到末,称为向下。[3]向上时节就是使学人开悟的契机。其他二则举古,其一为:举睦州问僧:"莫便是清华严么?"僧云:"不敢。"州云:"梦见华严么?"僧无语。师

---

〔1〕 见《云门广录》T47－559a26～28
〔2〕 见《古尊宿语录》X68－186c18
〔3〕 禅宗以自迷境直入悟境、上求菩提之工夫,称为向上门,又称逆卍字(即卍),属于自利门;反之,自悟境顺应而入迷境,示现自在之化他妙用,称为向下门,又称顺卍字,属于利他门。若未兼具向上门及向下门者,皆非真悟。禅宗典籍中,此类用语散见于各处,如形容至极之大道、大悟之境界,称为向上一路、向上道;探求佛道之至极奥理,称为向上极则事、向上关捩子、向上事;真实而绝对之悟境世界,乃诸佛或历来祖师所不宣说,而有待禅者亲自去参究体得者,称为向上一路千圣不传;由凡夫之境界向上转至诸佛之绝对境地,称为向上转去;师家命令学人,或禅者相互令对方提出更彻底之见解时,常以"向上更道"表示之;师家所用以接引、锤炼学人之第一义谛,称为向上钳锤;能借以直入诸佛究极境界之大力量、大机用,称为向上一机;能彻底体得诸佛境界之人,称为向上人、向上机;极悟之至极语句,称为向上一句;极悟之至极宗旨,称为向上宗乘。参见《佛光大辞典》第2263页。

云:"门前大狼藉生。"[1]其二为:举僧问睦州:"灵山还有蛇不?"州云:"者蚯蚓。"师代云:"白骨连山。"[2]

《游方遗录》《云门行录》所载俱为云门初见睦州机缘,前文已见。

《云门广录》对雪峰禅师的记载有二十九处,其中,《对机》四则、《室中语要》十七则、《垂示代语》一则、《勘辨》一则、《游方遗录》五则、《云门行录》一则。

上述《对机》上堂开示中,在云门把睦州道踪、德山宣鉴并举看作禅门第一机后,云门禅师进而把雪峰、夹山、洛浦禅师之语并列,看作是进入禅门第一机的入头处。云门禅师提到:

> 古人大有葛藤相为处。只如雪峰和尚道:"尽大地是尔。"夹山和尚道:"百草头上荐取老僧,闹市里识取天子。"洛浦和尚云:"一尘才起,大地全收,一毛头师子全身总是尔。"把取反复思量看,日久岁深,自然有个入路。此个事无尔替代处,莫非各在当人分上,老和尚出世,只为尔作个证明。尔若有个入路,少许来由亦昧汝不得。若实未得,方便拨尔即不可。兄弟,一等是蹋破草鞋行脚,抛却师长父母,直须着些子眼睛始得。若未有个入头处,遇着本色咬猪狗手脚,

---

[1] 见《云门广录》T47-560c14~16
[2] 见《云门广录》T47-561a06~7

不惜性命入泥入水相为。有可咬嚼,眨上眉毛,高挂钵囊,十年二十年办取彻头,莫愁不成办。直是今生未得,来生亦不失人身,向此门中亦乃省力,不虚辜负平生,亦不辜负施主师长父母。直须在意,莫空过时,游州猎县,横担拄杖一千里二千里走,这边经冬,那边过夏,好山好水,堪取性多斋供,易得衣钵。苦屈苦屈,图他一斗米,失却半年粮! 如此行脚,有什么利益? 信心檀越一把菜一粒米,作么生消得? 直须自看,无人替代,时不待人,一日眼光落地,前头将何抵拟? 莫一似落汤螃蟹手脚忙乱,无尔掠虚说大话处。莫将等闲,空过时光,一失人身,万劫不复。不是小事,莫据目前。俗子尚犹道"朝闻道,夕死可矣",况我沙门! 合履践何事? 大须努力。珍重。[1]

葛藤,禅宗中喻指语言文字,意谓语言文字本用来解释说明事相,人们却反而受其缠绕束缚。禅是不立文字的,但又是不离文字的。如何在不离文字的情况下进入第一机,云门禅师在这里提出了参话头的方法。云门禅师把雪峰之语"尽大地是尔",和夹山、洛浦的话一样,看作一个话头,让学人反复思量,日久自然就有悟入的契机。之后,云门禅师告诫学人不要空过时光、徒劳行脚、掠虚说大话,

---

[1] 见《云门广录》T47－547a21～b17

否则生死到来，不能解脱。

《对机》中其他三处，云门禅师把雪峰与赵州和尚相提并论。其一，生缘若在向北，北有赵州和尚、五台文殊，总在这里。生缘若在向南，南有雪峰、卧龙、西院、鼓山，总在这里。[1]其二，问："请师提纲宗门。"师云："南有雪峰，北有赵州。"[2]其三，问："如何是衲僧本分事？"师云："南有雪峰，北有赵州。"进云："请和尚不繁辞。"师云："不得失却问。"学云："喏。"师便打。[3]云门禅师把雪峰和赵州和尚看作宗门中的本分衲僧，生缘在北方的可以借由赵州和尚获得解脱，生缘在南方的可以借由雪峰禅师获得解脱。

今将《室中语要》《垂示代语》《勘辨》《游方遗录》《云门行录》涉及雪峰处列表说明。

表2-4 《室中语要》《垂示代语》《勘辨》《游方遗录》
《云门行录》对雪峰的记载

《室中语要》	1. 举疏山和尚问僧："什么处来？"僧云："岭中来。"山云："曾到雪峰么？"僧云："曾到。"山云："我已前到时是事不足，如今作么生？"僧云："如今足也。"山云："粥足饭足？"无语。师云："粥足饭足。"T47-554a24~27
	2. 举孚上座参雪峰，峰闻乃集众。孚到法堂上顾视雪峰，便下看知事。明日却上礼拜云："某甲昨日触忤和尚。"峰云："知是般事便休。"时有僧问师："作么生是触忤和尚处？"师便打。T47-554a28~b2

〔1〕 见《云门广录》T47-549c2~4
〔2〕 见《云门广录》T47-550b15~16
〔3〕 见《云门广录》T47-552b20~22

续 表

《室中语要》	3. 举僧问雪峰:"乞师指示。"峰云:"是什么?"其僧于言下大悟。师云:"雪峰向伊道什么?"T47-554b20~21
	4. 举雪峰唤僧近前来,僧近前。峰云:"去。"师举了问僧:"尔作么生道得叉手句,尔若道得叉手句,即见雪峰。"T47-554c20~22
	5. 举雪峰唤僧近前来,僧近前,峰云:"甚处去?"僧云:"普请去。"峰云:"去。"师云:"此是随语识人。"T47-555a22~23
	6. 举雪峰云:"三世诸佛向火焰上转大法轮。"师云:"火焰为三世诸佛说法,三世诸佛立地听。"T47-555c09~11
	7. 瓦官住院后,雪峰去访茶话次,峰云:"当时在德山会里,斫木因缘怎么生?"官云:"先师当时肯我。"峰云:"和尚离先师太早。"其面前有一椀水,峰云:"将水来。"官便过与雪峰,峰接得便泼却。师代云:"莫压良为贱。"T47-556b03~7
	8. 举僧问雪峰:"如何是触目菩提?"峰云:"好个露柱。"有处云:"还见露柱么?"师拈起拄杖云:"有底体上会事,见露柱只唤作露柱。"有处道:"不见有露柱,见解偏枯。见露柱但唤作露柱,见拄杖但唤作拄杖,有什么过?"T47-556b21~25
	9. 只如雪峰,夏末于僧堂前坐,众才集,峰拈起拄杖云:"者个为中下根人。"便有僧问:"忽遇上上人来时如何?"峰拈起拄杖。师云:"我不似雪峰打破狼藉。"僧便问:"未审和尚如何?"师便打。T47-556b29~c4
	10. 举雪峰云:"饭箩边坐饿死人,临河渴死汉。"玄沙云:"饭箩里坐饿死汉,水里没头浸渴死汉。"师云:"通身是饭,通身是水。"T47-556c29~557a2

续　表

《室中语要》	11. 举老宿问僧:"闻说雪峰有球子话,是不?"僧云:"不见说着。"宿云:"闻说有。"僧云:"只是师僧乱举。"宿云:"不乱举底事作么生?"无对。师代云:"某甲新到,未曾参堂。"T47－558b07～10
	12. 举雪峰云:"尽大地是尔,将谓别更有?"师云:"不见《楞严经》云:众生颠倒,迷己逐物,若能转物,即同如来。"T47－558b15～17
	13. 举睦州唤僧、赵州吃茶入水之义、雪峰辊球、归宗拽石、经头以字、国师水椀、罗汉书字、诸佛出身处、东山水上行,总是向上时节。T47－559a26～28
	14. 举王大王向雪峰道:"拟盖一所佛殿去如何?"峰云:"大王何不盖取一所空王殿?"大王云:"请师样子。"峰展两手。师云:"一举四十九。"T47－559c11～13
	15. 举僧问雪峰:"佛未出世时如何?"峰横案挂杖而坐。师云:"常。"T47－560b22～23
	16. 举雪峰勘僧:"什么处去?"僧云:"识得即知去处。"峰云:"尔是了事人,乱走作什么?"僧云:"莫涂污人好。"峰云:"我即涂污尔,古人吹布毛作么生,与我说来看?"僧云:"残羹馊饭已有人吃了也。"师别前语云:"筑着便作屎臭气。"代后语云:"将谓是钻天鹞子,元来是死水里虾蟆。"T47－560b27～c3
	17. 举雪峰示众云:"世界阔一丈,古镜阔一丈,世界阔一尺,古镜阔一尺。"玄沙指面前火炉云:"火炉阔多少?"峰云:"似古镜阔。"沙云:"这老汉脚跟未点地在。"后东使拈问僧:"为复古镜致火炉与么大,火炉致古镜与么大?"西院云:"与么问人,也未可在。"师云:"馊饭泥茶炉。"T47－561a28～b4

续　表

《垂示代语》	1. 一日云："作么生是提纲一句？"代云："雪峰南，赵州北。"T47－566c10～11
《勘辨》	1. 师见新到，云："雪峰和尚道'开却路，达摩来也'，我问尔作么生？"僧云："筑着和尚鼻孔。"师云："地神恶发，把须弥山一搊，勃跳上梵天，拶破帝释鼻孔，尔为什么向日本国里藏身？"僧云："和尚莫瞒人好。"师云："筑着老僧鼻孔，又作么生？"无对。师云："将知尔只是学语之流。"代无语处云："和尚只恐某甲不实。"又云："逻逻李。"T47－567b19～25
《游方遗录》	1. 师到雪峰庄，见一僧……师乃低头，从兹契合。T47－573b10～22
	2. 师在雪峰时，有僧问雪峰："如何是'触目不会道，运足焉知路'？"峰云："苍天！苍天！"僧不明，遂问师："苍天意旨如何？"师云："三斤麻，一匹布。"僧云："不会。"师云："更奉三尺竹。"后雪峰闻喜："我常疑个布衲。"T47－573b22～26
	3. 师行脚时，见一座主举："在天台国清寺斋时，雪峰拈钵盂问某：'道得即与你钵盂。'某云：'此是化佛边事。'峰云：'你作座主奴也未得。'某云：'不会。'峰云：'你问我，与你道。'某始礼拜，峰便踏倒，某得七年方见。"师云："是你得七年方见？"主云："是。"师云："更与七年始得。"T47－573b26～c3
	4. 师在雪峰，与长庆西院商量。雪峰上堂云："尽大地撮来，如粟米粒大，抛向面前，漆桶不会，打鼓普请看。"西院问师："雪峰与么道，还有出头不得处么？"师云："有。"院云："作么生是出头不得处？"师云："不可总作野狐精见解也。"又云："狼藉不少。"又云："七曜丽天。"又云："南阎浮提，北欝单越。"T47－573c22～28

《游方遗录》	5. 师一日与长庆举赵州无宾主话,雪峰当时与一蹋作么生。师云:"某甲不与么。"庆云:"你作么生?"师云:"石桥在向北。"T47－573c28～574a1
云门行录	1. 踪知其神器充廓,觉辕可任,因语之曰:"吾非汝师,今雪峰义存禅师可往参承之,无复留此。"师依旨入岭造雪峰,温研积稔,道与存契,遂密以宗印付师。T47－575c17～20

《室中语要》一百八十五则,涉及雪峰禅师者十七则,占了近十分之一。云门禅师是较早、较多应用举古形式的禅师,此种形式是宋代公案禅的滥觞。也就是说云门禅师应用乃师言句作为公案对弟子进行启发,使之开悟。《室中语要》《垂示代语》以及《游方遗录》中的几则都可看成是某种程度的勘辨,云门用雪峰故事作为一种教学的道具,在新的语境中给自己的弟子提供新的开悟契机。

由上可以看出睦州、雪峰对云门禅师的影响。通过比较,可见云门禅师之说法作略和禅风受睦州禅师影响最大,其接引方式及用语与睦州如一模脱出,个中原因可能与云门禅师在睦州禅师处开悟契入的机缘有关。云门禅师对学人启发举古则以雪峰公案最多,个中原因可能与云门禅师在雪峰禅师处悟后起用的历练以及接受雪峰的传承法系有关。

第三节　云门之参访——《游方遗录》

一、《游方遗录》所示云门参访路线

行脚游方——从《游方遗录》推测

文偃禅师参访路线

僧人游方,不外二义,未悟之前,为寻访参学,以求开悟;开悟之后,为践履历练。游方也称行脚,是出家人修行的一种方式。出家人杖挑明月,衣惹烟霞,芒鞋踏破岭头云,就是为心头的悄然与安稳。他们或为寻访名师,或为自我修持,或为教化他人,而广游四方,跋涉山川,参访各地,谓之行脚,又称游行、游方。《祖庭事苑》云:"行脚者,谓远离乡曲,脚行天下,脱情捐累,寻访师友,求法证悟也,所以学无常师,遍历为尚。善财南求,常啼东请,盖先圣之求法也;永嘉所谓'游江海、涉山川,寻师访道为参禅'。岂不然邪!《中阿含》帝释偈云:'我正恭敬彼,能出非家者,目在游诸方,不计其行止,往则无所求,唯无为为乐。'又高僧慧乘,事祖强为师,年十六,启强曰:'离家千里,犹名在家沙门,请远游都鄙,以广见闻。'强乃从之。夫是行脚之利,岂不博哉!"[1]以下表列相关文献所见云门游方次序:

[1] 《祖庭事苑》X64-432c19~433a3

表 2–5 《游方遗录》《禅林僧宝传》《云门语录·机缘》
所载云门游方之次序

《云门广录·游方遗录》	《禅林僧宝传》	《嘉兴藏》《云门语录·机缘》
参睦州(浙江建德)	参睦州	参睦州
参雪峰(福建福州)	参雪峰	参雪峰
行脚时见一座主举天台国清寺雪峰拈钵公案	访乾峰	行脚时见一座主举天台国清寺雪峰拈钵公案
在浙中蕴和尚会里(浙江)	访曹山	在浙中蕴和尚会里
到共相(浙江)	访疏山	到共相
在岭中问卧龙和尚(福建)	九江陈尚书饭师	在岭中问卧龙和尚(福州卧龙山安国院慧球,915年卒)
在岭中僧问法身向上事(福建)	访灵树	在岭中僧问法身向上事
在雪峰与长庆、西院商量(福建)	——	在雪峰与长庆、西院商量
在雪峰与长庆举赵州无宾主话(福建)	——	在雪峰与长庆举赵州无宾主话
与长庆举石巩三平话(福建)	——	与长庆举石巩三平话
到洞岩(浙江绍兴)	——	到洞岩(越州洞岩)
到疏山(江西)	——	到疏山
到曹山(江西宜黄)	——	到曹山

续　表

《云门广录·游方遗录》	《禅林僧宝传》	《嘉兴藏》《云门语录·机缘》
因瑶长老举菩萨手中执赤幡(福建)	——	因瑶长老举菩萨手中执赤幡
到天童(浙江宁波)	——	到天童
到信州鹅湖(江西上饶)	——	到信州鹅湖(江西上饶)
行脚时有官人问定乾坤句	——	行脚时有官人问定乾坤句
到江州陈尚书请斋(江西九江)	——	到江州陈尚书请斋
到归宗(江西庐山)	——	到归宗(澹权,云居道膺弟子)
到越州乾峰(浙江绍兴)	——	到越州乾峰
到灌溪(湖南常德)	——	到灌溪
陈尚书问(浙江)	——	陈尚书问
在岭中问一老宿一切时中如何辩明(福建)	——	在岭中问一老宿一切时中如何辩明
在岭中顺维那处(福建)	——	在岭中顺维那处
在江西见洛浦所勘之僧(江西)	——	在江西见洛浦所勘之僧
到灵树(广东韶石)[1]	——	到灵树

————

　　[1]　据中山大学中国古文献研究所仇江的考证,灵树禅院遗址在韶石建封山腰,就是后来的建封寺,即灵树古寺就是宋代建封寺的前身,如今的建封寺的遗址就是灵树古寺的遗址。参见仇江《韶州灵树古刹遗址考》,http://www.fjdh.com/wumin/HTML/75430.html。

文偃禅师在睦州陈尊宿处开悟后,接受陈尊宿的指示,去福建福州参访雪峰禅师,得到雪峰禅师的认可,承接了雪峰的法脉,具有了传法的资格。但是文偃禅师并没有住山传法,而是又经历了一个长达十七年的各地参访游历过程。后来云门文偃禅师在《遗表》中说:"其或忘餐待问,立雪求知,困风霜于十七年间,涉南北于数千里外,始见心猿罢跳,意马休驰。"[1]后人辑录的《游方遗录》可以看做是文偃禅师"困风霜于十七年间,涉南北于数千里外"的具体实录。

根据《游方遗录》,可以看出文偃禅师涉南北数千里的线路图。即浙江建德——福建福州——浙江——江西——湖南——广东。此外,在《勘辨》部分有一则云门禅师在西京[2]勘验于阗僧的公案。当时浙江是天台宗的中心,福建是雪峰教团教化之地,江西是曹洞宗的发祥地,可以说,文偃禅师在广泛游历中所接触的不同教团宗派,对云门宗风的形成起了很大的作用。

二、《游方遗录》所示云门参访问题

法身与法身向上事
——证体与起用

云门禅师在长达十七年的参访过程中,与所参访的许

---

〔1〕 见《云门广录》T47 - 575a27 ~ 29
〔2〕 唐末五代"西京"具体所指,一为长安,一为南诏大理,据云门禅师离开雪峰禅师之后十七年的游方经历,此处"西京"为南诏大理的可能性比较大。

多禅师探讨的是法身以及法身向上事的问题。法身与法身向上事到底是指什么？为什么云门禅师在开悟之后要关注法身向上事的问题？以下表列《游方遗录》中所载相关内容：

表 2 - 6 《云门广录·游方遗录》中关于法身
及法身向上事的讨论

参访禅师	参 访 内 容	备 注
浙中蕴和尚	蕴和尚垂语云："见闻觉知是法，法离见闻觉知，作么生？"有傍僧云："见定如今目前，一切见闻觉知是法，法亦不可得。"师拍手一下，蕴乃举头。师云："犹欠一着在。"蕴云："我到这里却不会。"	法身与法身向上事
岭中卧龙和尚	问卧龙和尚："明己底人还见有己么？"龙云："不见有己，始明得己。"又问："长连床上学得底是第几机？"龙云："第二机。"师云："作么生是第一机？"龙云："紧峭草鞋。"	法身与法身向上事
岭中僧问云门	有僧问："如何是法身向上事？"师云："向上与你道即不难，汝唤什么作法身？"僧云："请和尚鉴。"师云："鉴即且置，作么生说法身？"僧云："与么，与么。"师云："此是长连床上学得底，我且问你，法身还解吃饭么？"僧无语。后有僧举似梁家庵主。主云："云门直得入泥入水。"	法身与法身向上事（证体与起用）

参访禅师	参 访 内 容	备 注
疏山	因疏山示众云:"老僧咸通年已前会得法身边事,咸通年已后会得法身向上事。"师问:"承闻和尚咸通年已前会得法身边事,咸通年已后会得法身向上事,是不?"山云:"是。"师云:"如何是法身边事?"山云:"枯椿。"师云:"如何是法身向上事?"山云:"非枯椿。"师云:"还许学人说道理也无?"山云:"许你说。"师云:"枯椿岂不是明法身边事,非枯椿岂不是明法身向上事?"山云:"是。"师云:"法身还该一切不?"山云:"作么生不该?"师指净瓶云:"法身还该这个么?"山云:"阇梨莫向净瓶边会。"师便礼拜。	法身与法身向上事
曹山	师问曹山:"如何是沙门行?"山云:"吃常住苗稼者。"师云:"便与么去时如何?"山云:"你还畜得么?"师云:"学人畜得。"山云:"你作么生畜?"师云:"著衣吃饭有什么难?"山云:"何不道披毛戴角?"师便礼拜。	法 身 向上事
乾峰	因乾峰上堂云:"法身有三种病二种光,须是一一透得,更须知有照用临时向上一窍在。"峰乃良久,师便出问:"庵内人为什么不见庵外事?"峰呵呵大笑。师云:"犹是学人疑处在?"峰云:"子是什么心行?"师云:"也要和尚相委。"峰云:"直须与么始解稳坐地。"师应喏喏。	法身与法身向上事

　　法身在佛教诸家体系中有不同的阐释,教下与宗门[1]就有不同的解释。教下的唯识宗对法身有自己的解释体系。唯识宗将佛身总称为法身,法身又包括三身。佛之法身是由断除二障的种子获得,即断除烦恼障、所知障的种子,获得二种转依果,即大涅槃、大菩提,此大涅槃、大菩提即是佛之法身。与二乘只是断除烦恼障获得涅槃的解脱身不同,佛之法身除了大涅槃的解脱身之外还有大菩提的四智心品(大圆镜智、平等性智、妙观察智、成所作智)。大菩提四智心品的作用就是为利益众生而变现佛身和佛土。《唯识三十论颂》对法身的颂为:"此即无漏界,不思议善常,安乐解脱身,大牟尼名法。"[2]即"这两种转依的果是无漏界,它们超越了思维和语言所能了解和表达的范围,完全是善性的,永远存在而无间断无终结,永远安乐,脱离一切烦恼,称为解脱身,也称为大牟尼,或称为法身。"[3]佛之法身有三种形式:"一是自性身,这是佛证得的清净法界。二是受用身,又分自受用身和他受用身。自受用身,是佛所修集的无边真实功德,具体表现为由大圆镜智显现的无漏物质身。此物质身,极圆,具备三十二相、

　　　[1]　关于教与禅,黄士复说:"本宗(指禅宗)谓达摩西来,单传心印,开示迷途,不立文字,直指人心,见性成佛,故称三藏经典以及依据经典以立宗者曰教。不立文字,教外别传者曰禅,亦曰宗,此教禅之别也。凡言宗门、宗下之宗,皆指禅宗言。"见其《佛教概论》第94页,台湾商务印书馆,1978年。
　　　[2]　见《唯识三十论颂》T31－61b22～23
　　　[3]　见林国良《成唯识论直解》,复旦大学出版社,第728页。

八十种好;极净,远离一切烦恼;极恒,无间无断;极遍,无所不在。此自受用身为佛自己受用。他受用身,是由平等性智变现的无漏物质身,是让十地的一切菩萨受用。三是变化身,是由成所作智变现的物质身,是让一切众生受用。"〔1〕

宗门也就是禅宗把法身解释为一切众生都有的真心。真心在佛教和祖教有许多异名异号。在佛教中有心地、菩提、法界、如来、涅槃、如如、真如、佛性、总持、如来藏、圆觉等异号。在祖教中有自己、正眼、妙心、主人翁、无底钵、没弦琴、无尽灯、无根树、吹毛剑、无为国、牟尼珠、无鑐锁、泥牛、木马、心印、心源、心境、心珠、心月等异名。〔2〕禅宗对

---

〔1〕 见《成唯识论直解》第736页。
〔2〕 参见《真心直说》对真心异名的论述:"但名真心别有异号耶? 曰:佛教祖教立名不同。且佛教者,《菩萨戒》呼为心地,发生万善故;《般若经》唤作菩提,与觉为体故;《华严经》立为法界,交彻融摄故;《金刚经》号为如来,无所从来故;《般若经》呼为涅槃,众圣所归故;《金光明》号曰如如,真常不变故;《净名经》号曰法身,报化依止故;《起信论》名曰真如,不生不灭故;《涅槃经》呼为佛性,三身本体故;《圆觉中(经)》名曰总持,流出功德故;《胜鬘经》号曰如来藏,隐覆含摄故;《了义经》名为圆觉,破暗独照故。由是寿禅师《唯心诀》云:'一法千名,应缘立号。'备在众经,不能具引。或曰:'佛教已知,祖教何如?'曰:祖师门下杜绝名言,名不立,何更多名? 应感随机,其名亦众。有时呼为自己,众生本性故;有时名为正眼,鉴诸有相故;有时号曰妙心,虚灵寂照故;有时名曰主人翁,从来荷负故;有时呼为无底钵,随处生涯故;有时唤作没弦琴,韵出今时故;有时号曰无尽灯,照破迷情故;有时名曰无根树,根蒂坚牢故;有时呼为吹毛剑,截断尘根故;有时唤作无为国,海晏河清故;有时号曰牟尼珠,济益贫穷故;有时名曰无鑐锁,关闭六情故。乃至名泥牛、木马、心源、心印、心镜、心月、心珠,种种异名,不可具录。若达真心,诸名尽晓,昧此真心,诸名皆滞,故于真心切宜子细。"T48 - 999c13 ~ 1000a9

法身(法身边事)以及法身向上事的解释,是用中国传统的体用范畴进行解释的。体用关系是中国古代哲学的一对范畴。在中国佛教中,体指一切法内含之真如理体,用指一切法中真如之体的大机大用。此点就表现了中国佛教与印度佛教的差异,在印度佛教看来,真如是一切法的理体,是无为法,无为法是不能起作用的,若起作用,就变成了有为法。而中国佛教讲求体用,体上起用,有体必有用,体用是不二的。寂震在《金刚三昧经通宗记》中以体用关系阐释法身边事与法身向上事。他提到:

> 宗门有如来禅、祖师禅之分。如来禅,是明法身边事,即证此一心真如之体,谓之法身死水,解脱深坑,不能任运发大机用故。忽若被人问著,便眼目定动,开口不得,此只是缘觉境界,何能为人说法? 若祖师禅者,如世尊才拈起华,迦叶便破颜微笑,时四十九年说不到底,一时吐露在面前了也,后人称之为祖师禅。此直明法身向上事,所谓目前活泼泼,转辘辘,物物头头,无有不是显发如来正法眼藏处。不见庞居士有云:"神通及妙用,运水及搬柴。"间有私议之曰:"岂有如来禅反不及祖师禅耶?"彼惟执如来为佛之嘉号,尚未知如来二字之义。[1]

---

[1] 见《金刚三昧经通宗记》X35－301c10～21

　　由此看来,从明法身边事到明得法身向上事的过程,是一个证体起用的过程,也是一个悟后起修的过程,是一个由根本无分别智证真如到后得智缘万法的过程,是一个自度和度他的过程,是一个自己觉悟和接引学人的过程。明得法身向上事,需要在见道位开悟后在修道位进行十地的修行。

　　回过头来,从证体起用再看《游方遗录》中关于法身边事及法身向上事的公案,就会了然明白。比如云门禅师问岭中卧龙和尚的公案,云门问卧龙,明己的人还见有己么?"己"在禅宗语境中就是自性法身,"明己"就是根本无分别智证真如,此时的状态是不见一切法的,所以卧龙回答不见有己始明得己。又问:"长连床上学得底是第几机?"龙云:"第二机。"师云:"作么生是第一机?"龙云:"紧峭草鞋。"[1]长连床是禅林僧堂中的大床,供僧人坐卧之用。第一机、第二机在不同的语境中有不同的阐释。第二机一般是指语言文字思维层面,长连床上的第二机是指拟议思维直至证悟。第一机是超越了语言思维的行,当云门问卧龙什么是第一机时,卧龙回答紧鞘草鞋。紧鞘草鞋就是绑紧鞋继续赶路吧,在禅宗语境中就是要行,要起用,此处,第一机又具有了证体起用的意义。再如云门参曹山一则公案。云门问曹山"如何是沙门行",此处沙门行不是一般

──────────

〔1〕　见《云门广录》T47－573c13～15

的僧人行履,而是指开悟后任运度生的行履。[1] 曹山回答"吃常住苗稼者",即是吃饭穿衣任运过时。当曹山问云门禅师如何悟后用心时,云门禅师也回答吃饭穿衣,曹山却说何不道"披毛戴角",披毛戴角是禅宗中异类中行度生的表达,曹山此句既有曹洞宗回互的宗风,又有对云门禅师要入泥入水教导度生的激励。

云门在十七年的游方中,与诸方尊宿关于法身与法身向上事的切磋,是一个证体起用的过程,是说法度生的准备过程。明代的牧道者即曾表示,识得法身向上事,行脚事毕。[2] 也就是这个道理。

三、《游方遗录》被收入《云门广录》之时间

《游方遗录》被收入
《云门广录》的时间
——云门早期言句

《游方遗录》被收入《云门广录》之时间,至晚应为1267 年。因为 1267 年古尊宿本《云门广录》中已经有了《游方遗录》,并且古尊宿本《云门广录》是现存最早的版本。另一方面,《游方遗录》最早收入《云门广录》的时间

---

〔1〕 参见冯学成《云门宗史话》,南方日报出版社,2008 年,第 33 页。
〔2〕 牧道者示众,拈起拂子云:"者里荐得,犹是法身边事;直饶皓月行空,涵没自在,也未梦见法身向上事。须知有冰楞上走马,剑刃上翻身,若识此人,行脚事毕。"见《古瓶山牧道者究心录》J28-291b30~c2

尚不能确定。尽管 1108 年睦庵善卿撰写《祖庭事苑》所用《云门室中录》两个词条"赵州无宾主""候白",在现今的《游方遗录》中也出现,但不能就此断定《云门室中录》中已有完整的 31 则《游方遗录》,只能说明《游方遗录》中的材料可能是在一个不断采集的过程中积累的。1238 年的《古尊宿语要》本中,已有完整的《游方遗录》存在,可能宗演在 1143～1145 年校勘《云门广录》时就已经完整地收入了《游方遗录》,因为 1267 年《古尊宿语录》中所收《云门广录》是宗演《云门广录》的重刊本。

《游方遗录》材料来源可能是云门宗后人从其他禅师语录中所搜集。这些材料从另一方面构成了云门禅师生平行履的一部分,是云门禅师《遗表》中"困风霜于十七年间,涉南北于数千里外"的具体化。实际情况是云门文偃禅师在参访的过程中,就有言句传播于丛林。在《云门行录》中就说:"师参罢出岭,遍谒诸方,核穷殊轨,锋辩险绝,世所盛闻。"[1]《实性碑》也记载:"师于(雪峰)会里,密契玄机,因是出会,遍谒诸山尊宿,颇有言句,世所闻之。"[2]也就是说,文偃禅师离开雪峰禅师后,在各地参访中的言句,很快就传遍了丛林。

---

〔1〕 见《云门山光泰禅院匡真大师行录》T47－575c21～22
〔2〕 《云门山志》第 216 页。

第四节 云门之传法——
《请疏》与《遗诫》

一、《请疏》与云门禅师灵树禅院传法之始

> 灵树如敏禅师法系——几种文献关于
> 文偃禅师在灵树如敏处的记载——何希范
> 《请疏》——据知圣院,说雪峰法

云门禅师在雪峰禅师处得法印后,经过十七年的各地参访,911 年云门 48 岁时来到灵树如敏禅师的道场(详见下表)。灵树如敏是南岳一系的禅师,其法系为六祖慧能——南岳怀让——马祖道一——百丈怀海——西院大安——灵树如敏。

《祖堂集》卷十九、《宋高僧传》卷二十二、《景德传灯录》卷十一、《联灯会要》卷十、《五灯会元》卷四、《教外别传》卷六有关于灵树如敏禅师的记载。禅师盛化岭南,颇多异迹,能逆知未来,故南汉国主有疑即询,号为知圣大师。《宋高僧传》载:

> 释如敏,闽人也,始见安禅师,遂盛化岭外,诚多异迹。其为人也,宽绰纯笃,无故寡言,深悯迷愚,率行激劝。刘氏偏霸番禺,每迎召敏入请问,多逆知其

来,验同合契。广主奕世奉以周旋,时时礼见,有疑不决,直往询访。敏亦无嫌忌,启发口占,然皆准的,时谓之为乞愿,乃私署为知圣大师。[1]

几种文献对云门禅师到灵树如敏禅师处的情形有详略不同的记载,列表如下:

表 2−7　禅宗文献中云门与灵树关系的记载

禅宗文献名称	相关内容记载
雷岳《云门行录》(949 年)	师参罢出岭,遍谒诸方,核穷殊轨,锋辩险绝,世所盛闻。后抵灵树知圣禅师道场,知圣夙已忆其来,忽鸣鼓告众,请往接首座,时师果至。先是,知圣住灵树凡数十年,堂虚首席,众屡请命上座,知圣不许,尝曰:"首座才游方矣。"及师至,始命首众焉。泊知圣将示灭,欲师踵其席,乃潜书密函中,谓门弟子曰:"吾灭后,上或幸此,请以遗。"上果会驾幸山,知圣预测上至,乃升堂加趺而终,及帝至已灭矣。帝询师遗示,门人出函奉之,上启函得书云:"人天眼目,堂中上座。"帝乃敕刺史何希范具礼,命师以袭法会。上于是钦美之,累召至阙,每所顾问,酬答响应,帝逾揖服,遂赐紫袍师名,后徙居云门山。T47−575c21～576a5
静、筠二禅师《祖堂集》(952 年)	后出瓯闽,止于韶州灵树知圣大师,密怀通鉴,益固留连。去世后,付嘱住持。南朝钦崇玄化,赐紫,号匡真大师。P512～513

---

[1]　见《宋高僧传》T50−849c13～19

禅宗文献名称	相关内容记载
雷岳《实性碑》(959 年)	辛未(911)礼于曹溪,旋谒灵树,故知圣大师以心机相露,胶漆契情。岁在丁丑(917),知圣一日召师及学徒曰:"吾若灭后,必遇无上人为吾荼毗。"至戊寅(918),高祖天皇大帝巡狩韶石,至于灵树,知圣迁化,果契前约。敕为爇之,获舍利,塑形于方丈。于时诏师入见,特恩赐紫。次年(919),敕师于本州厅开堂,师于是踞知圣筵,说雪峰法,实谓禅河汹涌,佛日辉华,道俗数千,问答响应。郡守何公希范礼足曰:"弟子请益。"师曰:"目前无异草。"P182～183
陈守中《碑铭》(964 年)	辛未届于曹溪,旋谒灵树,故知圣大师(如敏长老)以识心相见,静本略同,俦侣接延,仅逾八载。丁丑(917),知圣忽一日召师及学徒语曰:"吾若灭后,必遇无上人为吾荼毗。"及戊寅岁,知圣大师顺寂,恰遇高祖天皇大帝驾幸韶阳,至于灵树,敕为焚爇,果契前言也。师是时奉诏对扬,便令说法,授以章服。次年,又赐于本州为军民开堂。师据知圣筵,说雪峰法。P222～223
道原《景德传灯录》(1004 年)	于韶州灵树敏禅师法席居第一座,敏将灭度,遗书于广主,请接踵住持。师不忘本,以雪峰为师。开堂日,广主亲临曰:"弟子请益。"师曰:"目前无异路。"T51－356b29～c3
契嵩《传法正宗记》(1061 年)	因南游至韶阳灵树敏禅师法会。敏,异人也,号能悬知。见偃,特相器重,遂命为众之第一座。及逝,因遗书荐于广主刘氏,命禅师继领其所居。其后刘氏复治云门大伽蓝,迁偃居之。其声遂大闻,四方学者归之,如水趋下。T51－757b17～21

禅宗文献名称	相关内容记载
睦庵善卿《祖庭事苑》（1108 年）	再历禅林，至韶州灵树，居第一座。灵树既没，广主刘氏令州牧何希范请师继其法席。由是大唱雪峰之道于天下。迁云门，而学者辐凑。X64－314a16～19
惠洪《禅林僧宝传》（1122 年）	造曹溪礼塔，访灵树敏公，为第一座。先是，敏不请第一座，有劝请者，敏曰："吾首座已出家久之。"又请，敏曰："吾首座已行脚，悟道久之。"又请，敏曰："吾首座已度岭矣，姑待之。"少日偃至，敏迎笑曰："奉迟甚久，何来暮耶？"即命之。偃不辞而就职。俄广王刘王将兴兵，就敏决可否，敏前知之，手封奁子，语侍者曰："王来，出以似之。"于是怡然坐而殁。王果至，闻敏已化，大惊问："何时有疾，而遽亡如是耶？"侍者乃出奁子，如敏所诫呈之，王发奁得简曰："人天眼目，堂中上座。"刘王命州牧何承范，请偃继其法席。又迎至府开法，俄迁止云门光泰寺。天下学者，望风而至。X79－495a3～14
普济《五灯会元》（1252 年）	后抵灵树，冥符知圣禅师接首座之说。初，知圣住灵树二十年，不请首座，常云："我首座生也。""我首座牧牛也。""我首座行脚也。"一日，令击钟三门外接首座。众出迓，师果至，直请入首座寮解包。后广主命师出世灵树。开堂日，主亲临曰："弟子请益。"师曰："目前无异路。"X80－303b20～c1
赜藏主《古尊宿语录》（1267 年）所收《云门匡真禅师广录·游方遗录》	师在灵树知圣大师会中为首座，时僧问知圣："如何是祖师西来意？"圣云："老僧无语。"却问僧："忽然上碑，合着得什么语？"时有数僧下语皆不契。圣云："汝去请首座来。"洎师至，圣乃举前话问师。师云："也不难。"圣云："著得什么语？"师云："有人问如何是祖师西来意？但云师。"知圣深肯。X68－121b5～10

由以上记载,可以得知云门禅师到灵树如敏处即为首座,《云门行录》《实性碑》《碑铭》《传法正宗记》《禅林僧宝传》《五灯会元》都提到了灵树如敏禅师的神通,为刘王所钦重,又能预知云门禅师的到来。圆悟克勤在《碧岩录》中还提到了灵树如敏与刘王(前世为卖香客)的前世因缘,以及灵树生生不失通,云门曾三生为王所以失通。[1]

918 年,在灵树如敏禅师示寂后,云门即任住持。[2] 919 年,太守何希范具疏,请云门禅师为本郡军民开堂说法。《请疏》如下:

> 弟子韶州防御使兼防遏指挥使、权知军州事、银青光禄大夫、检校兵部尚书、御史大夫上柱国何希范,洎阖郡官僚等,请灵树禅院第一座偃和尚,恭为皇帝陛下开堂说法,上资圣寿者。窃以伽跛西来,克兴大乘之教;达摩东至,乃传心印之宗。然法炬以烛幽,运慈舟而济溺。伏惟和尚,慧珠奋彩,心镜发辉。性海

---

[1] 参见《碧岩录》T48－146a10～12
[2] 灵树如敏遗书刘王称云门为人天眼目,即有令其住持之意。《禅苑清规·尊宿住持》云:"代佛扬化,表异知事,故云传法。各处一方,续佛慧命,斯曰住持。初转法轮,命为出世,师承有据,乃号传灯。得善现尊者长老之名,居金粟如来方丈之地,私称洒扫,贵徒严净道场;官请焚修,盖为祝延圣寿。故宜运大心,演大法,蕴大德,兴大行,廓大慈悲,作大佛事,成大益利。权衡在手,纵夺临时,规矩准绳,故难拟议。然其大体,令行禁止,必在威严,形直影端,莫如尊重,量才补职,略为指踪,拱手仰成,慎无彻时。整肃丛林规矩,抚循龙象高僧,朝晡不倦指南,便是人天眼目。"X63－542c12～21

深沉,不可以识识;言泉玄奥,不可以智知。能造一相之门,回出六尘之境。灵树禅院者,夐古灵踪,最上胜概。自知圣大师顺世,密授付嘱之词;皇帝巡狩,荣加宠光之命。足可以为祇园柱础,梵苑梯航。缁徒虔心以归依,仕庶精诚而信仰。希范叨权使命,谬治名藩,幸逢法匠之风,请踞方丈之室。愿以广济为益,无将自利处怀。少徇披蓁之徒,伫集如云之众。俯从所请,即具奏闻。[1]

何希范的《请疏》盛赞了云门禅师的心性修养境界以及说法才能,接着提到了云门禅师与知圣大师以及南汉刘王的密切关系,然后顺理成章地邀请云门禅师以广济为益,为本郡军民说法。第一次开堂说法时,来众僧俗数千人,开堂要宣读地方官吏的请疏,还有住持升座垂语开示、对机问答、提纲宗要、致谢等环节。说法的具体情况在《云门广录》对机第一至第十一则,详见本书第三章第一节对机部分。

何希范的《请疏》标志着云门在灵树禅院正式传法之始,也标志着云门禅师与南汉政权的密切关系通过官方文书确立了下来。

灵树如敏禅师对云门的知遇及为云门禅师提供道场,

〔1〕 见《云门广录》T47-576a20~b6

加之云门与南汉诸王的特殊关系,为云门开创云门宗奠定了地利与人和的基础。

　　上表《实性碑》《塔铭》中还一致提到了云门禅师踞知圣筵说雪峰法,所谓说雪峰法,一是指云门禅师虽然继承灵树如敏禅师的道场,但并没有承继其法统,而是承继雪峰禅师的法统,正如上表《景德传灯录》中所说:"敏将灭度,遗书于广主,请接踵住持。师不忘本,以雪峰为师。"二是指云门禅师虽然继承灵树如敏禅师的道场,但是所传是雪峰禅法,正如上表《祖庭事苑》中所说:"灵树既没,广主刘氏令州牧何希范请师继其法席,由是大唱雪峰之道于天下。"

二、《遗诫》与云门禅师光泰禅院传法之终

开创云门——《遗诫》

　　云门禅师在灵树禅院说法五年左右,因心唯恬默,志在清幽,奏请移庵,刘王应允,于 923 年,开创云门山,此年云门禅师 60 岁。历五年建成,其时云门禅师 64 岁。《实性碑》《碑铭》都记载了开创云门山的原因以及五载功成后的盛况。《实性碑》载:"尔后大师心唯恬默,奏乞移庵,敕允。癸未领学者开云门山,五载功成。四周云合,殿宇之檐楹翥翼,房廊之高下鳞差。邃壑幽泉,挫暑月而寒生户牖;乔松修竹,冒香风而韵杂宫商。近于三十来秋,不减半千之众,岁纳他方之供,日丰香积之厨。有殊舍卫之城,

何异灵山之会。院主师傅大德表奏院毕,敕赐光泰禅院额及朱记。"〔1〕《碑铭》载:"师尔后倦于延接,志在幽清,奏乞移庵,帝命俞允。癸未领众开云门山,构创梵宫,数载而毕。莫不因高就远,审地为基,层轩邃宇而涌成,花界金绳而化出。晓霞低覆,绛帏微衬于雕楹;夕露散垂,珠网轻笼于碧瓦。匼匝尽奇峰秀岭,逶迤皆泼黛堆蓝,泉幽而声激珠玑,松老而势擎空碧。由是庄严宝相,合杂香厨,抠衣者岁溢千人,拥锡者云来四表。庵罗卫之林畔,景象无殊;耆阇崛之山中,规模匪异。院主师傅表奏造院毕功,敕赐额曰光泰禅院。"〔2〕云门山开创后,"抠衣者岁溢千人,拥锡者云来四表",从人数和来源范围来讲都堪称兴盛,来参访的僧人,甚至有新罗僧,参见本书第三章勘辨部分。云门山的开创也标志着后世所称的云门宗的开始。

949年四月十日,云门禅师示寂。此日,云门禅师亲自书写《遗诫》〔3〕,作为对弟子们的最后告诫。《遗诫》如下:

夫先德顺化,未有不留遗诫。至若世尊,将般涅槃,亦遗教敕。吾虽无先圣人之德,既忝育众一方,殆尽,不可默而无示。吾自居灵树,及徙当山,凡三十余载,每以祖道寅夕激励汝等,或有言句布在耳目,具眼者知,切须保任。吾今已衰迈,大数将绝,刹那迁易,顷息待尽。然沦溺生死,几经如是,非独于今矣。吾自住持已来,甚烦汝等辅赞之劳,但自知愧耳。吾灭后置吾于方丈中,上或赐塔额,只悬于方丈,勿别营作,不得哭泣孝服、广备祭祀等,是吾切意。盖出家者,本务超越,毋得同俗。其住持等事,皆仍旧贯;接诸来者,无失常则。诸徒弟等,仰从长行训诲。凡系山门庄业什物等,并尽充本院支用,勿互移属他寺。教有明旨,东西廊物,尚不应以互用,汝当知矣。或能遵行吾诫,则可使佛法流通,天神摄卫,不负四恩,有益于世。或违此者,非吾眷属。勉旃! 勉旃! 大期将迫,临行略示遗诫。努力! 努力! 好住。还会么? 若不会,佛有明教,依而行之。[1]

云门《遗诫》与雪峰《遗诫》都提到了不营造塔、不得孝服哭泣、主持寺庙要遵先师或佛之明制。此类遗诫也是六祖以来的传统。[2]

据《雪峰年谱》,梁太祖皇帝开平二年(908 年)三月,

---

[1] 见《云门广录》T47 - 575b13 ~ c2
[2] 《六祖大师法宝坛经付嘱第十》云:"汝等好住,吾灭度后,莫作世情悲泣雨泪。受人吊问,身着孝服,非吾弟子,亦非正法。但识自本心,见自本性,无动无静,无生无灭,无去无来,无是无非,无住无往。恐汝等心迷,不会吾意,今再嘱汝,令汝见性。吾灭度后,依此修行,如吾在日;若违吾教,纵吾在世,亦无有益。"T48 - 362a24 ~ b1

雪峰示微疾,闽王命医诊视,雪峰云"吾非疾也",竟不服药。四月十五日,雪峰坐法堂,示遗诫等事。[1]《雪峰遗诫》载:

> 报诸人等:夫泡幻缘生,去来不定。吾仅四十年来,未尝不苦口相劝。近日佛法淡薄,唯于世谛殷勤。至于信施檀那,师僧和尚,百年终殁,无善报恩,世礼既不相应,亦合有少分省察。吾若四大离散,日先已有木函石龛,并以旧志安排,不得别造坟塔,不得设灵筵,不得持孝服。或有戴一尺布,下一滴泪,此非沙门,非我眷属。况更哭苍天,但为俗态,颇辱宗门,或有不遵,依法摈逐。当院年长,有从智仰,共相遵受,不得妄有乖张。他后住持,并依芙蓉先师规制。况从前不曾亲度尼弟子,吾脱去后,且不得放入院门,免世讥嫌,为恒式者。兼上院以后,且不得别议住持。开平二年戊辰四月二十八日,沙门义存告示。[2]

云门禅师以及其师雪峰禅师在《遗诫》中谆谆告诫其弟子要遵守遗诫以及先师的规制,佛陀在临般涅槃时也如是告诫弟子。《佛垂般涅槃略说教诫经》中载:

---

[1] 参见《雪峰年谱》X69－89c23～90a1
[2] 见《雪峰义存禅师语录》X69－86a10～21

汝等比丘,于我灭后,当尊重珍敬波罗提木叉,如暗遇明,贫人得宝。当知此则是汝大师,若我住世无异此也。[1]

"波罗提木叉"指佛制定的戒律。云门禅师在《遗诫》中告诫弟子佛有明教,依而行之,一方面与云门禅师在志澄律师处所受的戒律有关,另一方面也与佛教戒即行的观念有关。可以说,云门禅师在《遗诫》中告诫弟子遵守戒律与禅的主旨并不矛盾,因为在一定意义上,禅从根本上说也即是行。

第五节　云门与南汉——《实性碑》《碑铭》

一、《实性碑》《碑铭》所记云门与南汉关系

《实性碑》、《碑铭》——《实性碑》《碑铭》表现的南汉政权与云门之关系——赐紫——赐院额——入宫问禅供养——授僧录——加师号——赐塔额——供养真身

《实性碑》的全称是《大汉韶州云门山光泰禅院故匡

---

〔1〕 见《佛垂般涅槃略说教诫经》T12－1110c20～22

真大师实性碑并序》,又称《匡真大师塔铭》《文偃塔铭》
《塔铭》《南汉甲碑》。[1]《碑铭》的全称是《大汉韶州云门
山大觉禅寺大慈云匡圣宏明大师碑铭并序》,又称《大觉寺
僧文偃碑》《云门山碑》《南汉乙碑》。[2]《实性碑》《碑铭》
记载了云门与南汉政权之间的密切关系以下表列相关
内容:

表 2-8 《实性碑》《碑铭》中云门与南汉关系的记载

南汉君主	《实性碑》	《碑 铭》
高祖刘䶮 (911~942 在位)	至戊寅(918年),高祖天皇大帝巡守韶石,至于灵树,知圣迁化,果契前约。敕为爇之,获舍利,塑形于方丈。于时诏师(云门文偃)入见,特恩赐紫。次年敕师于本州厅开堂。师于是踞知圣筵,说雪峰法。	及戊寅岁,知圣大师顺寂,恰遇高祖天皇大帝驾幸韶阳,至于灵树,敕为焚爇,果契前言也。师是时奉诏对扬,便令说法,授以章服。次年,又赐于本州为军民开堂。师据知圣筵,说雪峰法。

---

〔1〕《南汉金石志》称为《匡真大师塔铭》,《南汉书》称为《文偃塔铭》、
《塔铭》。日人永井政之在其《云门》一书中简称为《实性碑》。冯学成在其《云
门宗史话》一书中简称为《南汉甲碑》。位于今乳源瑶族自治县云门寺内,五代
十国时南汉大宝元年(958年)十二月立。高1.8米、宽0.91米、厚0.19米,石
灰石质。碑文阴刻楷书,共2 309字。主要记述云门寺开山祖师文偃禅师生
平、云门寺创建和云门宗的起源等内容。雷岳撰文,薛崇誉书丹,梁彦晖、邓仁
爱镌刻。1986年编纂之《乳源瑶族自治县文物志》(未刊稿)辑录此碑全文。
〔2〕《八琼室金石补正》称为《大觉寺僧文偃碑》,《南汉书》称为《云门
山碑》。日人永井政之在其《云门》一书中简称为《碑铭》。冯学成在其《云门
宗史话》一书中简称为《南汉乙碑》。

南汉君主	《实性碑》	《碑　铭》
高祖刘龑	尔后大师心唯恬默，奏乞移庵，敕允。癸未(923年)领学者开云门山，……五载功成，敕赐"光泰禅院"额及朱记。	师尔后倦于延接，志在幽清，奏乞移庵，帝命俞允。癸未领众开云门山，构创梵宫，数载而毕。……敕赐额曰"光泰禅院"。
高祖刘龑	至戊戌(938)岁，高祖天皇大帝诏师入阙，帝亲问："如何是禅?"师云："圣人有问，臣僧有对。"帝曰："作么生对!"师云："请陛下鉴臣前前语。"帝悦云："知师骨介，朕早钦敬!"宣下授师左右街僧录，师默而不对，复宣下左右曰："此师修行已知溪径，应不乐荣禄。"乃诏曰："放师归山可乎?"师欣然三呼万岁。翌日，赐内帑香药施利埠货等回山，并加师号曰"匡真"。厥后每年频降颁宣，繁不尽纪。	至戊戌岁，高祖天皇大帝诏师入阙，朝对有容，因宣问曰："作么生是本来心?"师曰："举起分明。"帝知师冬韫玄机，益加钦敬，其日欲授师左右街大僧录，逊让再三而免。翌日，赐师号曰"匡真大师"。延驻浃旬，赐内帑银绢香药遣回本院。厥后常注宸衷，频加赐赍。

南汉君主	《实性碑》	《碑　铭》
中宗刘晟 （943 ~ 958 在位）	恭惟我当今大圣文武玄德大明至道大广孝皇帝，岁在单阏（癸卯年，943 年），运圣谟而手平内难，奋神武而力建中兴，恩拯八纮，道弘三教。乃诏师入内，经月供养，赐六珠衣一袭及香药施利等而回，并御制塔额预赐为"宝光之塔"、"瑞云之院"。	寻遇中宗文武光圣明孝皇帝，缵承鸿业，广布皇风，廓净九闻，常敬三宝，复降诏旨延师入内殿供养月余，仍赐六珠衣钱绢香药等，却旋武水（湖南郴州临武县），并预赐塔院额曰："瑞云之院"、"宝光之塔"。
中宗刘晟	遗修表祝别皇王。	亟令修表告别君王。
后主刘鋹 （958 ~ 971 在位）		至大宝六年，岁次癸亥八月，有雄武节度使推官阮绍庄，忽于梦中见大师在佛殿之上，天色明朗，以拂子招绍庄报云："吾在塔多时，汝可言于李特进（秀华宫使特进李托也），托他奏闻，为吾开塔。"绍庄应对之次，惊觉历然。是时李托奉敕在韶州诸山门寺院修建道场，因是得述斯梦，修斋事毕，回京奏闻。圣上谓近臣曰："此师道果圆满，坐化多年，今若托梦奏来，必有显现，宜降敕命，指挥韶州都监军府事梁延鄂同本府官吏往云门山开塔，如无所坏，则奏

南汉君主	《实性碑》	《碑　　铭》
		闻,迎取入京。"梁延鄂于是准敕致斋,然后用功开凿,菩萨相依稀旋睹,莲花香馥郁先闻。须臾宝塔豁开,法身如故,眼半合而珠光欲转,口微启而珂雪密排,髭发复生,手足犹软。放神光于方丈,晃耀移时;兴瑞雾于周迴,氤氲永日。即道即俗,观者数千。灵异既彰,寻乃具表奏闻。敕旨宣令李托部署人船,往云门修斋迎请。天吴息浪,风伯清尘,直济中流,俄达上国,敕旨于崪崃步驻泊。翌日,左右两街诸寺僧众,东西教坊,四部伶伦,迎引灵龛,入于大内。螺钹铿锵于玉阙,幡花罗列于天衢。圣上别注敬诚,赐升秘殿,大陈供养,叠启斋筵,排内帑之璙珍,馔天厨之蕴藻。列砌之骊珠斛满,盈盘之虹玉花明,浮紫气于皇城,炫灵光于清禁。圣上亲临宝辇,重换法衣,谓侍臣曰:"朕闻金刚不坏之身,此之谓也。"于是许群僚士庶,四海番商,俱入内廷,各得瞻礼。瑶林畔千灯接昼,宝山前百戏联宵,施利钱银,不可殚纪。以十月十六日乃下制曰:"定水澄源,火莲

续　表

南汉君主	《实性碑》	《碑　　铭》
		发艳,素悟无生之理,永留不朽之名。万象都捐,但秘西乾之印;一真不动,唯传南祖之灯。韶州云门山证真禅寺匡真大师,早契宗乘,洞超真觉,虽双林示灭,十七年靡易金躯;只履遗踪,数万里应回葱岭。朕显膺历数,缵嗣丕图,泊三朝而并且皈依,乃一心而不忘回向。仰我师而独登果位,在冲人而良所叹嘉,宜行封赏之文,用示褒崇之典,可赠大慈云匡圣宏明大师,证真禅寺宜升为大觉禅寺。"重臣将命,乳奠伸义,太常行礼于天墀,伦诰宣恩于云陛,固可冥垂慈贶,密运神通,资圣寿于延长,保皇基于广大。师在内一月余日,圣泽优隆,七宝装龛,六铢裁服,颁赐所厚,今古难伦。当月二十九日,宣下李托部署却回山门。

《实性碑》《碑铭》都记载了南汉政权请文偃禅师在灵树禅院为本州军民开堂说法,并允许文偃禅师领众在云门山上开创新的禅院。此外,南汉政权还对云门禅师赐紫、赐院额、赐塔额、授左右街僧录、赐师号、请其入宫供养等。即使云门禅师示寂后,《碑铭》还记载了南汉后主刘鋹对云

门禅师真身的供养。相似的记载也出现在《云门广录》卷下之末。

依上表,简要列叙云门与南汉政权之关系。918 年,云门禅师 55 岁,高祖刘䶮赐紫于云门禅师。赐紫一般是皇帝赐予有德望的僧人,最早的赐紫始于武则天因《大云经》而赐予法朗紫袈裟、银龟袋。[1] 927 年,云门山创成,高祖刘䶮赐额"光泰禅院"。938 年,云门禅师 75 岁,高祖刘䶮诏云门禅师入阙问禅,授云门禅师左右街僧录,云门禅师不受。左右街僧录掌管全国僧务,由德高望重者任之。[2] 次日,加师号"匡真大师",大概有匡正佛祖正教之意。[3] 师号就是赐号"某大师",始于唐懿宗之时。[4] 943 年,中宗刘晟即位,请云门禅师入宫供养,并赐塔额为"宝光之塔"。

---

〔1〕《大宋僧史略》云:"案《唐书》,则天朝有僧法朗等重译《大云经》,陈符命,言则天是弥勒下生,为阎浮提主,唐氏合微,故由之革唐称周。法朗、薛怀义九人并封县公,赐物有差,皆赐紫袈裟、银龟袋。其《大云经》颁于天下寺各藏一本。令高座讲说,赐紫自此始也。"T54-248c7~13

〔2〕《北山录》云:"震旦有僧官,自秦始也。魏世立监福曹,又改为昭玄司,备有官属,以断僧务。周齐革为崇玄署。东魏、高齐尚其统,宋、齐、梁、陈尚其正,而复寺三官属其统正焉。隋革周命,弘法尤盛,天下三藏,分置十统。今国家罢统立两录,而司于京邑,其三纲特以德望求人也。"T52-623b20~26

〔3〕《广弘明集》云:"非夫才兼内外,照实邻几,岂能激扬清浊,济俗匡真耳。"T52-262a27~28

〔4〕《大宋僧史略》云:"师号谓赐某大师也。……至懿宗咸通十一年十一月十四日延庆节,因谈论,左街云颢赐三慧大师,右街僧彻赐净光大师,可孚法智大师,重谦青莲大师。赐师号懿宗朝始也。僖宗朝有僧云云皓大师,昭宗朝有圆明大师。梁革唐命,赐灵武道寅尤等为证慧大师,赐吴越国径山洪諲为法济大师。"T54-249b2~15

二、《实性碑》《碑铭》立碑时间与立碑原因

碑文撰写年代与立碑年代——立碑
原因——后世文献典籍对碑文的收入

关于《实性碑》和《碑铭》的碑文之撰写与立碑年代，《实性碑》系雷岳撰文,薛崇誉书丹,梁彦晖、邓仁爱镌刻。碑文撰写于951年,立碑于958年。《实性碑》云:"其本岁在重光太溯献正阳月二十有九,在武德殿进呈,奉敕宣赐。"〔1〕很显然,这是岁星纪年法。《尔雅》释天第八:"太岁在甲曰阏逢,在乙曰旃蒙,在丙曰柔兆,在丁曰强圉,在戊曰着雍,在己曰屠维,在庚曰上章,在辛曰重光,在壬曰玄黓,在癸曰昭阳……太岁在寅曰摄提格,在卯曰单阏,在辰曰执徐,在巳曰大荒落,在午曰敦牂,在未曰协洽,在申曰涒滩,在酉曰作噩,在戌曰阉茂,在亥曰大渊献,在子曰困敦,在丑曰赤奋若。"〔2〕"重光"为辛,"太溯献"在上述太岁与干支的对应中没有出现,当为"大渊献"之误,大渊献对应亥。重光太溯献应为重光大渊献,即辛亥年,对应于南汉乾和九年(951年)。而《实性碑》立碑时间为"汉大宝元年岁次戊午十二月一日丁丑建",即958年。《碑铭》,陈守中撰文,沙门行修书丹,孔廷谓、孔廷津、陈延嗣、邓怀忠等镌刻。碑文撰写于964年,立碑于964年。《南汉书》

〔1〕《云门山志》第185页。
〔2〕《尔雅注疏》,《文渊阁四库全书》本。

陈守中传云:"陈守中,里居家世不可考。事后主,官西御院使、集贤院学士承旨,迁大中大夫,行左谏议大夫,知太仆寺事,上柱国,赐紫金鱼袋。守中博览群籍,富赡词翰,著作为当时词臣之冠。生平最精通内典。大宝七年,升云门山证真寺为大觉禅寺,命撰碑记,多至三千余言,末云:'臣才异披沙,学同铸水,虔膺风旨,纪实性以难周;愧匪雄词,勒贞珉于不朽。'撰成进上,后主大喜,即命以原文镌于石,厚予赏赍。"[1]大宝七年即为964年。

　　南汉政权为同一个禅师立两块碑的原因何在呢?《实性碑》碑文撰写于951年,为中宗刘晟乾和九年,立碑于958年,为后主刘鋹大宝元年。《碑铭》碑文撰写与立碑时间均为964年,为后主刘鋹大宝七年。这与南汉政权与辖境内的佛教教团一直保持良好关系有关,也与后主时国事日蹙有关。南汉高祖就与灵树保持了良好的关系,国有大事,就入山询问吉凶。灵树禅师去世后,南汉政权又与其后的文偃禅师保持了良好的关系。到了后主时期,国事日蹙,北宋政权频频南逼,为祈福故,给云门大师立两块碑在情理之中,尤其云门大师去世数年后的托梦,更增加了云门大师的神奇色彩。唐五代之时,地方王权与禅宗祖师的这种关系普遍存在。比如,燕王奉赵州和尚,闽王奉雪峰禅师,南汉王奉灵树禅师、云门禅师,南唐李氏奉法眼禅

---

[1] 《南汉书》第68页。

师,吴越武肃王奉德韶国师及永明延寿。梁廷楠在《南汉书》中谈到了南汉政权与佛教的关系:

> 世言南唐之亡,因惑于浮屠氏,以予读陆氏书,小长老自北至,说后主多造塔象,以耗其帑庾;为不祥语,摇惑其众;复请造寺千余间,宋师既来,即其寺为营。又有北僧立石塔于采石矶,宋以浮桥系塔渡,明明为间而信之奉之,故卒至于败而不可救。南汉不然,如敏、文偃以下,不过演曹溪支流,鼓其机锋,致人主钦崇,使兴其教而大其宗而已,非有奸诈煽诱之足以亡人国家也。倘后主即其地狱天堂之说,以坚其祈福禳祸之心,因是而去暴行、减课税,奉佛之虔,百姓之利矣。[1]

可以说,梁廷楠是看到了其中的端倪。

《实性碑》《碑铭》后被收入地方志、金石录和其他文献集。《实性碑》被收入《乳源县志》、《南汉金石志》卷一、《唐文拾遗》卷四八。《碑铭》被收入《南汉金石志》卷二、《八琼室金石补正》(二编)、《全唐文》卷八九二。关于碑文及两碑在清代以来的流转,叶昌炽《语石校注》做了较为详细的记录。其中说到:"乳源云门山有《匡真》《匡圣》两大师碑,皆大宝中刻。翁氏《金石略》、吴氏《金石记》但有

---

[1] 《南汉书》第 91 页。

《匡圣》一碑；而《匡真实性碑》，吴氏但据邑志录其文，注云已失。余前五六年在厂肆旧书中见一纸黯淡，披视之，即此碑也，一字未损，亟以贱价得之。此真稀世秘籍，想未必有第二本矣。后者《南汉金石记》、《八琼室金石补正》都收入全文，而前者吴石华收作《云门山匡真大师塔铭》，云已失（据《乳源县志》）。最近看到广东的资料，称二碑均在，系解放前后该寺住持虚云和尚募化重建云门寺时，将二碑镶入山门内壁者。"[1]

除了上述《云门行录》《游方遗录》《实性碑》《碑铭》之外，一些僧传、灯录、史书、方志对云门禅师也有所记载。比如《景德传灯录》卷十九，《南汉书》，《十国春秋》卷六十六，《雪峰年谱》，《佛祖纲目》，《传法正宗记》卷十七，《祖源通录撮要》卷四，《宗门通要》卷九，《建中靖国续灯录》卷一，《林间录》，《祖庭事苑》卷一，《联灯会要》卷二十四，《禅门拈颂集》卷二十三、二十四，《释氏通鉴》卷十二，《宗统编年》，《隆兴编年通论》卷二十八，《云门山志》，徐硕《至元嘉禾志》卷十四，《释氏稽古略》卷二，《历代佛祖通载》卷十七，刘元卿《贤奕编》卷三，徐象梅《两浙名贤录外录》卷四，《（康熙）乳源县志》卷六，沈翼机《浙江通志》卷一百九十九，徐渤《雪峰山志》卷四，徐瑶光《（光绪）嘉兴府志》卷六十二。详见本书附录年谱部分。

---

〔1〕 参见叶昌炽《语石校注》第239—240页。

第三章 《云门匡真禅师 广录》之概要

　　语录是一种文体，"语"是所说的话，"录"是对所说话的誊写。禅宗语录主要是指自六祖慧能之后出现的一类禅宗文献著作，主要记载禅师的法语，内容包括禅师悟道因缘、师徒传法心要、参悟验证、方便施化、诸方学士参学所得以及相互问答、诘难、辩论、参究等，后世的语录也会收入禅师的书信、偈颂等等。语录一般由亲随禅师左右的门人弟子随时记录、编集而成。弟子或其法孙搜录成书，刊行于世。其中，搜录内容详尽者称为"广录"，简要者称为"语要"。如果从体裁方面来看，语录有仅记录一人之语的别集与汇集多人语的通集两种。唐代就有《黄檗禅师传心法要》《赵州从谂禅师语录》《临济慧照禅师语录》等，其他尚有南岳、马祖、百丈等诸师，以及傅大士的语录传世。及至宋代，几乎著名禅师皆有语录传世。此外，通集的编辑也屡行于世。元、明、清各朝禅师语录剧增。在大藏经中，《嘉兴藏》续编与《卍续藏》所收之语录，为数最多。此类语录中，在通集方面，如《古尊宿语录》《御选语录》收集

的最广;在别集方面,如《黄檗禅师传心法要》《临济义玄
禅师语录》《曹山本寂禅师语录》《洞山良价禅师语录》《云
门匡真禅师广录》《明觉禅师语录》《圆悟佛果禅师语录》
《天目中峰和尚广录》《杨岐方会和尚语录》《宏智禅师语
录》《大慧普觉禅师语录》《天童如净禅师语录》等较为重
要。此外尚有如收录马祖、百丈、黄檗、临济四师语录的
《四家语录》,收录临济、沩仰、曹洞、云门、法眼五家七师语
录的《五家语录》。

　　《云门广录》的主体部分,是以禅师对弟子教导的不同
方式而构成。像《云门广录》这样的禅宗典籍既不是哲学
典籍也不是禅思想的系统介绍,它更像是禅师在正式场合
对弟子的开示以及其他场合的谈话纪录,是由其禅法的一
个个具体例子所构成。它是践行的而不是理论的,是教育
学的而不是哲学的。《云门广录》的整体特征可从文本构
成的内容和形式来看,内容上,开示和谈话反映了弟子们
的状态和需要,故更像应病之药而不是形而上的陈述;后
来的编辑者对云门言句进行形式上的编辑时,是按着教法
的形式而不是每一次谈话的具体内容编排,诸如对机、室
中语要、垂示代语、勘辩等等大多都是那个时代禅师们通
用的教学方法。[1]

　　《大正藏》第 47 册所收三卷本《云门匡真禅师广录》

----

〔1〕　参见 Urs App MASTER YUNMEN 第 33 页。

之底本为德富猪一郎所藏的五山版,校本为明万历四十三年(1615年)刊增上寺报恩藏本《古尊宿语录》、日本宫内省图书寮藏五山版和大谷大学藏宽永十七年(1640年)刊本。[1] 今即依据《大正藏》本《云门匡真禅师广录》来说明其文本结构。卷上为苏澥序、对机三百二十则[2]、十二时歌、偈颂;卷中为室中语要一百八十五则、垂示代语二百九十则;卷下为勘辨一百六十五则、游方语(遗)录三十一则、(大师)遗表、遗诫、云门山光泰禅院匡真大师行录、请疏、颂云门三句语(并余颂八首)。[3] 以下分对机、室中语要、垂示代语、勘辨、偈颂五部分进行论述。

<hr>

〔1〕《大正藏》册47,页544,注3。

〔2〕《祖庭事苑》解释了"则"在禅宗语录中的独特含义:"宗门因缘不言一节一段,而言一则者,盖则以制字,从贝、从刀。贝,人所宝也;刀,人所利也。所发之语,若刀之制物,以有则也,故人皆宝之。以为终身之利焉,是知谓一则者,不无深意也。"X64-412b8~11。《丹铅总录》云:"佛书以一条为一则,洪景卢《容斋随笔》、史绳祖《学斋占毕》用之。"《品字笺》云:"则,法则。凡制度品式之有法者,皆曰则。"见《禅林象器笺》第1130页。

〔3〕《卍新纂续藏经》第六十八册《古尊宿语录》所收入为四卷《云门匡真禅师广录》。《古尊宿语录》卷第十五为《云门匡真禅师广录》卷上,为对机、十二时歌、偈颂。《古尊宿语录》卷第十六、十七为《云门匡真禅师广录》卷中,卷十六为室中语要,卷十七为垂示代语,《古尊宿语录》卷第十八为《云门匡真禅师广录》卷下,为勘辨、颂云门三句语(并余颂八首)、游方遗录、大师遗表、遗诫、苏澥序、云门山光泰禅院匡真大师行录、请疏。

第一节 对　机

一、对机的含义

对机的名称——对机的含义

"对机"在禅宗语录中,又称上堂对机[1]、升堂[2]、上堂[3]、示众[4]、法堂玄要[5]、机缘[6]。

对机有两层意思:一是单纯指禅宗内的问答,二是在更广泛意义上指诸佛大德说法。在第一种情况下,对,指对答之意;机,指根机之意,对机就是禅师针对学人之根机而作答。据《禅林象器笺》无著道忠的解释:"学问师答,谓之问答。若唯属师家边,则谓之对机也。"[7]在第二种

---

〔1〕《古尊宿语录》卷六《睦州和尚语录》中就直接称为"上堂对机第一"。

〔2〕《祖庭事苑》"七十二棒"条下,所引天衣义怀《重修云门录序》云:"大师讳文偃,嗣雪峰存禅师。其初,广主刘氏命住韶州灵树,后迁居云门,赐号匡真。演化五十余载,去此一百三十祀,乃有升堂、举古、垂代言句。"X64 - 339a3～6。此序作于皇祐五年,即1053年,可知此时的《云门录》称对机为升堂。

〔3〕《五家语录》作"上堂"。

〔4〕《御选语录》作"示众",《嘉兴藏》也作"示众"。

〔5〕《古尊宿语录》卷三十七神晏语录称"鼓山先兴圣国师(神晏)和尚法堂玄要广集"。

〔6〕《列祖提纲录》有"宗门列祖之机缘拈颂,禅灯诸录载之详矣。"X64 - 1c23

〔7〕《禅林象器笺》第867页。

情况下,对机指对方之根机,对接化之师来说,受化益的学人为对机;对诸佛而言,则以众生为说法的对机。在后世的禅宗语录中,对机这一接引学人的方式占了相当大的比重。对机即禅师针对不同学人不同根机的不同之问而做出的回答,被记录下来就成了记言的实录,这种记言的实录是禅宗语录、灯录主要的组成部分。《建中靖国续灯录》中第二门即为对机门,其解释为:"诸方师表,啐啄应机,敷唱宗猷,发明心要。"〔1〕南宋郑樵《通志·艺文略》著录的"《云门正(匡)真大师对机语录》二卷"可能就是一个以对机为主要内容的版本。

日本僧人虎关师炼曾经考察古今禅册内容的分类,在其语录《虎关十禅支和尚录》中曾提到:"予考订古今禅册,备十门:一曰开堂;二曰上堂;三曰小参,附升座;四曰拾提;五曰普说;六曰法语;七曰对机;八曰立地;九曰偈赞;十曰秉拂。"〔2〕如果仔细分析《云门广录》中的对机部分,就会发现,对机三百二十则的内容包括了四十三次完整的上堂(其中第一次是开堂〔3〕)实录和一些零星的对机

---

〔1〕 见《建中靖国续灯录》X78-622a8

〔2〕 见《禅林象器笺》第857页。

〔3〕 开堂之仪式,先请有德识之僧一人任白椎师,迎至法座之东单上座,是为照鉴开堂之师。官员等则于座前对面而坐。其次迎引住持,先呈公文,举法毕,维那宣读诸疏。其后,住持乃宣说法语,又登座拈香祝圣。帝师及诸官员亦拈香毕,白椎师鸣椎一下,云:'法筵龙象众,当观第一义。'住持乃提示宗纲,并向官员、诸山等致谢。白椎师复鸣椎,唱'谛观法王法,法王法如是'之文。其后,住持以挂杖卓地一下,开始问话,是为问答折 (转下页)

问答。完整的上堂记录有明显的特征,即开始有"上堂云""上堂良久云"之类语词,结束有"珍重""下座""以挂杖一时趁下"之类语词。一次上堂有时由对机一则构成,有时由对机数则构成。

二、《云门广录》对机举例

对机第一至十一则与云门首次开堂说法

《云门广录》对机第一则至第十一则是云门禅师在灵树禅院首次开堂的记录。开堂有地方官吏宣读请疏、住持升座垂语开示、对机问答、提纲宗要、致谢等环节。对机三百二十则是云门语录最重要的也可能是最早收入各种云门语录的部分。比如《云门广录》中记录的云门禅师第一次开堂。今照录如下:

> 师上堂,良久云:"夫唱道之机,固难谐剖,若也一言相契,犹是多途,况复刀刀,有何所益?然且教乘之中,各有殊分,律为戒学,经为定学,论为慧学,三藏五

(接上页)征。问答折征完毕,仪式即结束。《祖庭事苑》云"开堂乃译经院之仪式,每岁诞节,必译新经上进,祝一人之寿。前两月,二府皆集,以观翻译,谓之开堂。前一月,译经史、润文官又集,以进新经,谓之开堂。今宗门命长老住持演法之初,亦以谓之开堂者,谓演佛祖正法眼藏,上祝天算,又以为四海生灵之福,是亦谓之开堂也。"X64-430b21~c2。《敕修百丈清规·住持章》云:"古之开堂,朝命下,或差官敦请,或部使者,或郡县遣牒礼请就某寺或本寺,官给钱料设斋开堂,各官自有请疏及茶汤等榜。"T48-1125c27~30

乘,五时八教,各有所归。然一乘圆顿也大难明,直下明得,与衲僧天地悬殊;若向衲僧门下句里呈机,徒劳伫思,门庭敲磕,千差万别;拟欲进步向前,过在寻他舌头布路。从上来事合作么生? 向者里道圆道顿得么? 者边那边得么? 莫错会好! 莫见与么道,便向不圆不顿处卜度。者里也须是个人始得,莫将依师语、相似语、测度语到处呈中,将为自己见解。莫错会,只如今有什么事? 对众决择看。”

　　时有州主何公礼拜,问曰:“弟子请益。”师云:“目前无异草。”[1]有官问:“佛法如水中月,是不?”师云:“清波无透路。”进云:“和尚从何得?”师云:“再问复何来?”进云:“正与么时如何?”师云:“重迭关山路。”有官问:“千子围绕,何者为的?”师云:“化下住持,已奉来问。”问:“今日开筵,将何指教?”师云:“来风深辨。”进云:“莫只者便是么?”师云:“错。”问:“从上古德,以心传心,今日请师,将何施设?”师云:“有问有答。”进云:“与么则不虚施设也。”师云:“不问不答。”问:“凡有言句皆是错,如何是不错?”师云:“当风一句,起自何来?”进云:“莫只者便是也无?”师云:“莫错!”问:“如何是啐啄之机?”师云:“响。”进云:

────────

〔1〕《大正藏》本《景德传灯录》作:“开堂日,广主亲临曰:‘弟子请益。’师曰:‘目前无异路。’”T51－356c2～3

"还应也无?"师云:"且缓缓。"问:"如何是学人的的事?"师云:"痛领一问。"问:"如何是教外别传一句?"师云:"对众问将来。"

师云:"莫道今日瞒诸人好,抑不得已,向诸人前作一场狼藉,忽被明眼人见,成一场笑具。如今避不得也,且问汝诸人,从来有什么事? 欠少什么? 向汝道无事,已是相埋没也。须到者个田地始得,亦莫趁口乱问,自己心里黑漫漫地,明朝后日大有事在。尔若根思迟回,且向古人建化门庭,东觑西觑,看是什么道理,尔欲得会么? 都缘是汝自家无量劫来妄想浓厚,一期闻人说著,便生疑心,问佛问法,问向上问向下,求觅解会,转没交涉。拟心即差,况复有言? 莫是不拟心是么? 更有什么事! 珍重。"〔1〕

在这一次的开堂实录中,从"师上堂良久云"至"对众抉择看"为云门禅师对官民及僧俗大众的垂语开示;从"时有州主何公"至"对众问将来"为云门禅师对机问答部分;余下部分为提纲宗要,即提持佛法大纲旨要及致谢部分。这个结构恰似今天学术报告的程序,开始是报告,然后是自由提问,最后总结发言。

云门禅师第一次开堂说法,沉默了良久才开口。这种

---

〔1〕《大正藏》本《云门匡真禅师广录》T47－545a18～b27

沉默的场景在很多禅师的开示中都有,所起作用是使与会大众有一段时间澄心静虑,能够更有效地接纳受持。云门禅师首先开示了宗与教、向上事与语言的关系。在中国佛教里,宗与教有其特定的含义。宗指宗门,是指达摩所传的不立文字、教外别传、直指人心、见性成佛的禅宗。教指教下,广义的教指佛陀的言教,指经律论;狭义的教指中国的天台、华严、三论、法相等教派,都依据佛典圣言作为修行入道的阶梯。禅道之机是很难契合的,即使能一言相契,对真如佛性而言也是多余的,何况在这里咄咄不休,有什么益处呢? 云门禅师又谈到了教,特别提到了天台宗。因为五时八教、圆顿大教都是天台宗所立。即使在道理上明白了天台宗的圆顿大教,与禅僧相比也是天地悬殊的。此处云门禅师并没有抑扬褒贬的意思在里面,而只是指出两者修行途径的不同。在禅门中句里呈机,是枉费心思的,其过就在于"寻他舌头布路","舌头"是指言语,"布路"或者"路布"是指布告,也就是文字,因为禅是不在语言文字上的。"从上来事"是指见性,也是禅宗的目的,在无分别智证真如佛性时是不见一法不立一法的,所以不可以向圆顿处卜度,也不可以向不圆不顿处卜度,依师语、相似语、测度语都不可以。云门禅师第一次对众说法就通过对宗与教、向上事与言语文字关系的开示说明了禅的特质。

之后,与会大众进行了自由提问。首先是韶州刺史何希范说:"弟子请益。"此处,何希范并没有提出具体的问

题,云门禅师面对地方最高行政长官的这个问题时,只是
说了一句:"目前无异草。"目前无异草是佛教平等无差别
智的形象表示。就云门禅师这一方面来说,可以看做是云
门禅师在无分别智心性下的自然的语言流露。就对"弟子
请益"这个不是具体问题的问题而言,平等无差别的目前
无异草的形象回答也是很对机的。就何希范这一方面而
言,目前无异草在世出世法两方面可能都有启示的寓意。
就出世法而言,目前无异草是心佛众生三无差别的表示,
心佛众生无差别是《金刚经》的精神,六祖大师由《金刚
经》而开悟,六祖大师又在韶州南华寺说法,这些背景对韶
州的官吏而言都是非常熟悉的。佛眼看众生都是平等的。
就世间法而言,作为一州的最高长官刺史这个身份而言,
对治下的子民是否也是一律平等呢? 在此意义上而言,目
前无异草这个回答也是对机的。

又有一个官员问:"佛法如水中月,是不是呢?"师答:
"清波无透路。"云门禅师说,即使最清澈的水波也没有到
达月亮的路。佛教中佛法和禅师的禅法,恰如水中月和标
月指一样,被看做依赖外境的各种目标,呈现了不同的形
式。所有的佛法和禅法都指向自己的觉性(天上真正的月
亮)。一个人不能错误地把佛法和禅法,也就是水中月和
标月指看做最终的目的。[1] 这个官员进一步问:"您是怎

---

〔1〕 参见 Urs App *MASTER YUNMEN*,第85—86 页。

么得到的呢?"("和尚从何得?")云门禅师回答:"你的第二个问题是从哪里来的呢?"("再问复何来?")自己的觉性当然从自己得,和尚的觉性和尚得,学人的觉性学人得,答在问处,第二个问题从哪里来,当然从自己的心里来,问题的来处就是自己的觉性存在之处。在云门禅师语录中还有"河里失钱河里㨨"[1]等此类说法,即向内反观自己的觉性,找到那个真正的月亮。官员又问:"正与么时如何?"师云:"重叠关山路。"云门禅师看到他还在向外追问,只好说重叠关山路了。[2]

又有人问:"凡有言句皆是错,如何是不错?"云门禅师回答:"当风一句起自何来?"此人进一步问:"莫只这便是也无?"云门禅师回答:"莫错!"由此人的问题来看,此人已深得禅宗无言之趣,但是仍然落于错与不错的分别思维里,所以云门禅师让他找寻超越于错与不错之上的东西,即:"当风一句起自何来?"其效果与目的正如上面的"再问复何来"一样。

又有人问:"如何是啐啄之机?"云门禅师回答:"响。"

---

[1] 见《云门广录》T47-545c9~10
[2] 天隐圆修禅师认为云门这三句转语即是表达了云门三句:"示众,举僧问云门:'佛法如水中月,是否?'门曰:'清波无透路。'僧曰:'和尚从何得?'门曰:'再问复何来?'僧曰:'便与么去时如何?'门曰:'重迭关山路。'师曰:'云门大师此三转语,内有函盖乾坤句、截断众流句、随波逐浪句。山僧今日一一点破,可惜当时者僧水中捉月,有人透得,许你亲见云门。"见《五灯全书》X82-294a13~18

那人继续问："还应也无?"禅师回答："且缓缓。"啐啄之机是禅林常用的一个比喻，比喻禅师与学人之间机教相应。《禅林宝训音义》解释道："啐啄，如鸡抱卵，小鸡欲出，以嘴吮声曰啐，母鸡忆出，以嘴啄之曰啄。作家机缘相投，见机而解，亦犹是矣。"[1]由此人问啐啄之机来看，他想通过云门禅师的开示而有所悟入，云门禅师的回答"响"简直就是一个情景再现的现量境，在那人问"我是否还能相应"之时，他其实已经错过了啐啄之机，所以云门禅师回答"且缓缓"，等待下一个时机吧。

又有人问："如何是学人的的事?"禅师回答："痛领一问。""的的事"也就是最迫切的事，在禅宗的语境里也指见性之事。禅宗讲求自力，自己佛性向内找，学人向外追问自己的最迫切的事，所以云门禅师答痛领一问。一方面意谓你怎么问我你自己的最迫切之事。另一方面是说，只要你痛彻明白了此问从何而来，你也就明白了你的迫切事。

又有人问："如何是教外别传一句?"禅师答："对众问将来。"由此问可以知道问者是深明禅宗不立文字、教外别传之旨的。祖祖相传的教外别传的一句到底是什么呢?禅宗所传的是心法，所以禅师答对众问将来，对着大众问的这个问题的来处，就是教外别传一句的来处。

之后，云门禅师提纲宗要。云门禅师就禅的特质从自

---

〔1〕 见《禅林宝训音义》X64－465c13～15

己和学人方面做了不得已的言说。从自己这一方面而言，因为"若论祖宗提纲，直下难为开口"〔1〕，所以云门禅师说"抑不得已，向诸人前做一场狼藉"。从学人这一方面而言，自性或佛性就像自己的衣中宝，不需向外驰求，也不需要东觑西觑、问佛问法、问向上问向下，也不需要求觅解会。但也必须到无事无心这个田地始得。最后，珍重致谢，法会结束。

第二节 室 中 语 要

一、室中语要的含义

室中语要的含义——香林澄远与室中语要

《室中语要》在《祖庭事苑》做注释底本时，是一本独立的书，即《云门室中录》。"室中语要"在禅宗语录中又称举古〔2〕、室中录〔3〕、室录〔4〕、室中垂示〔5〕、室中

---

〔1〕 参见磁州桃园山曦朗禅师语录，见《天圣广灯录》X78 - 530c14 ~ 15

〔2〕《祖庭事苑》所述天衣义怀《重修云门录序》云："乃有升堂、举古、垂代言句，抑有示者流落华夏禅丛，好事者集而摸板焉。"X64 - 339a6 ~ 7。由此可以知道，天衣义怀重修《云门录》时，就把室中语要等同于了举古。

〔3〕《祖庭事苑》X64 - 313b18

〔4〕《云门匡真禅师广录》苏澥序云："其传于世者，对机、室录、垂代、勘辨、行录。"T47 - 545a4 ~ 5

〔5〕《古尊宿语录》中《舒州龙门（清远）佛眼和尚语录》中称"室中垂示"。

举古[1]。

正如开堂对机是对僧俗大众的开示,室中语要一般则是对僧家弟子的垂示,且从堂到室的过程,意味着登堂入室,也就是自己禅悟进境逐步深入的过程。如雪峰义存禅师使其弟子玄沙师备顿领玄机,就与室中语要这种教导方式有关:

> 雪峰一日誂曰:"备头陀未曾经历诸方,何妨看一转乎?"如是得四度。师(指玄沙——作者注)见和尚切,依和尚处分,装裹一切了,恰去到岭上,踢着石头,忽然大悟,后失声云:"达摩不过来,二祖不传持。"又上大树,望见江西了,云:"奈是许你婆。"便归雪峰。雪峰见他来,问师:"教你去江西,那得与么回速乎?"师对云:"到了也。"峰曰:"到那里?"师具陈前事,雪峰深异其器,重垂入室之谈。师即尽领玄机,如瓶泻水。[2]

而《云门广录》中的室中语要大多是为云门禅师的侍者香林澄远所发,《碧岩录》记载:

---

〔1〕 《古尊宿语录》中《雪峰文悦禅师语录》中称"室中举古"。
〔2〕 《祖堂集》第454页。

（香林澄远）居云门左右十八年，云门常只唤远侍者，才应喏，门云："是什么？"香林当时也下语呈见解弄精魂，终不相契。一日忽云："我会也。"门云："何不向上道将来？"又住三年。云门室中垂大机辩，多半为他远侍者，随处入作，云门凡有一言一句，都收在远侍者处。[1]

到底室中语要是一种怎样的形式，使得弟子能够"尽领玄机，如瓶泄水"，也能使弟子说出"我会也"这样在禅宗祖师看来是开悟的言语？见下节论述。

二、《云门广录》室中语要的形式及对后世公案禅的影响

室中语要的形式——对后世公案禅的影响

如果仔细分析《云门广录》中的室中语要，就会发现室中语要部分采用的是"举"或"举古"的开示方式。禅林中的举古不是目的而是手段，是禅师下著语的由头，重点是举古之后禅师的著语，正如《诗经》比兴手法的兴，是先咏他物以引起所咏之词。虽然早期禅师如黄檗、临济、洞山、沩山、曹山等也有举古的形式，但对此用得最多的是云门禅师及其后的雪窦重显禅师、天童宏觉禅师、虚堂禅师。

---

〔1〕　见《碧岩录》T48－157a23～b4

《云门广录》中的《室中语要》就有一百八十五则。《云门广录》时常提到云门禅师推举的两个禅师,那就是他常常并称的"南有雪峰,北有赵州",在此各举一例。

　　举僧问雪峰:"乞师指示。"峰云:"是什么?"其僧于言下大悟。师云:"雪峰向伊道什么?"[1]

　　举僧问赵州:"某甲乍入丛林,乞师指示。"州云:"吃粥了也未?"僧云:"吃粥了也。"州云:"洗钵盂去。"师云:"且道有指示无指示? 若道有指示,向他道什么? 若道无指示,者僧何得悟去?"[2]

　　像上述类型的例子,室中语要共有一百八十五则。其中许多是在非正式场合对弟子们的教导,一些开示并不比上堂的正式开示长,并且在举古的基础上引向了机锋问答。举古内容有两类:一为禅师间的对话,所举禅师有已经示寂的古代禅师,有尚在世的老禅师;一为佛教经典,比如《金刚经》、《般若经》、《信心铭》、《参同契》等。对禅师的举古或对佛教经典的引述之后,都有云门禅师的按语或评论,有时是反问,有时是就此问题与弟子的机缘问答。

---

　　[1] 《云门匡真禅师广录》T47－554b20～21
　　[2] 《云门匡真禅师广录》T47－554b16～19

实际上,举古之后,云门的作略就是拈古。其举古内容之分布见下表:

表 3−1 《云门广录·室中语要》所举禅师及经论

所举禅师及经典	则数	备　　　注
仰山	4	游五老峰、如来禅、说拄杖、仰山问俗官
疏山	1	问僧到雪峰
孚上座	1	参雪峰
雪峰	17	孚上座参雪峰、僧问雪峰、雪峰唤僧近前、雪峰唤僧、雪峰火焰转大法轮、雪峰勘瓦官、僧问雪峰触目菩提、雪峰饭箩边、雪峰尽大地是尔、雪峰辊球、雪峰空王殿、僧问雪峰佛未出世、雪峰勘僧什么处去、雪峰世界阔一丈
资福	3	僧问资福古人拈槌竖拂(两次)、僧问资福一尘入正受
三平	1	即此见闻非见闻
一宿觉	4	幻化空身即法身、一切数句非数句、六般神用空不空、三身四智体中圆
赵州	6	洗钵去、本分草料、赵州问僧什么处去、赵州吃茶入水、赵州在南泉出众云、僧问赵州妙峰顶
举《阿弥陀经》		无情说法
盘山	3	光境俱忘(两次)、光非照境
三祖	1	一心不生万法无咎

续 表

所举禅师及经典	则数	备 注
乾峰	3	十方薄伽梵一路涅盘门(三次)
举经教	4	心生种种法生(《楞严经》)、凡夫实谓之有(教)、诸法寂灭相(《法华经》)、是法住法位(《法华经》)
夹山	5	百草头上荐取老僧(三次)、夹山座次、僧问夹山如何是道
举《参同契》	1	回互不回互
举《大毗卢遮那成佛经疏》		见闻觉知无障碍
举祖师偈	2	法法本来法、心随万境转
傅大士	2	空手把锄头、禅河随浪静
宝公(志公)	2	如我身空诸法空、鸡鸣丑
举《楞严经》	1	一切声是佛声
国师	7	南方禅客问国师此间佛法如何、南方佛法半生半灭、肃宗请国师看戏、国师三唤侍者、僧问国师如何是本身卢舍那、国师云语渐也返常合道、国师水碗
举古人道	1	一处不通,两处失功
举《般若经》	1	无二无二分
举《法华经》	1	经书咒术,一切文字语言,皆与实相不相违背
瓦官	1	参德山

所举禅师及经典	则数	备　　　注
德山	2	瓦官参德山、德山问维那
洛浦	1	一尘才起大地全收
灵云	1	僧问灵云佛未出世时如何
玄沙	6	僧问玄沙如何是学人自己、饭箩里坐饿死汉、玄沙与韦监军茶话、玄沙三种病人、火炉阔多少、玄沙云尽尔神力走
药山	1	药山问僧什么处来
茱萸	1	上堂云尔诸人莫向虚空里钉橛
投子	2	僧问投子密岩意旨如何、僧问投子如何是此经
崇寿	4	崇寿问僧还见灯笼么（两次）、崇寿见僧做胡饼次、地藏问崇寿尔久后将什么利济于人
举《楞伽经》	1	法身说法
举	1	有为无三世
举	1	实学是葛藤言句
举	1	三种人
举《证道歌》	1	法身吃饭（二次），幻化空身即法身
云居	3	僧问云居湛然时如何、僧问云门山河大地从何而有、云居师兄得第二句
举《法华经》	1	药病相治
翠岩	3	翠岩眉毛、僧到翠岩、请翠岩斋

所举禅师及经典	则数	备　　　注
保福	2	作贼人心虚、归依佛法僧
长庆	5	生也、尔道古人前头为人后头为人、长庆见僧云何得无礼、长庆问秀才、长庆拈拄杖
良遂	1	参麻谷
麻谷	1	良遂参麻谷
举《心经》	1	无眼耳鼻舌身意
举张拙	1	光明寂照遍河沙
石霜	3	僧辞石霜、僧问石霜、石霜云须知有教外别传一句
生法师	1	生法师云敲空作响击木无声
洞山	4	洞山到夹山、洞山代云什么劫中曾欠少、洞山云须知有佛向上事、洞山云尘中不染丈夫儿
举《华严经》		法身清净一切声色尽是廉纤语话
灌溪	1	僧问灌溪
韦监军	3	韦监军见帐子画牛抵树、玄沙与韦监军茶话、韦监军见僧云问杀老宿
佛	1	佛问外道、世尊初生下
举《大般若经》	1	一切真如含一切
举古云	7	闻声悟道见色明心、寂寂空形影、如我身空诸法空、有惊人之句、以空名召空色、一言才举大地全收、一念劫收一切智

续　表

所举禅师及经典	则数	备　　　注
举《金刚般若波罗蜜经论》	1	应化非真佛
丹霞	1	百骸俱溃散，一物镇长灵
举《金刚经》	1	一切贤圣皆以无为法而有差别
睦州	3	睦州唤僧、睦州问僧莫便是清华严么、僧问睦州灵山还有蛇否
归宗	1	归宗拽石
仰山		罗汉书字
举	1	生死涅槃合成一块
南泉	3	僧问南泉牛头见四祖、南泉水牯牛、南泉示众文殊普贤相打
报慈	2	报慈赞龙牙、报慈垂语我有一句子遍天地
举《华严经·金狮子章》	1	揽真成立色相宛然
大随	1	僧辞大随
黄檗	1	黄檗举手作捏势
马大师	1	一切语言是提婆宗
肇法师	1	诸法不异
举《光赞经》		须菩提说法
禾山	1	禾山示众
韶山	1	韶山勘僧

续 表

所举禅师及经典	则数	备　　　注
云岩	1	云岩扫地
道吾	1	第二月
龙牙	2	龙牙全露、龙牙第一句

室中语要在形式上就是后代举古加上拈古的诠释公案体系。举古内容有古人公案及经教。举经教,一方面说明了云门在志澄律师处打下了扎实的经教基础;另一方面说明了尽管禅宗是教外别传、不立文字、直指人心、见性成佛,但禅师们在具体引导学人时还是有达摩祖师借教悟宗的传统在。

室中语要中所收云门禅师举古加拈古的诠释体系或者说教学方法,对后世的公案禅起了先导作用。Urs App 在谈云门教学方法时说到,云门用自己之语或者其他禅师之语,借由加上简短评论的方式,立即把此转化成勘验问题给他的听众。如此,云门就成为今天许多禅师所效法的一种教学实践(指参公案——作者注)的源头,也就是说,此种教学实践法是对公案或所引经典加上简短的评论。[1] 此类简短评论的声望是通过云门一系的法嗣来提

---

[1] 参见 Urs App. *Master Yunmen: From the Record of the Chan Master "Gate of the Clouds"*. p72。

高的,雪窦重显禅师编选了一部较早的公案集,并对每则公案加上了自己的偈颂。尤其是圆悟克勤禅师,对公案加上了介绍和评论,对雪窦的颂加上了按语(指所加的简短评论)。作为如此加工之结果的《碧岩录》,成为之后大量公案集的典范,并代表了一种禅法的趋势。大慧宗杲(1089~1163)和大灯国师(1282~1337),是著名的禅师中最为钦服云门的(二人均由参云门公案而开悟[1]),他们也引导了参公案的潮流,这当然并非巧合。大慧宗杲禅师是圆悟克勤的弟子,并且是中国和韩国提倡参公案的中心人物。大灯禅师则标志着日本公案禅的开始。[2]

第三节　垂示代语

一、垂示代语的含义

垂示(垂语)——

代语——别语

　　"垂示代语"在禅宗语录中又称垂代[3],《云门广录》

---

　　〔1〕　关于两者因云门公案而开悟的情况,参见本书第五章第二节相关部分。

　　〔2〕　参见 Urs App. *Master Yunmen: From the Record of the Chan Master "Gate of the Clouds".* p73~74。

　　〔3〕　《祖庭事苑》所述天衣义怀《重修云门录序》云:"乃有升堂、举古、垂代言句,抑有示者流落华夏禅丛,好事者集而摸板焉。"X64-339a6~7。《云门匡真禅师广录》苏澥序云:"其传于世者,对机、室录、垂代、勘辨、行录。"T47-545a4~5

中有二百九十则。

垂示,也就是示众。《禅林象器笺》云:"垂示,即示众也。"[1]即是对大众的开示。最早的开示即来自于六祖慧能的示众说法。《六祖大师法宝坛经》载:"师示众云:'我此法门,以定慧为本。'"[2]无著道忠说:"诸录示众,此为最古也。"[3]垂示又称垂语,在开堂、升座之时,有垂语问答,即在开堂、升座或者晚上小参的时候,对学人有开示,禅师与学人之间有问答。[4]在学人回答不出时,云门禅师就会下代语或别语。由此看来,垂示代语大多是在晚上小参的时候,云门禅师所下的代语或别语。

其实在云门禅师之前,就有禅师使用代语了。比如药山禅师、南泉禅师、洞山禅师。雪峰的弟子亦好用代语,比如安国和尚、长庆和尚、保福和尚。[5]代语,言外之意就是代别人下转语。分两种情况,一是代现前众下语,二是代古人下语。《禅林象器笺》云:"代语有二种:一、代现前众,谓师家垂语,令众下语不契,则自下语代众。此是代

〔1〕 见《禅林象器笺》第 80 页。

〔2〕 见《六祖大师法宝坛经》T48 - 352c13

〔3〕 见《禅林象器笺》第 80 页。

〔4〕 参见《敕修百丈清规·受请人升座》云:"示众垂语问答,提纲叙谢,结座下座。"T48 - 1125a5 ~ 6。《敕修百丈清规·当晚小参》云:"住持出登座,垂语问答提纲毕叙谢。"T48 - 1126b30 ~ 31

〔5〕 分别参见《祖堂集》第 227、706、791、486、491、505 页。

语,可通别语名。《云门录》多代语。盖宗门代别,云门为始焉。二、代古人,谓举古则,而他古人无语处,我代他下语。"[1]

别语也分两种情况,第一种情况就是第一种代语,因为禅师令学人下语,如果学人下语不契合,禅师亲自代众下语,所以是代语。同时,又因为是重新下了一转语,所以是别语。第二种情况是指举古则之时,古人有下语,而自己重新下一转语,这一转语,就称为别语。《禅林象器笺》云:"举古则中,虽他古人有语,我复别下一转语,谓之别语。见于诸录,与代语不同。"[2]汾阳善昭禅师说:"室中请益,古人公案,未尽善者,请以代之,语不格者,请以别之,故目之为代别。"[3]

清代奇然智禅师也曾对垂语、拈语、代语、别语作过解释。他说:"有垂语焉,或举其要;有拈语焉,或显其旨;有代语焉,或尽相善;有别语焉,或虚其对。"[4]此外还有征语,即自问自答之语或师徒往复征诘勘验之语。清代的《宗门拈古汇集》把拈语、代语、别语、征语统统归为拈古。

Urs App 把《云门广录》中的代语作了总结区分。他

---

〔1〕 见《禅林象器笺》第851页。

〔2〕 见《禅林象器笺》第853页。

〔3〕 见《汾阳无德禅师语录》T47-615c13~15

〔4〕 见《奇然智禅师语录》J36-572b21~22

认为有两种主要的代语。在第一种情况下,禅师表达自己的观点。此种情况往往是通过一个或者几个人的角色,用他们说过的话或自己的话表达自己的观点。第二种情况是代替不能下转语的学人而说。两种情况都可以有一个或多个代语。第一种情况表达自己的观点有时以"自代云"这个词作标志。第二种情况的代语也就是表达学人的理解和思想,大多以"代云"这个词作标志。[1]

其实还有一种情况也可以看作是代语,此种情况虽然没有"代云"、"代"、"别云"等标志语,但根据上下语境可以判别出来是代语,即看到学人"无对"不能回答,禅师会以"你问,我与你道"的方式来一个主客互换,代替学人下语,所以也可以看作是一种代语。[2]

二、《云门广录》垂示代语举例

垂示代语举例——垂示代语的作用

下面略举几例对垂示代语加以说明,比如垂示代语第一则:

师因不安云:"打草鞋行脚去。"无对。师云:"汝

---

〔1〕 参见 Urs App 的博士学位论文 Facets of the Life and Teaching of Chan Master Yunmen Wenyan (864~949) 第45—46页。

〔2〕 比如《云门广录·勘辨》:"问僧:'作么生是打静一句?'僧云:'谁敢出头?'师云:'你问我。'僧便问。师以拄杖划地一下。"T47-571c28~572a1

问我，与汝道。"僧便问："和尚什么处去？"师云："四维上下对机设教去。"代前语云："和尚宜吃姜附汤。"[1]

"不安"即有疾病之意，在禅宗语录特定的语境中有将要示寂之意。上例中，云门禅师有疾病时说："打草鞋行脚去。"行脚在禅宗里有两层意思，一是未开悟时，寻师访道，芒鞋踏破岭头云，为开悟解决自己事而行脚。二是开悟后，历练自己，应化有缘而行脚。对此时的云门禅师而言显然是后者。按常人理解，有了疾病就应该在家好好休息，而云门禅师却说行脚去。看到弟子不知如何应对，云门禅师对弟子说你问我，弟子便问和尚什么处去，云门禅师答道四维上下对机设教去。"什么处去"，在禅宗语境中还有百年之后何处去的含义，正如沩山禅师要百年之后化作山下水牯牛一样，云门禅师也有异类中行的愿力和能力，所以云门禅师答四维上下对机设教去。进而，云门禅师又替弟子对"打草鞋行脚去"下了一转语："和尚宜吃姜附汤"。姜附汤的主要成分是干姜和附子，主治中寒、失音，确实为行脚和对机设教之人所必需。云门禅师就是这样通过言行给弟子树立了典范。此处的代语"四维上下对机设教去"是表达自己的观点，而"和尚宜吃姜附

[1] 见《云门广录》T47－561c6～9

汤"是代弟子回答。

再如：

> 举湖南报慈垂语云："我有一句子，遍大地。"僧
> 便问："如何是遍大地底句？"慈云："无空缺。"师（指
> 云门禅师）云："不合与么道。"别云："何不庵
> 外问？"[1]

湖南报慈藏屿禅师是龙牙居遁禅师的弟子，龙牙居
遁禅师是洞山良价禅师的弟子，由此而言，报慈禅师是曹
洞宗祖师洞山祖师的再传弟子，洞山守初禅师在云门禅
师处开悟之前也曾参访过报慈禅师。上例中，报慈禅师
对众开示道："我有一句话，是遍大地的。"有一个僧人
问："遍大地的一句话是什么呢？"报慈禅师道："无处不
在（无空缺）。"这种法身遍一切处的观点，许多禅师都用
不同的方式表述过，比如雪峰禅师的"尽大地是尔"[2]，
洛浦禅师的"一尘才起大地全收"[3]，也可以用云门三句
中的函盖乾坤来表述。云门禅师在举了报慈禅师这则公
案后，说道："不应该这么说。"然后又替报慈禅师下了一个
转语："何不庵外问？"庵除了指隐居者的茅屋或佛教寺庙

---

〔1〕 见《云门广录》T47－560c17～19
〔2〕 见《云门广录》T47－547a21～22
〔3〕 见《云门广录》T47－556b16

之外,在禅宗语境中还有其特殊意义,庵指人的肉体,庵内人指人的自性或佛性。云门禅师此语意思是为什么不离开肉体问一句呢? 当然也是以反问的语气强调法身遍一切处的观点。这里的"别云"就是别语,是替报慈禅师下的一个转语。

云门禅师是较多使用代语和别语的禅师,这些代语和别语对学人起什么作用呢? 首先,通过身份的转换对学人有启发性的啐啄之机的作用。云门禅师经由"汝问我,与汝道"等诸如此类的问话达成身份的转换,云门禅师再下代语或别语,或表达自己的见解或表达学人的境遇,从而达到以心传心,创造学人向内认识自性的契机。戒显在《禅门锻錬说》中说道:"室中回换者,学人或明前而不能明后,或道头而不知道尾,或箭欲离弦,但须一拨。或泉将出窦,止在一通。长老不妨令其再问,或代一语而即悟,或更一字而廓然,此神仙国手而最为奇巧者也。"[1]其次,云门代语别语是云门禅师老婆心切、不惜落草的表现。大慧宗杲禅师曾说:"近世为宗师者,老婆心切,为人代语。"[2]比如《碧岩录》第八十六则:

举:云门垂语云:"人人尽有光明在黑漆桶,看时

---

[1]　见《禅门锻錬说》X63－780a19～22
[2]　见《禅林象器笺》第851页。

不见暗昏昏看时瞎。作么生是诸人光明山是山,水是水,漆桶里洗黑汁?"自代云:"厨库三门老婆心切,打葛藤作什么。"又云:"好事不如无自知较一半,犹较些子。"

云门室中垂语接人,尔等诸人脚跟下,各各有一段光明,辉腾今古,迥绝见知。虽然光明,恰到问着又不会,岂不是暗昏昏地?二十年垂示,都无人会他意,香林后来请代语。门云:"厨库三门。"又云:"好事不如无。"寻常代语只一句,为什么这里却两句?前头一句,为尔略开一线路教尔见,若是个汉,聊闻举着,剔起便行。他怕人滞在此,又云:"好事不如无。"依前与尔扫却。[1]

圆悟克勤在云门的代语"厨库三门"下加了一条案语:"老婆心切,打葛藤作什么?""老婆"在禅宗语境中,最早指临济禅师开悟时黄檗禅师和大愚禅师的作略,后来泛指禅师对学人殷勤叮咛,态度亲切,无限慈悲。"老婆心切"指禅师为了弟子开悟而过度迫切尽心的教法。云门禅师为了给弟子开悟的契机,有时会连续下若干个代语。比如此则,云门禅师开示道:"人人尽有光明在,看时不见暗昏昏。作么生是诸人光明?"光明指人人具有的自性或佛性(黑漆桶有二义,一喻无明坚厚,二喻超越一切差别对待之

---

[1] 见《碧岩录》T48-211b13~25

绝对境界。此处为第二义），用肉眼是看不到它的。诸人自性的作用是什么呢？正如那个有名的惟信禅师参禅未悟时、悟时、悟后的三种境界一样：未悟时，见山是山，见水是水；悟时，见山不是山，见水不是水；悟后，见山只是山，见水只是水。[1] 未悟时，只见一切法，不见真如；悟时，根本无分别智生起，见真如不见一切法；悟后起用，后得智能缘依他起的一切法，能了了分明一切法的自相和共相。所以见山只是山，见水只是水，这里的山水不是只是差别性的山水，而是融差别性与共性于一体的山水，就像漆桶里洗黑汁，黑是共性，漆桶与汁是差别性。悟后自性的作用就是既能觉知事物的差别性，又能觉知其共性。云门禅师自代云："厨库三门。"厨库三门是寺庙都有之物，喻自性佛性人人本具。如何由厨库三门这些具体的事物见到自性？开悟之人，借由自性的觉照，能够触目皆菩提，在觉照厨库三门这些具体事物时能够当体见到它的共性。云门禅师怕学人耽于此见，随立随扫，又代一句，"好事不如无"，时时处于无心的境地。

---

〔1〕 见《指月录》："吉州青原惟信禅师上堂：'老僧三十年前，未参禅时，见山是山，见水是水。及至后来亲见知识，有个入处，见山不是山，见水不是水。而今得个休歇处，依前见山只是山，见水只是水。大众，这三般见解，是同是别，有人缁素得出，许汝亲见老僧。'"X83－699a9～13

第四节 勘 辨

一、勘辨的含义

勘辨——临济四宾主
——后得智与勘辨

禅宗中有勘辨,是在一机一境中,禅师勘验学人之深浅,学人勘察禅师之邪正,故而勘辨是双向的。它在一些禅师语录中是独立的一科,比如《镇州临济慧照禅师语录》《云门匡真禅师广录》《杨岐方会和尚语录》等就有勘辨一科,《云门广录》中有勘辨一百六十五则。

因为勘辨是双向的,所以临济禅师把勘辨归为四宾主,即客看主、主看客、主看主、客看客。《镇州临济慧照禅师语录》中提到:

参学之人大须子细,如主客相见,便有言论往来,或应物现形,或全体作用,或把机权喜怒,或现半身,或乘师子,或乘象王。如有真正学人便喝,先拈出一个胶盆子,善知识不辨是境,便上他境上作模作样,学人便喝,前人不肯放,此是膏肓之病,不堪医,唤作客看主。或是善知识不拈出物,随学人问处即夺,学人被夺,抵死不放,此是主看客。或有学人应一个清净境出善知识前,善知识辨得是境,把得抛向坑里,学人言:"大好善知识。"即云:"咄哉!不识好恶。"学人便礼拜,此唤作主看主。或有学人披枷带锁出善知识前,善知识更与安一重枷锁,学人欢喜,彼此不辨,呼为客看客。[1]

此处的主客是相对立的范畴,主在禅宗语境中是指大彻大悟的状态,是既得根本无分别智,又得差别后得智的状态。高峰原妙禅师在大悟后对学人说:

今负一知半解,不能了彻者,病在甚处?只为坐在不疑之地,被参徒下一喝,不能辨邪正,盖从前得处莽卤也。直须参到大彻田地,明得差别智,方能勘辨人、杀活人。此吃折脚铛饭底工夫做到。如二人同时下喝,那有眼,那无眼,那个深,那个浅,还辨得出么?[2]

---

[1] 见《镇州临济慧照禅师语录》T47－501a2～15。戒显在《禅门锻鍊说》中也提到禅门勘验时的立宾立主:"禅众入门,先以目机铢两,定人材之高下,次以探竿影草,验参学之浅深,立主立宾,一问一答,丝来线去,视其知有与否,而人根见矣。或上上机器来,即以师子爪牙,象王威猛,抛金圈,掷栗棘,视其透关与否,而把柄在师家矣。人根既定,方令进堂。既进禅堂,即应入室,随上中下机器而示以话头。其已历诸方,旧有话头者,或搜刮,或移换,或拨正,虽事无一法,然话头正而定盘星在矣。"见《禅门锻鍊说》X63－775c8～16

[2] 见《宗范》X65－317a20～b1

高峰原妙禅师谈到自己悟后的经验时说道,只有明得差别后得智才有能力勘辨学人。"吃折脚铛饭底工夫"用的就是云门禅师在睦州处开悟的机缘,禅林用作开悟的一种说法。禅宗勘辨的目的和作用就是从主看宾达成主看主,使学人由此开悟,达到和祖师同样的见地,从而与祖师把臂共行,一个鼻孔出气。宋代祖琇曾经评论云门禅师的勘辨使许多学人开悟从而宗嗣绵绵。《隆兴佛教编年通论》如是记载:

> 观其本录垂代、勘辨作略,机机尽善,局局皆新,此所以风流天下,宗嗣绵绵,与临济角立而无尽也。噫!后五百岁阅其残编断简,犹足以启迪昏翳,况当日亲槌拂者乎。[1]

二、《云门广录》的勘辨

云门勘辨——勘辨对象——勘辨形式

那么云门禅师是如何勘辨学人的呢?下面列表从勘辨对象、勘辨内容、代语三个方面对勘辨一百六十五则予以说明。

---

[1] 见《隆兴佛教编年通论》X75-251a7~a10

表3-2 《云门广录·勘辨》中勘辨对象、勘辨内容及代语情况

序号	勘辨对象	勘辨内容	代语情况	备 注
1	新到	举雪峰公案	代语2	——
2	新到(新罗僧)	尔是甚处人	代语2	——
3	新到(南岳山僧)	借钱不还	代语2	——
4	问僧	心法双忘	代语1	——
5	问僧(摘茶僧)	什么处来	代语1	——
6	问僧(修造僧)	问屋主	代语2	——
7	问僧(湖南出家僧)	汝是湖南出家那？识三门下金刚么？	代语4	——
8	问僧(礼塔僧)	甚处来？祖师道什么	代语1	——
9	问僧	甚处来？	代语2	——
10	问僧(辞师僧)	前头江难过	代语3	——
11	问僧	甚处过夏	代语2	——
12	问僧(辞师僧)	莫教败却	代语2	——
13	问众僧(普请搬米)	只担得一斗米，不如快脱去	代语3	——
14	问僧	还有灯笼么	代语2	——
15	问僧(查渡)	近离甚处	代语2	——
16	问僧(饭头)	颗里有几米，米里有几颗	代语2	——

续 表

序号	勘辨对象	勘辨内容	代语情况	备 注
17	问僧（淮南僧、京兆僧）	甚处人？无可到尔淮南人，无可到尔京兆人	代语3	斋次
18	问僧（看经僧）	看什么经（《般若灯论》）	代语4	——
19	问僧	吃得几个胡饼	代语1	斋次
20	问僧	羹受饭里,饭受羹里,过在什么处	代语2	斋次
21	问僧（辞师僧）	着几钱	代语3	——
22	问僧（藏主僧）	《龙藏》出得个什么	代语3	因见龙藏字问僧
23	打僧又问僧	这个师僧不去搬米是不？	代语1	普请搬米次
24	又拈问僧	作么生不被主家道得脱空妄语？	代语2	普请搬米次
25	问僧	这个钟子是什么物作？	打钟一下,代语3	僧堂前
26	问僧（修造僧）	什么处来？	代语3	——
27	问僧（搬柴僧）	甚处来	代语4	——
28	问僧	甚处来	代语2	——
29	问僧	吃得几个胡饼？	代语2	（斋次）
30	问僧（湖南僧）	甚处来？（开通寺）	代语3	——

序号	勘辨对象	勘辨内容	代语情况	备　注
31	问僧	尔道钵盂里多少饭?	代语3	斋次
32	问僧	钵盂匙箸拄向一边,把将馄饨来	代语2	斋次
33	问僧(看经僧)	看什么经	代语1	——
34	问僧(看经僧)	看什么经(《般若经》)	代语1	——
35	问僧(新到之岭中招庆僧。)	甚处来?	代语2	——
36	问(众)僧	拈起馂馅谓僧云:"拟分一半与尔,又却不分"	代语3	斋次
37	问僧	茶作么生滋味?	以茶便泼,代语2	吃茶次
38	问僧	甚处过夏?	代语1	——
39	问僧(看经僧)	看什么经?	代语2	——
40	问僧	完圝饼角子即不要尔,半截地把将来。	代语2	(斋次)
41	问新到(郴州僧)	什么处来?	代语1	——
42	问僧(看经僧)	看什么经(《瑜伽论》)	代语1	——

续 表

序号	勘辨对象	勘辨内容	代语情况	备 注
43	问僧(《百法论》座主)	曾讲《百法论》是不?	代语2	——
44	问僧	如今唱衣亡僧还向这里么?	代语1	因为亡僧唱衣次
45	问僧(搬柴僧)	甚处来?	代语2	——
46	问僧(看经僧)	看什么经	代语3	——
47	问僧(于阗僧)	尔是甚处人?	代语3	在西京时
48	问新到(南岳僧)	甚处来?观音为什么入洞庭湖里去?	代语3	——
49	问僧	斋时将什么吃饭?	以拄杖打落钵盂,代语3	斋次
50	问僧(柴头僧)	尔是柴头不?	代语3	吃茶次
51	问僧(园头僧)	萝卜为什么不生根?	代语2	——
52	问僧(知客僧)	尔是甚人?客来将何祗待?	代语4(其中两处为代打)	——
53	问僧(赵州僧)	尔是甚处出家?	代语1	——

序号	勘辨对象	勘辨内容	代语情况	备　注
54	问僧	既是永为不朽，为什么却被水推?	代语2	因见水磨题梁云永为不朽
55	问僧	不惹泥水作么生道?	代语1	——
56	问僧	这里还有超佛越祖之谈么?	代语3	斋次
57	问柴头	尔为什么拽折大梁锯?	代语3	——
58	问僧(南岳僧)	什么处来?	代语2	——
59	以拄杖打僧，僧回首	师展手云:"把钱来。"	代语2	因僧在师前立
60	问茱头(一作菜头)	锅里多少茄子?	代语3	因入厨
61	问僧	因作什么面目?	代语2	因普请三门下
62	问饭头	佛是千百亿化身,尔每日作饭一杓几个释迦老子?	代语2	——
63	问僧(南华塔头僧)	甚处来? 祖师有什么言句?	代语1	

续 表

序号	勘辨对象	勘辨内容	代语情况	备 注
64	问磨头	人打罗？罗打人？	代语2	——
65	问僧（南华塔头僧）	什么处来？还见祖师么？	代语1	——
66	问僧（赴斋僧）	甚处来？	代语2	——
67	问僧	尔是向北人？	代语3（其中两处为打一掴）	——
68	问僧	吃粥了也未？	代语2	粥后见师
69	蓦胸擒住僧云	有什么事？	代语3	师因开门，有僧入
70	问东京僧	尔乡中还有这个么？	代语1	师指露柱
71	举拳作打僧势	——	代语4	师见僧来
72	问僧	甚处来？	代语2	普请搬柴
73	问新到	甚处来？	代语2	——
74	问僧（荆南僧）	甚处来？	代语2	——
75	问设茶僧	什么处安排？	代语3	师在僧堂内吃茶
76	问僧（郴州僧）	甚处来？夏在甚处？（西禅寺）	代语1	——
77	问僧（南华礼塔僧）	甚处来？	代语1	——

序号	勘辨对象	勘辨内容	代语情况	备 注
78	问僧	盂里几饼饼里几盂	代语2	斋次
79	问柴寮众僧	老底不用去,还有老的么?	代语1	普请
80	问众僧	什么人接盏子?	代语1	师因吃茶了
81	问僧(新到,来参僧。此来参僧可能是《唯识论》座主——作者注)	曾听讲来么?	代语3	——
82	问僧(辞师僧)	甚处去?（湖南去）前头津铺难渡	代语3	——
83	问新到	把将公验来	代语3	——
84	问僧	一切声是佛声,一切色是佛色,拈却了也与我道?	代语3	——
85	问僧(摘茶僧)	甚处来?摘得几个达摩?	代语2	——
86	问僧(辞师僧)	甚处去?（虔上去）	代语2	——
87	问僧(晒麦僧)	晒了也未?馒头从尔横咬竖咬,不离这里道将一句来。	代语2	因晒麦

续　表

序号	勘辨对象	勘辨内容	代语情况	备　注
88	问僧（看经僧）	看什么经？（《显扬圣教论》）	代语2	——
89	问看经僧	表首是什么字？	代语3	——
90	有僧举似师（弟子勘验云门禅师）	师云现成公案不能折合	代语2	鼓山有小师,久在崇寿,却归岭中保福处相看。福知来却归帐子内,衲衣盖头坐。僧云："和尚出汗那?"不对
91	问僧	看什么经	代语1	——
92	问僧（长老）	我有个不露锋骨的句,作么生有？	代语3	——
93	问僧（藏主）	作么生是藏？	代语2	因修藏
94	问新到（云盖僧）	甚处过夏？（云盖）	代语2	——
95	问僧（郴州僧）	甚处来？	代语2	——
96	问僧（查渡僧）	甚处来？（新到便蒙和尚重重严饰。）	代语2	——

序号	勘辨对象	勘辨内容	代语情况	备　注
97	问僧	古人道无边刹境自他不隔于毫端,新罗、日本与这里作么生?	代语2	——
98	问僧	尔不得钝置我	代语3	——
99	问僧	你诸人行脚道我知有,与我拈三千大千世界来眼睫上着。	代语2	——
100	问僧(南华塔头僧)	甚处来? 还见祖师么?	代语2	——
101	问僧(涅盘堂僧)	甚处来? 亡僧还吃饭么?	代语3	——
102	问僧(讲律僧)	讲律来是么?《律钞》中说大小乘无分别,作么生是无分别?	代语1	——
103	问僧	法身还吃饭吗?	代语3	——
104	问僧	三藏圣教古今老和尚凭个什么照?	代语1	——
105	师打钟后大众打,问僧	打钟图什么?	代语2	因铸钟归山斋了
106	山门吃茶果次,以果子勘验三参随僧	与一僧果子,不与一僧果子	代语3	入京朝觐归至大桥

续 表

序号	勘辨对象	勘辨内容	代语情况	备 注
107	问众僧	我离山得六十七日,问你六十七日作么生?	代语2	归山受大众参了
108	问数僧（新到,来参僧）	作什么来?	代语2	——
109	问众僧	今日吃饭不得迁化去也,排比唱衣。	代语3	斋次
110	问僧	你道人吃饭饭吃人?	代语2	斋次
111	问僧	古人道大用现前不存轨则,作么生是不存轨则?	代语3	因僧随师出三门
112	问僧（量米僧）	箩里多少达摩?	代语3（其中一为代趯却米箩便行）	因见僧量米
113	问园头	你若煎茶,我有个报答你处。	代语3	因园头请师吃茶
114	拈起蒸饼云	我这个只供养向北人,是你诸人总不得。	代语2	斋次
115	问僧	古人道直须一句下悟去作么生?	代语4	——

序号	勘辨对象	勘辨内容	代语情况	备　注
116	问侍者	客来将什么接?	代语1	——
117	问僧	设罗汉斋得生天福,你得饭吃。	代语2	岁日在堂中点茶
118	问僧	打鼓为什么人?	代语2	因闻鼓声
119	问僧	作什么?	——	坐次,有僧非时上来。
120	次日其僧再上问师	——	——	——
121	问僧	作么生是打静[1]一句?	代语1(以挂杖划地一下)	——
122	问僧	将什么转大藏教?	——	——
123	问僧	作么生?	代语1	因僧请吃汤次
124	打床一下,问僧	作么生是打静一句?	——	因见僧商量次
125	问僧	今夜供养罗汉,你道罗汉还来也无?	代语1	因供养罗汉
126	拈挂杖问僧	这个是什么?	——	——

　　〔1〕　宗颐《重雕补注禅苑清规》卷九"训童行":"打静已后,未开静已前,除常住事,不得于堂内及近童行堂说话。"X63－549a6～7

续 表

序号	勘辨对象	勘辨内容	代语情况	备 注
127	见僧师云	苍天苍天	——	——
128	问僧	道什么	代语1	因入菜园见粪堆上牌子
129	问修造庵主	佛殿折了也,忽然施主来,将何瞻敬?	——	——
130	问僧	蚊子吞却祖师也	代语1	因闻蚊子叫。后有云门弟子香林的著语"为渠有分"
131	问僧(云门弟子洞山守初)	近离甚处?(查渡,湖南报慈)	——	——
132	次日又问师	——	——	——
133	问僧	佛法还有长短也无?	——	——
134	打一僧云	文殊普贤香积世界去也	——	因一日斋晚,在厨库
135	问僧(看经僧)	看什么经?(《般若经》)	——	——

序号	勘辨对象	勘辨内容	代语情况	备 注
136	又云	蚊橱里藏身,东海里鱼勃跳上三十三天,作么生?	——	——
137	问僧(看经僧)	看什么经?(《般若经》)	——	——
138	拍手一下云	佛殿露柱走入厨库去也。	——	见僧在殿角立次
139	师云	不问有言不问无言,你作么生道?	代语1(师唤小师某甲,小师应诺。此处小师可能是云门侍者香林——作者注)	因僧侍立次
140	问僧	今日搬柴那?	——	——
141	谓众云	今日困,有解问话底,置将一问来,若不问,向后鼻孔撩天,莫道我瞒你。	——	普请
142	问僧(《金刚经》座主)	转《金刚经》那?一切法即非一切法,是名一切法,乃拈扇子云	——	——

续 表

序号	勘辨对象	勘辨内容	代语情况	备 注
143	问僧	色香味触具四尘,你道茶具几尘?	——	因吃茶次
144	对(看经僧)云	看经需具看经眼,灯笼露柱一大藏教无欠少,拈起拄杖云:"一大藏教总在拄杖头上,何处见有一点来,展开去也,如是我闻十方国土廓周法界。"	——	因见僧看经
145	问僧	从苗辨地因语识人,作么生?	——	——
146	师云	你是甚处人?	——	因僧设斋
147	问僧	曹溪路上还有俗谈也无?	——	因吃茶次
148	问僧	胡饼是什么人做?	——	——
149	师竖起拳云	如许大栗子,吃得几个?	——	师行次,一僧随后行
150	问直岁	今日作甚来?	——	——
151	问斋主	有什么供养?	——	因僧斋归
152	问僧	你作什么?	代语1	——

续　表

序号	勘辨对象	勘辨内容	代语情况	备注
153	问僧（南雄僧）	汝道我向什么处着？	代语1	有南雄僧上白氎毛一段
154	师却问傍僧（南雄僧）	你在南雄时识此僧么？	——	——
155	问僧	不占田地句，作么生道？	——	——
156	问僧	吃得几个胡饼？	——	——
157	问僧（五台僧）	你从向北来，还曾游台么？	——	——
158	问僧	甚处过夏？	——	——
159	问塔主	只如塔中和尚，得第几句？	代语1	举临济三句语
160	——	有僧过挂杖与师，师接得却过与僧	——	一日从方丈出
161	问僧（崇寿僧）	甚处来？崇寿有何言句？识得橙子天地悬殊。	——	——
162	问堂中首座	你道乾坤大地与汝自己同别？	——	——
163	云	这一瓮醋得与么满，那一瓮醋得与么浅？	——	在醋寮内

续　表

序号	勘辨对象	勘辨内容	代语情况	备　注
164	问座主（讲经僧）	讲什么经?（《涅槃经》）	——	——
165	云	你还饱也未?	——	因斋次，有僧侍立

　　从勘辨对象来看,有新到僧、辞去僧、看经僧与经论座主[1]以及两序大众班首执事僧。一百六十五则勘辨中的三十八则涉及新到僧,按来源有新罗僧一则、南岳僧三则、湖南僧二则、崇寿僧一则、五台僧一则、赵州僧一则、郴州僧三则、淮南僧京兆僧一则、查渡僧三则、荆南僧一则、南雄僧二则、礼塔僧一则、南华礼塔僧一则、南华塔头僧三则、于阗僧一则(云门禅师在西京时勘辨)、东京僧一则、云盖僧一则、岭中招庆僧一则,其余没有表明来源的有十则。按今天的区域涉及韩国以及中国的湖南、湖北、山西、河北、福建、广东、新疆等处,由此可见云门禅师在当时影响之一斑。他对新到僧多以"甚处来"、"夏在甚处"的方式进行勘辨。辞去僧涉及五则,其中二则提到去处,一为湖南,一为虔上。对辞去僧多数以"甚处去"、"前头江难过"、"前头津铺难渡"的方式进行勘辨。由新到僧以及辞

---

　　[1]　《古尊宿语录·睦州和尚语录》有勘看经僧、勘讲经论座主大师两个类别。睦州首次勘辨云门就是在勘讲经论座主大师之处出现的,由此可知云门初参睦州时是被看作经论座主的。

去僧的情况,也可以说明当时学人行脚南北往来的禅林状况,这也印证了《云门广录》中云门禅师多次论述的当时僧人行脚的状况。

十七则涉及看经僧与经论座主,从勘辨情况来看,此类看经僧主要是讲某一部经律论的座主。禅林中有时特指从远方来参问之讲经僧为座主,讲某某经的就称某某座主,比如讲《华严经》的就称华严座主,讲《金刚经》的就称金刚座主,讲《成唯识论》的就称唯识座主。十五则中涉及讲经座主五则,其中《般若经》三则、《金刚经》一则、《涅槃经》一则;涉及讲律座主一则,即《律钞》一则;涉及讲论座主五则,其中《般若灯论》一则、《瑜伽论》一则、《显扬圣教论》一则、《百法论》一则、《成唯识论》一则。其余六则没有明确说是何类经论的大概就是看经僧了。论中的四则《瑜伽论》、《显扬圣教论》、《百法论》、《成唯识论》都属于佛典瑜伽部类经典。此类看经僧(讲经僧)的存在,说明在经过唐武宗灭佛后,其他各种经教并不像有些学者所言遭到了毁灭性的打击,而是还在各地以一定的方式存在。

三十五则涉及两序班首执事僧,有首座[1](长老)二

---

〔1〕 赞宁《大宋僧史略》:"首座之名即上座也,居席之端,处僧之上,故曰也。"T54－244b18～19

则、直岁[1]一则、知客[2]一则、藏主[3]二则、涅槃头(涅槃堂头)[4]二则、侍者二则、塔主(塔头僧)[5]四则(其中三则为新到的南华塔头僧)、修造主(修造庵主)[6]三则、园头(主)[7]二则、米头(量米僧)一则、麦头(晒麦僧)一则、茶头及摘茶僧三则、饭头二则、菜头一则、磨头二则、柴头及柴寮众僧六则等。其余未有明确所指的七十五则。就勘辨的地点而言,有斋次、吃茶次、普请次、行次、坐次,有丈室中、菜园中、厨库中、山门、僧堂前、醋寮内等等。对两序大众班首执事的勘辨是对其所作之务、所执之事应机进行勘辨,由上所示勘辨对象及地点可以看出,云门禅师的勘辨是广被众机,是无人不被勘辨、无事不被勘辨、无时不

---

〔1〕 善卿《祖庭事苑》:"谓直一年之务,故立此职。今禅门虽不止定岁时,立名亦法于古制也。"X64 - 431b24 ~ c1

〔2〕 《敕修百丈清规》:"职典宾客。凡官员、檀越、尊宿、诸方名德之士相过者,香茶迎待,随令行者通报方丈,然后引见相见,仍照管安下去处。如以次人客,只就客司相款,或欲诣方丈库司诸寮相访,令行者引往。其且过寮床帐什物灯油柴炭,常令齐整。新到须加温存。维那在假,则摄其行事。僧堂前检点行益客僧粥饭。遇亡僧同侍者把帐,暂到死主其丧。"T48 - 1131b9 ~ 16

〔3〕 《禅林备用清规》:"掌握经文,严设几案,常备汤茶香烛,延迎兄弟看经。初入经堂,先白堂主,同到藏司相看。送归案位,对触礼一拜,此古法也。"X63 - 646c19 ~ 21

〔4〕 《禅林象器笺》:"盖掌涅槃堂事者,涅槃堂即延寿堂也。"

〔5〕 塔头,《禅林象器笺》释为"祖师塔处也"。塔主即塔头僧,为守祖师塔者。

〔6〕 禅林中有修造局,无住道忠曰:"掌山门作事者。"见《禅林象器笺》。

〔7〕 《敕修百丈清规》:"(园头)须不惮勤苦,以身率先,栽种菜蔬,及时灌溉,供给堂厨,毋令缺乏。"

被勘辨、无处不被勘辨。

云门禅师的勘辨还有一个显著的特点就是多用代语。一百六十五则勘辨中有一百三十四则有代语,多则四个,少则一个。这就形成了一种结构,即勘辨对象＋勘辨内容＋（代语）＋（地点）。相比之下,临济禅师的勘辨没有代语,杨岐方会禅师的勘辨极少有代语。

三、天台宗锁试法勘辨

天台宗锁试法勘辨——禅宗勘辨

天台宗中有勘辨学人之锁试法,形成了勘辨学人的特定程序,并且有特定的锁试位次和卷式。《增修教苑清规》载:

古来讲罢之后,行锁试法,勘辨人才,策其未进,如烹金炉,铅水不存,如治玉斧,砥砆尽去。住持令侍者于四五日前,备纸抄、覆讲、开科人开设绛帏,于中设大师（指天台智者大师——作者注）像,敷陈供仪,仍排椅卓,广安四书大小部文,以备捡寻。侍者先一日排位次图于帏外,令堂司行者排锁试牌,请见职头首全班见职都寺一人,又请名德西堂首座二人,东序尊宿耆旧二人,来日就某处证明锁试。至日粥罢,堂司行者报预科人员,各认图位,入位不许怀带消文私叶。委监寺一人巡警,闲人毋得擅入喧杂。挂静牌,众集已,各人烧香,候住持至,领众对像排立。住持进前烧香,同礼九拜,称南无旋陀罗尼菩萨。礼毕,各依位坐。侍者当中问讯烧香,令茶头行者行茶讫。侍者进纸笔,请住持出题目,或就讲次文中难辞,或就诸部祖文疑难处,试问二章,其词务在语简意显。侍者抄写于二章中,难辞文义深远者送覆讲人,开科者次之,预科之人仍各备笔墨纸砚,当思部味教观,援引诸文,一一伸答,须在理当,不尚词长,卷子式如后。若欲净手,俱在近便一处,不许托缘归斋问请益师,如文出他人,量宜罚之。方丈分付库司半斋备点心并午饭,皆就筵斋客司点茶,斯在浴前,各要封号,斋名双讳,纳卷子朝大师像问讯,住持前问讯而退。侍者写卷子数目若干道,携至方丈交与衣钵侍者收受,住持次日看卷批判,取其优劣。若说义纯正、深于理致者,则当称赏之,拟擢职事。或言词疏谬,答不称问者,当以诚勖。若他白者,示以弹诃。批判之后,衣钵侍者照依元数交与烧香侍者,当置一册子发号抄写。住持批判词语毕,请与科人俱至侍司,眼同开封,见双字讳名分晓,对批判各人卷子写名字于册中,仍携卷子呈覆住持。于兹方见各人平日看读工夫,有浅深也。锁试之法废久不行,今姑存之,俟有作兴者。昔四明尊者有《绛帏问答》三十章、《试问》四十二章,如《教行录》,其略云:"襄绛帏问诸子,其词惟要,其旨甚微,俾无或

者兴布教之功,令不敏者夺强学之志。"〔1〕

由上可知,锁试法实际就是一种书面考试之法,其所试内容主要为天台典籍的讲文以及天台诸祖之撰述,总之是天台教观之内容。其目的在于勘验学人平日看读工夫,对天台教义理解的浅与深,优者擢任职事,劣者加以诫勖。

禅宗勘辨与天台勘辨的差异其实就是宗门与教下的差异,即禅宗勘辨是借由勘辨使学人开悟;而天台勘辨是借由勘辨使学人更深地理解经教,从而由教入观而悟达自心。

第五节　偈　　颂

一、偈颂的含义

偈颂文体

梵语"偈陀"(又作伽陀),意译为颂,梵汉双举称偈颂。偈有三义,《仁王护国般若波罗蜜多经疏》云:"所言偈者,此有三解。一云:偈者,竭也,摄义竭尽;二云:偈者,憩也,语憩息故;三者:梵云伽他,此云讽诵,古译经者乃至偈他略去他字,但名为偈,语讹略矣。"〔2〕颂者,美歌。

---

〔1〕　见《增修教苑清规》X57-335a25~c8
〔2〕　见《仁王护国般若波罗蜜多经疏》T33-471b27~c1

伽陀者,联美辞而歌颂之者,故译曰颂。在佛典中,偈有两类:偈前无散文(长行),而直接以韵文记录之教说,称为孤起偈,即伽陀;偈前有散文,而尚以韵文重复其义者,称为重颂偈,即祇夜。此外,按字数来划分,偈有通偈、别偈两种。通偈,即首卢迦,由梵文三十二音节构成;别偈,有三言、四言、五言、六言、七言等各种杂言形式,但不管通偈别偈,每一偈颂皆以四句而成。《四分律含注戒本疏行宗记》云:"彼叶一偈,三十二字,唯此方言,多少无准。或三四字,或五六七,节以声言,用为偈句。"又云:"彼用贝多树叶以书经教,故言彼叶。又不论长行与偈,例以四字为句,八句为偈。"[1]在禅宗,禅僧依师家的启发而开悟时,也常有人将其悟境以偈颂的形式表现出来。此外,对纲宗或前人公案有时也用偈颂加以表现。《建中靖国续灯录》第五门即为偈颂门,意谓"古今知识,内外兼明,唱道篇章,录为龟鉴"。[2]

二、云门禅师的偈颂

《祖堂集》所收云门偈颂——

《云门广录》所收云门偈颂

最早的灯录性质的禅宗文献集《祖堂集》以所收禅师

---

〔1〕 参见《四分律含注戒本疏行宗记》X39－742c8～13

〔2〕 见《建中靖国续灯录》X78－622a11

偈颂为其特点之一。[1]《祖堂集》收有云门禅师的《十二时偈》和《宗脉颂》：

十二时偈

半夜子,命似悬丝犹未许。因缘契会刹那间,了了分明一无气。

鸡鸣丑,一岁孙儿大哮吼。实相圆明不思议,三世法身藏北斗。

平旦寅,三昧圆光证法身。大千世界掌中收,色秀骷髅谁得亲?

日出卯,嘿说心传道实教。心心相印息无心,玄妙之中无拙巧。

食时辰,恒沙世界眼中人。万法皆从一法生,一法灵光谁是邻?

禺中巳,分明历历不相似。灵源独曜少人逢,达者方知无所虑。

日中午,一部笙歌谁解舞?逍遥顿入达无生,昼夜法螺击法鼓。

日昳未,灌顶醍醐最上味。一切诸佛及菩提,唯佛知之贵中贵。

―――――――

〔1〕 永井政之认为偈颂是青原一系禅师共同具有的特色。参见其《云门》第114页。

　　晡时申,三坛等施互为宾。无漏果圆一念修,六度同归净土因。

　　日入酉,玄人莫向途中走。黄叶浮沤赚杀人,命尽惝惶是了手。

　　黄昏戌,把火寻牛是底物?素体相呈却道非,奴郎不辨谁受屈?

　　人定亥,莫把三乘相匹配。要知此意现真宗,密密心心超三昧。[1]

　　云门禅师之前,也有一些僧人用此类文体写过偈颂。比如志公和尚《十二时颂》、赵州和尚《十二时歌》。[2] 形式上,云门禅师的《十二时偈》从"半夜子"开始,志公和尚的《十二时颂》从"平旦寅"开始,赵州和尚的《十二时歌》从"鸡鸣丑"开始。内容上,云门禅师的《十二时偈》和志公和尚的《十二时颂》一样,描述的是修道过程中的体验,而赵州和尚的《十二时歌》描绘的是自己一天中真实的日常生活场景。云门禅师《十二时偈》有一些言句表达了与一些垂示勘辨同样的观点。比如,"三世法身藏北斗"与"北斗里藏身","大千世界掌中收"与"拄杖说法","万法皆从一法生,一法灵光谁是邻"与"万法归一,一归何处?","奴郎不

　　〔1〕　见《祖堂集》第513—515页。
　　〔2〕　志公和尚《十二时颂》参见《景德传灯录》卷二十九。T51 -450a18 ~ c2。赵州和尚《十二时歌》参见《古尊宿语录》卷十四。X68 - 90b11 ~ c23。

辨谁受屈"与"奴见婢殷勤"等等。此外,《十二时偈》多处体现了《华严经》法身无处不在以及一多圆融的思想。特别引人注意的是"三坛等施互为宾。无漏果圆一念修,六度同归净土因"表达的是律宗和净土宗的思想。

> 宗脉颂
>
> 如来一大事,出现于世间,五千方便教,流传几百年。
> 四十九年说,未曾忤出言,如来灭度后,付嘱迦叶边。
> 西天二十八,祖佛印相传,达摩观东土,五叶气相连。
> 九年来面壁,唯有吃茶言,二祖为上首,达摩回西天。
> 六祖曹溪住,衣钵后不传,派分三五六,各各达真源。
> 七八心忙乱,空花坠目前,苦哉明眼士,认得止啼钱。
> 外道多毁谤,弟子得生天,昔在灵山上,今日获安然。
> 六门俱休歇,无心处处闲,如有玄中客,但除人我山。
> 一味醍醐药,万病悉皆安,因缘契会者,无心便安禅。[1]

宗就是禅宗,脉就是历代传承脉络。云门禅师在《宗脉颂》中叙述了禅宗的历史谱系脉络以及禅的特质。其历史谱系就是如来四十九年说法的精髓心法被付嘱于迦叶,是谓西天禅宗初祖,传至菩提达摩,是谓西天二十八祖,又

---

〔1〕 见《祖堂集》第515—516 页。

谓东土禅宗初祖,传慧可,是谓二祖,直至六祖慧能。云门禅师在其中描述的禅的特质是"无心",无心的状态在《云门广录》中多次提到,比如"拟心即差"[1],"一切有心,天地悬殊"[2],"问:'有何径要令学人心息?'师云:'放尔三十棒'"[3],"举三祖云:'一心不生,万法无咎。'师云:'只这里悟了,'乃拈起拄杖云:'乾坤大地有什么过?'"[4]。那么,如何才能达到无心的境地呢?云门禅师在颂中提到要"六门俱休歇",要"但除人我山",在"因缘契会"的机缘下,就能达到无心安禅的开悟境地。"六门"指眼、耳、鼻、舌、身、意六根,根的作用是取境发识,即六根认取色、声、香、味、触、法六境,引发眼、耳、鼻、舌、身、意六识。人之所以不能息心,就在于六根取六境引发六识。"人我山"指我执[5],我执在《百法明门论》中可以归入萨迦耶见,即身见。禅宗就是通过参禅的方法使六根休歇,破除我执,证得无心空境。云门禅师在《遗表》中自述自己"困风霜于十七年间,涉南北于数千里外,始见心猿罢跳,意马休驰"。

[1] 见《云门广录》T47－545b25～26
[2] 见《云门广录》T47－545c27～28
[3] 见《云门广录》T47－549a21～22
[4] 见《云门广录》T47－554c23～24
[5] 按照唯识学理论,我执又可分为俱生我执和分别我执,俱生我执是与生俱来的,扎根于第八识的种子中,存在于众生的第七识和第六识中,其中第七识将第八识的见分认作自我,第六识将第八识变现的五蕴相分境认作自我,俱生我执在修到位断除。分别我执不但要有第八识的种子作为因,还要有现实因素作为条件才能产生,只存在第六识中,分别我执在见道位能够断除。参见《成唯识论直解》第26页。

《云门广录》收有《十二时歌》《偈颂》：

> 十二时歌
>
> 夜半子，愚夫说相似。
>
> 鸡鸣丑，痴人捧龟首。
>
> 平旦寅，晓何人？
>
> 日出卯，韩情枯骨咬。
>
> 食时辰，历历明机是误真。
>
> 禺中巳，去来南北子。
>
> 日南午，认向途中苦。
>
> 日昳未，夏逢说寒气。
>
> 晡时申，张三李四会言真。
>
> 日入西，恒机何得守？
>
> 黄昏戌，看见时光谁受屈？
>
> 人定亥，直得分明沉苦海。[1]

《十二时歌》与《祖堂集》中的《十二时偈》相比，简直没有理路可循，就像一个无孔铁锤无你下手处，其中有些句子在《云门广录》中的勘辨中有相似的表达，比如"韩情枯骨咬"与"趁块"[2]。韩情，《祖庭事苑》解释为"当作韩

---

〔1〕 见《云门广录》T47－553b11～18

〔2〕 见《云门广录》T47－569c22

卢。卢,黑也,谓黑狗也。齐人韩国相狗于市,遂有狗号鸣,而国知其善。"〔1〕禅宗中经常说狮子咬人、韩卢逐块。"韩卢逐块"原意谓向犬投土块,犬竟误认土块为食物,遂盲目追逐之。禅林中以此比喻禅徒并无自己真正之见解,仅于言句上诠解,或执着于事物之形迹、捕捉枝叶末节等,而欲了达事物之真相,可谓徒劳无功。〔2〕《十二时歌》中的每一句都可以看做云门禅师的一字禅,无法进行思维卜度。执着在道理上理解这些言句,真会像云门禅师所说的那样是"韩情枯骨咬"。《十二时歌》形象地体现了云门禅师孤峻峭拔、不可凑泊的宗风。由此也可以推测早期禅宗文献《祖堂集》中的云门《十二时偈》和《宗脉颂》为什么没有被收入到《云门广录》中的原因。一者可能是因为《祖堂集》很早就失传,后人在刊刻《云门广录》时没有看到《祖堂集》,二者可能是因为《十二时偈》和《宗脉颂》比较平淡,与云门的峭拔宗风相距很远。

偈颂

云门耸剔白云低,水中游鱼不敢栖。入户已知来见解,何劳更举轹仲泥?

药病相治学路医,扶篱摸壁小儿戏。幽谷不语谁

〔1〕 见《祖庭事苑》X64-318a11~12

〔2〕 《佛光大辞典》解释为"韩獹,乃战国时代产于韩国之名犬"。参见《佛光大辞典》第6542页。

人侧,管解师承孰不知?

康氏圆形滞不明,魔深虚丧击寒冰。凤羽展时超碧汉,晋锋八博拟何凭?

是机是对对机迷,辟机尘远远机栖。夕日日中谁有挂,因底底事隔情迷?

太阳溢目极玄微,谁人说道我渠非?句中有路人皆响,觌面难遭第一机。

草岁依山人事希,松下相逢话道奇。锋前一句超调御,拟问如何历劫违。

玩古松高云不齐,鸿鸽鹤抱几年栖。剖縠同时殊有异,羽张腾汉碧霄低。

万象森罗极细微,素话当人却道非。相逢相见呵呵笑,顾伫停机复是谁?

话尽途中事,言多何省机。贵人言是妙,上士见知亏。

大道何曾讨,无端入荒草。卷来复卷去,不觉虚生老。

上不见天,下不见地,塞却咽喉,何处出气?笑我者多,哂我者少。

丧时光,藤林荒,图人意,滞肌厄。

举不顾,即差互,拟思量,何劫悟?

呐呐呐,力口希,禅子讶,中眉垂。

抽顾颂　鉴咦

　　到底这些《偈颂》有哪些是云门禅师所作的? 又是什么时候收入《云门广录》的? 据《祖庭事苑》中睦庵善卿的提示可以知道,与云门禅师有因缘的偈颂只有两首。睦庵善卿在"偈颂"条下提到:

　　　　云门所著偈颂,皆不立题目。或举扬宗旨,或激励后昆,非同诗人俟题而后有作,然后世学者,议论不一,或多臆说,亡失道真。愚尝读《传灯》、《广灯》并《雪峰广录》,有其缘者,唯一二偈,未闻其它。《传灯》云:"僧问云门:'十二时中如何即得不空过?'云门云:'你向甚么处著此一问?''学人不会,请师举。'门乃索笔成颂云:'举不顾,即差互。拟思量,何劫悟?'"又《雪峰广录》:"僧问:'如何是学人自己?'峰云:'著着鼻孔。'僧举目云门,门云:'你作么生会?'其僧方思惟,门亦以此颂而示之。"《广灯》云:"福朗上座幼出家,常游讲肆,因闻僧问云门:'如何是透法身句?'门云:'北斗里藏身。'朗罔测,遂造焉。云门一见,把住云:'道! 道!'朗拟议,门乃托开,因作《云门耸剔颂》以示之,朗从此悟入。是故后世学者因睹此缘,遂妄生穿凿,然何必尔也?"[1]

────────────

〔1〕 见《祖庭事苑》X64-318a13~b3

睦庵善卿通过阅读《传灯》《广灯》以及《雪峰广录》，得出上述所列偈颂中与云门有缘的只有两则，一是第一首《云门耸剔颂》，一是《举不顾颂》。从睦庵善卿所言及云门作颂的目的和动机"或举扬宗旨，或激励后昆"来看，应该是每一则偈颂都有一则因缘，由此推测，其他没有因缘的偈颂或是因缘不可考了，或者其作者就不是云门禅师。宋智昭禅师在《人天眼目》中把《康氏圆明颂》《是机是对颂》《上不见天颂》《丧时光颂》《咄咄咄颂》看作云门宗的《纲宗偈》。[1]

这些偈颂是何时收入《云门录》的？据睦庵善卿《祖庭事苑》中对《偈颂》中词条"管解"、"康氏"、"晋锋八博"的解释，至少包含这三个词语的偈颂和有因缘的两颂就存在于睦庵善卿 1108 年所用底本《云门录》上对机录的末尾。此外，这个《云门录》上的《偈颂》还包含位于今天《云门广录》第三卷末尾的德山缘密禅师的一些关于云门禅法的颂。因为睦庵善卿在《云门录》最后解释了这些颂中的

---

〔1〕 清代纪荫《宗统编年》因之，并引宝云潜的观点把《是机是对颂》中"辟"之一字看成云门宗之总持。宝云潜曰："辟之一字，云门之总持也。辟则不对，对则不辟，辟奇而对偶也，乾辟而坤阖者也。辟者，从无而辟者也，故不知从无而出者，不能知云门之旨者也。辟者，从一而辟者也，故不知从一而出者，故不知云门之旨者也。辟则新，不辟则故，天下之言云门者，皆故云门，而非新云门也，故雪窦为云门之中兴也。辟则生，不辟则死，故天下之言云门三句者，皆死云门，而非活云门也。夕日日中谁有挂，知以挂为法者之非云门也。辟者，夺其挂之飞将也。晋锋八博拟何凭，知以凭为法者之非云门也。辟者，破其凭之宝镜也。晋锋八博，辟之所以为辟也，此云门之密也。"见《宗统编年》X86－190b19～c6

一些词语,并指出了颂的作者不是德山缘密禅师而是普安道禅师。这些词条是"出三句语"、"头头物物伤"、"轸侯"、"眼中翳"、"商量"、"消得个非遥"、"终诸"、"什方"、"同一眼",他并在"同一眼"词条下提及了颂的作者。睦庵善卿说道:"《云门对机录》后,附普安道禅师所作一十二颂。自三句三颂之题出于德山,余之九题兼颂皆道自作也。并见《广灯录》。"[1]三句三颂之题即"函盖乾坤""截断众流""随波逐浪"。后来宋淳熙年间成书的《人天眼目》也采取了这种看法。

三、《全唐诗续拾》误收的云门禅师偈颂

《全唐诗续拾》所收云门偈颂——

《北邙行》作者的考订

《全唐诗》未收云门偈颂,《全唐诗续拾》卷五十收有云门诗(偈颂)三十首,即《十二时偈》《宗脉颂》《十二时歌》《偈颂》《北邙行》。其中《偈颂》中的最后一首和《北邙行》非云门禅师之作。

《偈颂》最后一首为"云门顾鉴笑嘻嘻,拟议遭他顾鉴咦。任是张良多智巧,到头于是也难施"。这一首出自《禅林僧宝传》,是云门第三代传人智门光祚禅师对云门顾鉴咦的偈颂,非云门禅师之作。《北邙行》是云门第五代传人

---

〔1〕 见《祖庭事苑》X64－318c10～12

佛慧法泉禅师的一首诗,亦非云门禅师之作。[1]《全唐诗续拾》误系于云门禅师名下,可能是从《释氏稽古略》所摘而致误入。《释氏稽古略》有如下记载:

> 师(指佛慧法泉)嗣云居晓舜禅师舜号尧夫,舜嗣洞山聪,聪嗣文殊真,真嗣德山密,密嗣云门偃禅师《联灯录》。师尝作《北邙行》洛阳山名,其文曰:前山后山高峨峨,丧车辚辚日日过。……安得同游常乐乡,纵经劫火无生死。[2]

佛慧法泉是云门一系的禅师,其传承为云门文偃——德山缘密——文殊应真——洞山晓聪——云居晓舜——蒋山佛慧法泉。《全唐诗续拾》的编者可能是把"密嗣云门偃禅师。师尝作《北邙行》"中的师误解为了云门禅师。

---

〔1〕 见《禅林僧宝传》X79 - 496a12 ~ 14
〔2〕 见《释氏稽古略》T49 - 873b19 ~ c8

第四章 《云门匡真禅师广录》之禅法

宋代智昭所著《人天眼目》是述五家纲宗之书[1]，其中述及的云门纲宗有云门三句、云门顾鉴咦、云门一字关（一字禅），此为云门禅法的主要表现。

第一节 云 门 三 句

一、云门三句之得名

> 云门天中函盖、一镞三关之语
>
> ——德山拈出三句——普安道颂出三句

云门禅师在《垂示代语》中有一则代语：

---

[1] 《人天眼目序》："予游方时，所至尽诚咨扣尊宿五宗纲要，其间件目往往亦有所未知者，因慨念既据师位，而纲宗语句尚不知其名，况旨诀乎？将何以启迪后昆，剔抉疑膜邪？于是有意于纲要几二十年矣。或见于遗编，或得于断碣，或闻尊宿称提，或获老衲垂颂，凡是五宗纲要者，即笔而藏诸，虽成巨轴，第未暇详定。晚抵天台万年山寺，始偿其志，编次类列，分为五宗，名之曰《人天眼目》。"见《人天眼目》T48－300a5～13

　　示众云:"天中函盖乾坤、目机铢两、不涉春缘,作么生承当?"代云:"一镞破三关。"〔1〕

　　此即为后人津津乐道的云门三句之最初来源。其中"天中",《古尊宿语录》《五家语录》作"大众";"不涉春缘",《人天眼目》《五家宗旨纂要》作"不涉万缘",《祖庭事苑》作"不涉世缘"。"天中"指"天中节",也就是端午节〔2〕,此日,太阳在北回归线上,是全年太阳高度角最高、日照最长的一天,其日午时,太阳在中天,直射地球,人无影,故云门禅师说"天中函盖乾坤"。此时的状态恰似根本无分别智证真如的状态,即不见一法的状态。太阳直射地球的那一点只是一刹那,故而"天中函盖乾坤"也有禅机迅疾之意。〔3〕铢两是很轻的重量单位,"目机铢两"有明察秋毫、品鉴人伦之意,在禅宗语境中有从苗辨地、因语识人的对机设教之意。"春缘"、"世缘"或"万缘"都是指外缘外境。"一镞破三关"出自归宗智常《归宗事理绝偈》中的一句。归宗智常为马祖道一的弟子,记载云门十七年游方生涯的《游方遗录》有云门到庐山归宗寺参访的记录。归宗智常《归宗事理绝偈》为:

────────

〔1〕 见《云门广录》T47－563a23～24
〔2〕 《增提要录》曰:"五月五日午时为天中节。"参见《文渊阁四库全书》本《御定渊鉴类函》卷十九。
〔3〕 观涛奇禅师说:"天中函盖丧全机,向上有路滑如泥。"见《观涛奇禅师语录》J36－754b6～7

归宗事理绝,日轮正当午,自在如师子,不与物依怙。

独步四山顶,优游三大路,吹嘘飞禽堕,嚬呻众兽怖。

机竖箭易及,影没手难覆,施张如工伎,剪截成尺度。

巧镂万般名,归宗还似土,语密音声绝,理妙言难措。

弃个耳还聋,取个眼还瞽,一镞破三关,分明箭后路。

可怜个丈夫,先天为心祖。[1]

可见,此处"一镞破三关"为一超越音声语言的禅机。

惠洪《智证传》认为云门禅师此则示众及代语是解释其开悟机缘"秦时辘轹钻"这一句的。《智证传》载:

云门宗有三句,谓天中函盖、目机铢两、不涉世缘。《传》(指《禅林僧宝传》——作者注)曰:云门偃禅师初闻睦州古寺有道踪禅师号陈尊宿_{见黄蘗运公},往谒之,方叩户。俄陈尊宿者出,搊住曰:"道!道!"偃愕然不知所答,于是推而去曰:"秦时辘轹钻。"即阖

---

[1] 见《祖堂集》第684—685页。

户,偃折一足而悟旨于言下。既有众,而以此三句为示者,解释秦时轹钻之词也。[1]

由此看来,云门禅师代云"一镞破三关"中的"一镞"就是指"秦时轹钻"了,此句也是云门禅师开悟的机缘,三关就是天中函盖、目机铢两、不涉世缘了。

后来,云门禅师的弟子德山缘密禅师总结此为"函盖乾坤"、"截断众流"、"随波逐浪"三句。1004 年成书的《景德传灯录》载:

> 朗州德山第九世缘密圆明大师。师上堂示众曰:"僧堂前事,时人知有,佛殿后事,作么生?"师又曰:"德山有三句语,一句函盖乾坤,一句随波逐浪,一句截断众流。"[2]

1108 年成书的睦庵善卿《祖庭事苑》,在"三句"、"出三句语"两处也对此做出了说明。一处为:

> 三句:一、截断众流,二、函盖乾坤,三、随波逐浪。立此三句,自德山圆明大师始也。今皆谓云门三句者,盖

---

[1] 见《智证传》X63 – 188b5 ~ 11
[2] 见《景德传灯录》T51 – 384c22 ~ 25

参寻之不审也。然德山即云门之嗣，有此三句尔。[1]

另一处为：

> 出三句语：云门有时示众云："函盖乾坤，目机铢两，不陟（涉）世缘，作么生承当？"自代云："一镞破三关。"然虽有此意，且未尝立为三句，昔普安道禅师，因德山出三句语，随以颂之，付于卷末，往往亦指此颂为云门所作，是皆看阅不审也。道即德山之的嗣。[2]

睦庵善卿指出云门禅师有函盖乾坤、目机铢两、不涉世缘、一镞破三关之语，但没有立为三句，立为三句的是云门禅师的弟子德山缘密禅师，其三句为"函盖乾坤"、"截断众流"、"随波逐浪"，显然这三句是对云门禅法的高度概括，之后，德山缘密禅师的弟子普安道禅师又对此三句做了颂，但有些人把此三句和颂误认为云门禅师所作。

此三句和颂见于今天的《云门广录》卷下末尾：

颂云门三句语

门人住德山圆明大师缘密述

---

〔1〕　见《祖庭事苑》X64－314c21～24
〔2〕　见《祖庭事苑》X64－318b21～c1

函盖乾坤

乾坤并万象,地狱及天堂。物物皆真现,头头总不伤。

截断众流

堆山积岳来,一一尽尘埃。更拟论玄妙,冰消瓦解摧。

随波逐浪

辩口利舌问,高低总不亏。还如应病药,诊候在临时。

三句外别置一颂

当人如举唱,三句岂能该? 有问如何事,南岳与天台。[1]

此处把颂误为德山缘密禅师所作。可以说,云门三句作为云门宗的纲宗,是云门禅师——德山缘密禅师——普安道禅师三代人共同倡导的结果。[2] 万松行秀提到:

---

〔1〕 见《云门广录》T47－576b19～c3

〔2〕 一些禅籍中,把"函盖乾坤"、"截断众流"、"随波逐浪"归为雪峰禅师之作。比如惠洪《智证传》:"雪峰禅师,函盖乾坤句,截断众流句,随波逐浪句。"X63－176a12。雍正《御制拣魔辨异录》:"雪峰于德峤棒下透脱,而立函盖乾坤、截断众流、随波逐浪三句。"X65－250a24～25。纪荫《宗统编年》:"雪峰禅师有函盖乾坤句、截断众流句、随波逐浪句,云门生平用此接人。"X86－190a14～15。

　　云门有时云："天中函盖乾坤、目机铢两、不涉春缘,作么生承当?"自代云："一镞破三关。"然虽有此意,未尝立为三句,后得鼎州德山第九世圆明大师讳缘密,上堂云:"德山有三句语,一句函盖乾坤,一句随波逐浪,一句截断众流。"后得鼎州普安山道禅师,颂上三句。……往往指此颂为云门所作,此皆看阅之不审也。道嗣德山密,密嗣云门。云门虽有天中函盖、一镞三关之语,因密公拈出,道公颂之,祖述三世而三句始明。[1]

　　那么,云门之语和德山缘密禅师所说的云门三句是怎样的对应关系? 显然,天中函盖乾坤对应于函盖乾坤,目机铢两对应于随波逐浪,不涉春缘对应于截断众流。东山云顶禅师说道:"一句函盖乾坤,不离毛吞巨海;一句截断众流,不离斩钉截铁;一句随波逐浪,不离目机铢两。"[2]圆悟克勤禅师说道:"隔山见烟,早知是火;隔墙见角,便知是牛;举一明三,目机铢两,是衲僧寻常茶饭。至于截断众流,东涌西没,逆顺纵横,与夺自在,正当恁么时,且道是什么人行履处?"[3]云顶禅师说随波逐浪不离目机铢两,圆悟克勤禅师把目机铢两和截断众流相对,由此可以看出目

---

〔1〕　参见《万松老人评唱天童觉和尚颂古从容庵录》T48－275a22～b8
〔2〕　见《嘉泰普灯录》X79－437b3～5
〔3〕　见《碧岩录》T48－140a12～15

机铢两相应于随波逐浪,不涉春缘相应于截断众流。经过一个这样的过程,函盖乾坤、截断众流、随波逐浪作为云门三句为后世禅师所称道评唱。

二、云门三句之渊源

金刚经三句——百丈论三句——

石头参同契——德山、雪峰、云门

悟道与云门三句——玄沙语与云门三句

云门三句之前,佛典和一些禅师也有三句的说法。

佛典中最著名的就是《金刚经》中三句,今依鸠摩罗什所译《金刚般若波罗蜜经》(略称《金刚经》)胪列几条如下:

> 所谓佛法者,即非佛法。(是名佛法。)[1]
>
> 所言一切法者,即非一切法,是故名一切法。[2]
>
> 如来说诸心,皆为非心,是名为心。[3]
>
> 说法者,无法可说,是名说法。[4]
>
> 众生、众生者,如来说非众生,是名众生。[5]

---

[1] 见鸠摩罗什所译《金刚般若波罗蜜经》T8 - 749b25
[2] 见鸠摩罗什所译《金刚般若波罗蜜经》T8 - 751b2 ~ 3
[3] 见鸠摩罗什所译《金刚般若波罗蜜经》T8 - 751b26
[4] 见鸠摩罗什所译《金刚般若波罗蜜经》T8 - 751c14 ~ 15
[5] 见鸠摩罗什所译《金刚般若波罗蜜经》T8 - 751c19

所言善法者,如来说非善法,是名善法。[1]

所言法相者,如来说即非法相,是名法相。[2]

《金刚经》是般若部的经典,自从六祖慧能闻《金刚经》开悟后,《金刚经》也成了禅宗的重要经典。《金刚经》阐释一切法无我之理,以上所胪列的由三句构成之句式,就是般若中观的表现,即某某法,在本性上空,在现象上有。比如"所谓佛法者,即非佛法",意谓佛法不是定法,佛法也是缘起性空。从性空一面说,没有佛法(即非佛法);但从缘起说,还是有佛法(是名佛法)。[3] 清代的王起隆直接就把《金刚经》三句式和云门三句相类比,王起隆在《金刚经大意》中提到:

离四句绝百非中,有函盖乾坤句,有截断众流句,有随波逐浪句。佛说般若波罗蜜,函盖乾坤也;即非般若波罗蜜,截断众流也;是名般若波罗蜜,随波逐浪也。引而伸之,触而类之,所谓击首尾应,击尾首应,击中则首尾俱应,孰非经龙之鳞翼脊鬣为大支干者乎?[4]

---

[1] 见鸠摩罗什所译《金刚般若波罗蜜经》T8 – 751c27 ~ 28
[2] 见鸠摩罗什所译《金刚般若波罗蜜经》T8 – 752b22 ~ 23
[3] 参见林国良《佛典选读》第 134 页。
[4] 见王起隆《金刚经大意》X25 – 183b7 ~ 12

　　王起隆把"函盖乾坤"对应于"佛说般若波罗蜜","截断众流"对应于"即非般若波罗蜜","随波逐浪"对应于"是名般若波罗蜜",如此看来,云门三句是有佛教经典依据的。《金刚经》三句式表达的是无我之理和无住生心的空境,那么此类义理也是云门三句题中应有之义,这一镞破三关的一镞也应是无我之理和无住生心的空境。南石琇禅师说:"一念心清净,则生死永绝,随波逐浪句,截断众流句,函盖乾坤句,总不劳拈出。"[1]这赤裸裸的一念清净心,是无住的、无我的,是破三关的一镞。

　　云门禅师之前的百丈禅师也有论三句之语。百丈禅师曾提到:

　　　　夫教语皆三句相连,初、中、后善。初,直须教渠发善心;中,破善心;后,始名好善。菩萨,即非菩萨,是名菩萨。法,非法,非非法,总与么也。若只说一句,令众生入地狱;若三句一时说,渠自入地狱,不干教主事。说到如今鉴觉是自己佛,是初善;不守住如今鉴觉,是中善;亦不作不守住知解,是后善。如前属然灯后佛,只是不凡亦不圣,莫错说佛非凡非圣。此土初祖云:"无能无圣为佛圣。"[2]

---

〔1〕　见《列祖提纲录》X64－257b1～3
〔2〕　见《古尊宿语录》X68－8a10～17

　　所谓"教语",就是经教之语。百丈禅师由此提出自己
的初、中、后善三句,即初句"直须教渠发善心",中句"破
善心",后句"始名好善",并以此类比于《金刚经》的三句
式,像"菩萨,即非菩萨,是名菩萨。法,非法,非非法"。进
而,百丈禅师指出贯穿于三句中的灵魂是"鉴觉":

　　　　只如今鉴觉,但不被一切有无诸法管,透三句及
　　一切逆顺境得过,闻百千万亿佛出世间,如不闻相似,
　　亦不依住不闻,亦不作不依住知解。说他者个人退,
　　不得量数,管他不着,是佛常住世间而不染世法;说佛
　　转法轮退,亦是谤佛法僧;说佛不转法轮不退,亦是谤
　　佛法僧。[1]

　　　　透三句不过,此人定言有罪;若透三句外,心如虚
　　空,亦莫作虚空想,此人定言无罪。[2]

　　鉴觉是心的作用,更进一步说是自性或佛性的作用。
此鉴觉,正如一镞破三关的一镞,是一法不立的,非言语卜
度的。此鉴觉也是无住生心、一念清净心。
　　关于云门三句与《金刚经》以及百丈三句的渊源关系,

　　───────────

〔1〕　见《古尊宿语录》X68－6c5～10
〔2〕　见《古尊宿语录》X68－8b2～3

万松行秀说道："三句之作,始于百丈大智,宗于《金刚般若》。"百丈大智即是百丈怀海禅师,百丈上承马祖,马祖嗣南岳怀让,怀让嗣六祖。百丈禅师下启黄檗禅师,黄檗传睦州陈尊宿,云门禅师在陈尊宿处开悟。《金刚般若》即《金刚经》。特别要提出的是,不管是云门三句、百丈三句,还是金刚三句,最重要的是贯穿三句或透出三句的无住生心,也就是自性的鉴觉之箭。

此外,湛然圆澄禅师指出云门三句来自石头一系石头希迁禅师(700~790)的《参同契》,并且石头所传禅宗三宗除云门宗外,其他两宗曹洞宗和法眼宗也受《参同契》的影响。石头希迁禅师上承青原行思,青原上承六祖慧能。石头所传三宗法系如下:石头希迁——药山惟俨——云岩昙晟——洞山良价——曹山本寂(曹洞宗);石头希迁——天皇道悟——龙潭崇信——德山宣鉴——雪峰义存——云门文偃(云门宗);石头希迁——天皇道悟——龙潭崇信——德山宣鉴——雪峰义存——玄沙师备——地藏桂琛——法眼文益(法眼宗)。《参同契》是石头禅师阅读《肇论》有所悟而作,"参"即森罗万象之差别相,"同"指万法差别相的平等本体,"契"指差别即平等、平等即差别之理。今将石头禅师《参同契》全文引述如下:

竺士大仙心,东西密相付,人根有利钝,道无南北祖。灵源明皎洁,支派暗流注,执事元是迷,契理亦非悟。门门一切境,回互不回互,回而更相涉,不尔依位住。色本殊质像,声源异乐苦,暗合上中言,明暗清浊句。四大性自复,如子得其母,火热风动摇,水湿地坚固。眼色耳声音,鼻香舌咸醋,然于一一法,依根叶分布。本末须归宗,尊卑用其语,当明中有暗,勿以明相遇。当暗中有明,勿以暗相睹,明暗各相对,譬如前后步。万物自有功,当言用及处,事存函盖合,理应箭锋拄。承言须会宗,勿自立规矩,触目不见道,运足焉知路?进步非远近,迷隔山河固,谨白参玄人,光阴勿虚度。[1]

湛然圆澄禅师对之评论道:

石头《参同契》云:"事存函盖合,理应箭锋拄。"所以云门推而广之,义唱三句,函盖乾坤句、截断众流句、随波逐浪句。法眼承一言,问在答处,答在问处,如箭相拄,毫不爽也。是伊创立,共有源流,非如今时乱统,一无准据。奈云门尊贵,语不虚发;法眼径庭,机不乱施。[2]

---

〔1〕《祖堂集》第201—202页。
〔2〕 见《湛然圆澄禅师语录》X72 - 777c15 ~ 20

湛然圆澄禅师认为云门三句和法眼宗法眼文益禅师
"问在答处,答在问处"〔1〕,都是从《参同契》中"事存函盖
合,理应箭锋拄"一句而来。此外,湛然圆澄禅师认为曹洞
宗的宗风五位君臣,也是洞山良价禅师从《参同契》承习而
来。湛然圆澄禅师评论道:

> 石头又云:"当暗中有明,勿以明相遇。当明中有
> 暗,勿以暗相睹。明暗各相对,比如前后步。"而我洞
> 山老人承习其言,以明暗表于正偏,以君臣辩于体用,
> 以事理配于父子。不承言、不滞句、不伤锋、不犯手,
> 以金针玉线家风,于宾主盘桓之际,有理可则,有事可
> 凭。辨邪正,拣混滥,故诸方所尊。〔2〕

湛然圆澄认为曹洞宗的正偏、君臣、父子、体用、事理
等相对性的范畴都来自《参同契》的"明暗"这对范畴。

惠洪也看到了石头《参同契》对后世禅宗的影响,他认
为曹洞宗的"五位偏正"、临济宗的"句中玄"、云门宗的
"随波逐浪"都是从《参同契》的"明暗"而来。他在《石门
文字禅》中提到:

---

〔1〕 比如:"一日有僧问法眼:'如何是曹源一滴水?'眼云:'是曹源一
滴水。'僧罔措。师(天台德韶)在座侧,豁然开悟,凝滞冰释。"见《联灯会要》
X79-237c2~4

〔2〕 见《湛然圆澄禅师语录》X72-777c23~778a5

予尝深考此书,凡四十余句,而以明暗论者半之。篇首便曰:"灵源明皎洁,枝派暗流注。"乃知明暗之意根于此。又曰:"暗合上中言,明明清浊句。"调达开发之也。至指其宗而示其趣则曰:"本末须归宗,尊卑用其语。"故其下广序明暗之句,奕奕缀联不已者,非决色法虚诞,乃是明其语耳。洞山悟本得此旨,故有五位偏正之说,至于临济之句中玄,云门之随波逐浪,无异味也。[1]

云门三句,就渊源而言,既有马祖、百丈、睦州一系的特质,又有石头一系的特质。就悟道经历而言,法藏认为云门三句与德山和雪峰的悟道有关。法藏提到:

德山吹灭纸烛于龙潭,正是截流。雪峰胸襟流出于岩头,岂非函盖?所以韶阳霁时折足于睦州门缝里,温研积稔于雪峰堂奥中。便道:"三斤麻,一匹布。"搊鳖鼻于南山,脱铁枷于老汉。烛露确师而咄嗟,须弥胡饼而恰好。诸佛出身处,东山水上行,透法身之句,北斗里藏身,钵里饭,桶里水,三昧尘尘,南山云,北山雨,佛交露柱,将三门来灯上,放胡饼作馒头,晋锋八博,咄□中眉,故有红旗闪烁之品题,此云门一

[1] 见《石门文字禅》J23-701b24~c1

派所由出也。[1]

惠洪《智证传》认为"函盖乾坤句"、"截断众流句"、"随波逐浪句"是雪峰三句,进而把云门禅师的师兄玄沙师备的一些言句和三句相匹配。惠洪提到:

> 玄沙尝言之曰:"是汝诸人见有险恶,见有大虫、刀、剑诸事来逼汝身命,便生无限怖畏。恰如世间画师自画作地狱变相,画大虫、刀、剑了,好好地看着,却自生怕怖,亦不是别人与汝为过。汝如今欲免此至惑么?但识取金刚眼睛,若识得,不曾教有纤尘可得露现,何处更有虎狼刀剑,解嚼吓得汝?直至释迦,如是伎俩,亦觅出头处不得。所以我向汝道,沙门眼把定世界,函盖乾坤,不漏丝发,何处更有一物为汝知见?如是出脱,如是奇特,何不究取?"此函盖乾坤句也。又曰:"钟中无鼓响,鼓中无钟声,钟鼓不交参,句句无前后,如壮士展臂,不借他力,如师子游行,岂求伴侣?"此截断众流句也。又曰:"大唐国内宗乘,未有一人举倡,设有一人举倡,尽大地人失却性命,无孔铁锤相似,一时亡锋结舌去。汝诸人赖我不惜身命,共汝颠倒知见,随汝狂意,方有申问处。我若不共汝与么

---

[1] 见《五宗原》X65－104a19~b3

知闻去,汝向什么处得见我?"此随波逐浪句也。[1]

惠洪之意大概认为,函盖乾坤等三句是雪峰禅师的纲宗,因为在其弟子玄沙的言句里也能总结出这三句来。我们不妨把函盖乾坤三句看作雪峰一系禅法的重要特征,因为雪峰禅师确实曾经说过"尽大地是沙门一只眼,汝等诸人向何处屙"[2]这样函盖乾坤的话。[3]

三、云门三句与五宗宗旨

一心之法——截断众流、函盖乾坤与五宗宗旨

佛法是心法,禅宗更是直指人心、见性成佛之法。禅宗五宗的差别只是门庭施设的不同,其目的和效果都是传佛陀的一心之法。明代博山来禅师在一次上堂开示中提到了五宗祖师竟出,只演一心之法。他说:

> 达摩大师,航海而来,直指人心,见性成佛。虽则门庭万仞,壁立千层,只演一心之法,更无余事。乃至六代传衣,五宗竟出,运无碍轮,化无缘众,只演一心之法,更无余事。沩山大师,敲唱同行,暗机圆合,倾

---

[1] 见《智证传》X63－176a14～b6

[2] 见《雪峰义存禅师语录》X69－74c9～10

[3] 之前的长沙岑禅师也曾说道:"尽十方世界是沙门一只眼,尽十方世界是沙门全身,尽十方世界是自己光明,尽十方世界在自己光明里,尽十方世界无一人不是自己。"见《正法眼藏》X67－591b13～16

瓶以辨超方,撼茶而彰妙用,只演一心法,更无余事。云门大师,箭锋相拄,函盖乾坤,扬眉落臼,顾盼犹迟,如流云翔鹤,湛水晴空,只演一心之法,更无余事。法眼大师,拈现前石,塞虚空口,一切处现成,六根互用,六用齐施,只演一心之法,更无余事。临济大师,一语中具三玄,一玄中具三要,驱耕夫牛,夺饥人食,电光石火,开眼犹迷,只演一心之法,更无余事。洞山大师,混不得,类不齐,立宝镜三昧,照学人肺肝,分五湖玉石,雪盛银盌,月照金沙,只演一心之法,更无余事。乃至博山,今日远承诸祖慈荫,循规蹈矩,借路还家,驾轻就熟,只演一心之法,更无余事。诸昆仲含灵具此一心之法,学人学此一心之法,三世诸佛、历代祖师,示此一心之法。故《楞伽》云:"佛语心为宗。"诸昆仲,那个台无月,谁家树不春?[1]

道一居士甚至说五宗尽管各别门庭,却均不超出"截断众流,函盖乾坤"两种义趣。他在《曹溪大休珠禅师六会语录总序》中提到:

五宗各别门庭,究不越"截断众流,函盖乾坤"两种义趣。能截断者必能函盖,而自青原迄曹洞,毕竟

---

[1] 见《南宋元明禅林僧宝传》X79－651b1～18

函盖之义趣居多；能函盖者必能截断，而自南岳迄临
济，毕竟截断之义趣居多。二宗所有觭立，可久可大。
若沩仰、云门、法眼三宗，就流传语句，离即参观，究无
越二宗义趣。其宗一出南岳，二出青原，名分实合，有
传无绝也。……独怪比来截断门庭，一切消归函盖，
欲剖济与洞不得，何烦以济角洞？此又洞济圆通之
解也。[1]

道一居士认为禅宗五宗离不开"截断众流"与"函盖
乾坤"两种义趣。南岳怀让及其以下的临济宗以"截断众
流"义趣居多，而青原行思及其以下的曹洞宗以"函盖乾
坤"义趣居多，其他三宗也没有超出这两宗的义趣。其中
沩仰宗出自南岳一系，云门、法眼两宗出自青原一系，名分
而实合。到了明末清初，临济宗、曹洞宗独盛，想区分临济
与曹洞而不可得，因为能截断者必能函盖，能函盖者必能
截断。

道一居士进而说禅宗无上义只在"截断众流"、"函盖
乾坤"两言。其在《林野禅师语录序》中提到：

禅宗无上义，止在截断众流、函盖乾坤两言。截
断之义，似于临济偏胜，而函盖实具焉；函盖之义，似

---

[1] 参见《大休珠禅师语录》J27－181a16～b8

于曹洞偏胜,而截断实具焉。三宗要旨,究无逾此二宗,舍此两言,究难别立门户。沩仰之所以归并临济,云门、法眼之所以归并曹洞,薪尽火传,绝终不绝。五灯一灯,惟白地风光,超方越格之人,乃能以一门深入,使万法归一。[1]

道一居士除了上文提出的"能截断者必能函盖"、"能函盖者必能截断"之外,在此处又提出函盖之中有截断、截断之中有函盖的观点。他进一步从五宗角度提到,曹洞宗偏胜于函盖之义,但同时具有截断之义;临济宗偏胜于截断之义,但同时具有函盖之义;其他三宗,沩仰宗归于临济宗,云门、法眼两宗归于曹洞宗,虽然这三宗不传,但薪尽火传,其函盖乾坤、截断众流的方法和无上义通过临济宗和曹洞宗而流传不绝。

雪关禅师认为透得云门三关便透得临济三玄与洞宗五位。他提到:

明暗相参,便知函盖乾坤句;万机寝迹,便知截断众流句;得来得往,便知随波逐浪句。向此三句领略分明,非但透过云门三关,亦乃透得临济三玄,不作干戈相待。彻见洞宗五位,妙握枢纽圆旋,不落思议,宁

---

[1] 见《林野奇禅师语录》J26－625a27～b3

容穿凿？岂不见跛脚阿师道：高低一顾，万象齐彰，拟议之间，横尸万里？只如不涉拟议底人是何境界？关津容易过，祖道不通风。[1]

四、云门三句与棒喝

棒喝——云门三句与棒——云门三句与喝

棒喝是禅门接引学人的方式，棒之施用始于德山宣鉴和黄檗希运，喝之施用始于马祖道一和临济义玄，后世禅林有"德山棒"、"临济喝"之称。其作用是杜绝学人的妄想思维或考验学人的悟境。

云门三句的作用与棒喝有一致的地方，后世有人以棒喝解释云门三句，或以云门三句阐释棒喝。

汉满禅师曾经以一棒解释云门三句：

盖以收宗旨于一棒，而以一棒全提宗旨也。不惜口业，试一言之显提。一棒，有句也；不作棒会，无句也；遇之无不摧碎，正句也。一棒而全具三句，函盖乾坤也；一棒而踞断要津，截断众流也；一棒而临机应用，随波逐浪也。[2]

---

〔1〕 见《雪关禅师语录》J27－460b1～8
〔2〕 见《五灯全书》X82－402b22～c2

正如道一居士认为禅宗五宗离不开"截断众流,函盖乾坤"两种义趣一样,汉满禅师认为五宗同样可以用一棒来表达其宗旨。一棒具有句、无句和正句,[1]就是函盖乾坤;一棒能踞断要津,就是截断众流;能临机施棒,就是随波逐浪。之后,汉满禅师用一棒阐释了临济宗的四料简、四照用、四宾主等宗旨,并言其他四宗可以类推。[2]

雍正也曾用一棒解释三句,尽管雍正把"函盖乾坤"、"截断众流"、"随波逐浪"看作了雪峰三句,但就三句与棒喝而言,还是看到了二者的相通性。雍正解释为:

> 雪峰于德峤(山)棒下透脱,而立函盖乾坤、截断众流、随波逐浪三句。……棒喝、言句,是同是异? 于此未明,无怪言句是言句,棒喝是棒喝。且棒喝亦非棒喝,言句亦非言句矣。……即如所为雪峰三句,何以便不是棒喝? 只今即与一棒,岂不函盖乾坤? 再与一棒,岂不截断众流? 复与一棒,岂不随波逐浪?[3]

---

〔1〕 有句、无句和正句在禅宗语境中有特定之意义。有句、无句指相互对待之两端,圆悟克勤禅师说:"有句无句,初无两端,如藤倚树。"见《圆悟佛果禅师语录》T47 - 741a13 ~ 14。正句指超越了有无的二元对待,恰如树倒藤枯,不与一物作对的境地。岩头禅师说道:"百不思时唤作正句。……是句亦划。非句亦划。……不与一物作对。便是无诤三昧。"参见《御选语录》X68 - 624b06 ~ 16。

〔2〕 参见《五灯全书》X82 - 402c2 ~ 16

〔3〕 参见《御制拣魔辨异录》X65 - 250a24 ~ b6

雍正指出不应把禅宗施设手段截然区别开来,认为言句就是言句,棒喝就是棒喝。实际上不同手段所起作用是一样的,就是使学人开悟,在此情境下棒喝亦非棒喝,言句亦非言句,棒喝即言句,言句即棒喝。进而雪峰三句(云门三句)就是棒喝,棒喝就是函盖乾坤,就是截断众流,就是随波逐浪。

正如汉满禅师认为一棒包含五家宗旨一样,明雪禅师认为一喝也能包含五家宗旨。明雪禅师喝一喝后说道:

> 病朽未出法堂,原无此一喝,既登此座,方有此一喝,是正中偏也;即此一喝,当处寂然,是偏中正也;即此一喝,不带名言,是正中来也;今对诸人有此一喝,你等诸人因此一喝,得知本有,是兼中至也;我此一喝,圣凡情尽,能所两忘,妙尽有无,是兼中到也。以济宗论之,正中偏,夺人也;偏中正,夺境也;正中来,人境俱夺也;兼中至,人境俱不夺也;兼中到,即玄要妙旨也。以云门宗论之,即此一喝,应彼来机,谓之函盖乾坤句;即此一喝,凡圣扫除,绝彼知解,谓之截断众流句;即此一喝,问事答事,问理答理,谓之随波逐浪句。以沩仰宗论之,即此一喝,直显大月轮三昧,谓之圆相;即此一喝,示向上一机,谓之暗机;即此一喝,元从自心流出,谓之意语;即此一喝,见者闻者,默默知归,谓之默论;即此一喝,无量妙义,一时收尽,谓之

义海;即此一喝,四十二字母及世间文字,无不统摄,谓之字海。以法眼宗论之,即此一喝,直示一真法界,谓之总;即此一喝,有照有用,有收有放,有赏有罚,谓之别;虽纵夺赏罚之别,总归一心,谓之同;虽同一心,纵不是夺,赏不是罚,谓之异;虽赏罚收放之异,咸成一个自己,谓之成;虽成一体,不妨杀活纵夺,各住本位,谓之坏。非唯一喝如然,至于一棒、一拂、一句、一字,乃至扬眉瞬目,折旋俯仰,莫不皆然。[1]

明雪禅师用一喝阐释了曹洞五位(正中偏、偏中正、正中来、兼中至、兼中到),临济四料简(夺人不夺境、夺境不夺人、人境俱夺、人境俱不夺),云门三句,沩仰圆相六名(圆相、暗机、意语、默论、义海、字海),法眼的华严六相(总、别、同、异、成、坏)。即就一喝与云门三句而言,一喝包含了云门三句的所有内容,上中下机来是一喝,言语来是一喝,动作来是一喝,不管学人以怎样的面目出现,禅师总是一喝,这就是函盖乾坤。在这一喝之下,学人的凡解消除,圣解消除,语言消除,思维消除,一切消除,这就是截断众流。学人问事是一喝,问理是一喝,问事问理是一喝,陈述自己见解是一喝,这就是随波逐浪。最后,明雪禅师说道不仅一喝可以包含五宗,至于一棒、一拂、一句、一字

---

[1] 见《五灯会元续略》X80－472b10～c7

都可包含五宗宗旨,更进一步,甚至没有语言的扬眉瞬目也可以函盖五宗之义。

石雨禅师甚至在上堂时用云门"日日是好日"(详见云门三句与《云门广录》之公案部分)公案现场表演了一喝与云门三句:

> 上堂日(曰):"日日是好日,一番拈起一番新,只要钵盂两度湿。"喝一喝曰:"当时若下得者一喝,不妨随波逐浪,免得世尊降王宫,出母胎,手指天地,说个唯吾独尊。"又喝一喝曰:"当时若下得者一喝,不妨函盖乾坤,免得入雪山、成正觉、降外道、转法轮、度众生。"又喝一喝曰:"当时若下得者一喝,不妨截断众流,免得今日九莲剃度、入僧伦、登戒品。"又喝一喝曰:"且道是截断众流?是函盖乾坤?是随波逐浪?有人简点得出,许他具一只眼。"[1]

五、云门三句与临济宗

云门三句与临济三玄——无位真人与函盖乾坤

大慧宗杲禅师在其《正法眼藏》中提到当时禅林的一种风气,那就是把临济三玄和云门三句类比,并把诸祖师言句归入其中。临济禅师曾经说道:"一句语须具三玄门,

---

[1] 见《石雨禅师法檀》J27-91b7~15

一玄门须具三要,有权有用,汝等诸人作么生会?"[1]后人把临济三玄解释为体中玄、句中玄、玄中玄。大慧宗杲禅师说道:

> 又有一种将临济三玄、云门三句逐句解说,以《传灯》《广灯》祖师言句各分门类。以一尘才起大地全收,一毛头师子百亿毛头师子现,尽大地是个解脱门,尽大地是沙门一只眼,若人识得心,大地无寸土,山河大地明暗色空咸是妙明真心中物之类,配为体中玄,函盖乾坤句。以三脚驴子弄蹄行,锯解秤椎,火里蜘蟟吞大虫,文殊起佛见法见贬向二铁围山,东山水上行,北斗里藏身,凡语言注解不得处,便道蚊子上铁牛无你下嘴处,如此之类,谓之句中玄,截断众流句。如蹋着秤椎硬似铁,蹋破草鞋赤脚走,饥来吃饭困来打眠,山是山水是水,行但行坐但坐,大尽三十日小尽二十九,将如此之类,谓之玄中玄,随波逐浪句。[2]

大慧宗杲禅师时代的人将临济三玄与云门三句相匹配,以体中玄对应于函盖乾坤句,以句中玄对应于截断众流句,以玄中玄对应于随波逐浪句,其中云门禅师语火里

---

[1] 见《古尊宿语录》X68 - 23c20~22
[2] 见《正法眼藏》X67 - 631a21~b9

蜘蟟吞大虫、东山水上行、北斗里藏身,归入句中玄、截断
众流句;山是山水是水、行但行坐但坐,归入随波逐浪句。
尽管当时的人做了如此的匹配和区分,大慧宗杲禅师却认
为这样做并没有抓住临济的精髓,他继续道:

> 岂不见汾阳和尚颂云:"三玄三要事难分,得意忘
> 言道易亲。一句明明该万象,重阳九日菊花新。"此老
> 子明明为你指出临济骨髓,却来逐句下解注,谓"三玄
> 三要事难分"是总颂,"得意忘言道易亲"是体中玄,
> "一句明明该万象"是句中玄,"重阳九日菊花新"是
> 玄中玄。[1]

大慧宗杲禅师反对逐句下注解,因为三玄三要事难
分,正如临济禅师所说一句语需具三玄门,三玄还要归于
一句。与此相类似,云门三句也不能逐句解释,而应归于
一镞破三关的一镞。临济三玄与云门三句的相通一致性,
更多是在其背后的一句与一镞的相通。其实一直到明清
时代,禅林还有把临济三玄类比于云门三句者,明代屠根
注《金刚经》说道:"三玄者,体中玄、句中玄、玄中玄。体
中玄者,函盖乾坤句。句中玄者,随波逐浪句。玄中玄者,

---

[1] 见《正法眼藏》X67－631a21～b9

截断众流句。"〔1〕与大慧宗杲将句中玄与截断众流句相类比不同,屠根将句中玄与随波逐浪句类比。

南岳继起和尚曾经把临济的"无位真人"和云门三句相类比。无位真人的来历是这样的,临济有一次上堂时说道:"赤肉团上有一无位真人,常从汝等诸人面门出入,未证据者看看!"这时有个僧人问道:"如何是无位真人?"临济禅师走下禅床抓住那个僧人说:"道!道!"那个僧人想说自己的看法,临济禅师托开他道:"无位真人是什么干屎橛。"〔2〕禅林中用无位真人比喻人人本具的自性或真如佛性。这个场景和云门参访睦州陈尊宿有相似性,云门以己事未明去参陈尊宿,陈尊宿也是把住云门禅师说:"道!道!"云门禅师想表达自己的见解,陈尊宿把云门禅师推出门说道:"秦时𨍏轹钻。"云门的己事就是临济的无位真人,都是指自性。南岳继起和尚提到:

> 仁者还知么?各各具有天真自得之妙,不著寻
> 讨,不著整理,不著修证。此是千圣骨里髓,一名无位

---

〔1〕 见《金刚经注解铁鋑錎》X24‐866a9~11。清代三山来禅师有相同的类比,他阐释道:"函盖乾坤句,本真本空,一色一味,凡有语句,无不包罗,不待跨踌,全该妙体,以事明理,体中玄也。截断众流句,本非解会,排遣将来,不消一字,万机顿息,言思路绝,诸见不存,玄中玄也。随波逐浪句,许他相见,顺机接引,应物无心,因语识人,从苗辨地,不须拣择,方便随宜,句中玄也。"参见《五家宗旨纂要》X65‐279c11~24

〔2〕 参见《古尊宿语录》X68‐23b12~15

真人,一名函盖乾坤,把住则截断众流,放行则随波逐
浪,常时面门出入,行脚人唤作袈裟下事。此事不了,
生死不了。[1]

南岳和尚把人人具有的天真自得之妙,看作无位真人
和函盖乾坤,其实这三者说的都是人人本具的自性或佛
性,这自性是修行人的生死大事。同时,他还把截断众流
和随波逐浪看作是自性的作用,即把住、放行是作用,也就
是杀、活的作用。

除开云门三句与临济宗旨相通外,宋金时期,云门一
系的禅师也认为云门临济并无二致。通过圆通善国师与
佛日禅师的一则对话就能看出此点。圆通善是云门宗佛
觉晦堂的弟子,佛日是临济宗的禅师。《五灯会元续略》这
样记载:

> 佛日自江右至燕,寓大圣安。一夕与佛觉晦堂夜
> 话次,时师(指圆通善国师)年方十二,座右侍立。日
> 曰:"山僧自南方来,拄杖头不拨着一个会佛法者。"师
> 叉手进曰:"自是和尚拄杖短。"日大惊曰:"可乞此子
> 续吾临济一宗。"师曰:"云门、临济岂有二邪!"日称

---

[1] 见《南岳继起和尚语录》J34－316a27～b1

赏不已。〔1〕

六、云门三句与天台宗《法华经》之体宗用

天台释经五重玄义——云门三句
与《法华经》之体宗用

天台智者大师为解释经教,特设五重玄义,即名、体、宗、用、教相,也就是释名、辨体、明宗、论用、判教。宋代天台僧人善月对之所以设五重玄义进行了解释:

> 夫法必有名,名必有体,体者其实也,亦主也,印也。苟得其印,斯可信受,否则邪外而已。宗者显体之要也,以因果为宗,则体得其要。体显故有用。备是四者,说而为教,则小、大、半、满、顿、渐、权、实得以区别,此所以为相也。〔2〕

作为天台宗立宗之本的《法华经》(全称为《妙法莲华经》),其五重玄义为:法喻为名,实相为体,一乘因果为宗,断疑生信为用,无上醍醐为教相。法喻为名者,法即妙法,喻即莲华。妙法者,妙名不可思议,法即十界十如权实之法。良以妙法难解,假喻易彰。妙法则权、实一体,莲华

---

〔1〕 见《五灯会元续略》X80－493c1～5
〔2〕 见《佛说仁王护国般若波罗蜜经疏神宝记》T33－286b16～21

则华、果同时。故以法喻为名也。实相为体者,谓中道实相为此经所诠妙体,故名实相为体也。一乘因果为宗者,一乘即一实相也,宗即要也。谓修此实相之行为因,证此实相之理为果,故名一乘因果为宗也。断疑生信为用者,用即力用,谓以大乘妙法开示圆机。无上醍醐为教相者,圣人垂训之谓教,分别同异之谓相。此经纯圆极妙,异乎偏小诸教,喻如醍醐上味,不同奶酪生熟二酥,故名无上醍醐为教相也。[1]

明代的藕益智旭在《妙法莲华经品颂三十三首》中,以云门三句颂《妙法莲华经》的体、宗、用。引述如下:

实相为体
函盖乾坤未足奇,四微原不隔根枝。分明举似诸方也,又道如来只自知。

一乘因果为宗
众流截断事如何,滴滴归源不较多。踏遍十方香水海,靴头几处犯清波。

断疑生信为用
逐浪随波最可怜,明中有暗意偏玄。毗岚吹散云千朵,放出孤轮一夜圆。[2]

---

[1] 参见《三藏法数》第 198 页。
[2] 见《蕅益三颂》J20－392b7～15

据此可知,函盖乾坤是中道实相,是诸法之体。为了达到其体,就需要截断众流之因达到函盖乾坤之果了。自己既已证体会宗,为令学人断疑生信为用,就需有随波逐浪的手段了。

七、云门三句与唯识宗三自性

函盖乾坤、截断众流
——真知、良知——
成自性、缘起性——体、用

明代云门麦浪怀禅师在《宗门设难》中,曾经从体用角度把云门三句中函盖乾坤、截断众流与真知、良知以及唯识学三自性中的成实性(圆成实性)、缘起性(依他起性)相类比。

麦浪怀禅师首先论及云门三句与真知、良知:

> 云门老祖云:"吾有一句函盖乾坤,吾有一句截断众流,吾有一句随波逐浪。"当知良知即真知者,乃巧心妙手,函盖乾坤之说也。良知非真知者,乃独露真常,截断众流之说也。[1]

良知是孟子提出的一个概念,明代王阳明申说孟子的

---

[1]　见《云门麦浪怀禅师宗门设难》X73－863b8～11

良知概念以构建自己的心学理论体系。而明代的麦浪怀禅师将孟子的良知与唯识学三自性中的缘起性联系起来：

> 世尊发明三界惟心,万法惟识,而摄之以三性,曰成自性,曰缘起性,曰遍计性。一切诸法,缘会而生,见闻知觉,皆缘起性。轲氏云:"所不虑而知者,良知也。孩提之童,无不知爱其亲。及其长也,无不知敬其兄。"是则缘亲而心起孝,缘兄而心起悌,达之天下,则缘君而起忠,缘民而起仁,皆良知也。故知孝悌忠爱,的为缘起性矣。祖师道:"若唤这个是,是头上安头;若唤这个不是,是斩头觅活。不落二边,方为究竟。"[1]

孝悌忠仁此类良知的内涵,从有所缘得名而言,就是缘起性。但缘起性从真假有无角度而言是假有幻有,即是假法和有为法。如果认假为真,就会如祖师所言是头上安头,成为遍计性了。如果认有为无,就会如祖师所言是斩头觅活,成为顽空了。

真知是类似于真如的一个概念,麦浪怀禅师从体用角度把其与成自性、缘起性联系起来,显然,此种观点是真常唯心论的观点。他论道：

---

[1] 见《云门麦浪怀禅师宗门设难》X73－863a1～9

所言真知者，即常住真心，亦名实相般若，是诸法自性，圣凡本具。非中外而彻十方，无去来而通三际，为一切众生本来面目，一而不二者也，其体绝相绝称，纤尘不立。[1]

又论道：

成自性者，真知之体也；缘起性者，真知之用也。[2]

麦浪怀禅师认为，诸法自性的本体就是真知，真知的本体就是成自性。但真知能够即体起用，其用就是缘起性。进而，麦浪怀从体用非一非异的角度论述了真知与良知的关系：

阳明夫子据未发之良知，故曰良知即真知。云栖大师据发而中节之良知，故曰良知非真知。[3]

从用即是体而言，良知即真知；从体不是用而言，良知非真知。从体用非异而言，良知即真知；从体用非一而言，

---

〔1〕　见《云门麦浪怀禅师宗门设难》X73-863a17~20

〔2〕　见《云门麦浪怀禅师宗门设难》X73-863a12

〔3〕　见《云门麦浪怀禅师宗门设难》X73-863b16~17

良知非真知。

由上可知,麦浪怀禅师从体用角度把"函盖乾坤—截断众流","真知—良知","成自性—缘起性"三组范畴统一了起来。

八、云门三句与《云门广录》之公案

日日是好日

云门三句作为云门宗的纲宗,如何用这个纲宗去阐释云门语录中的公案,是一个颇难却颇有意义的问题。圆通善国师曾经用云门三句阐释云门的"日日是好日"公案。

"日日是好日"公案在《云门广录》中记载如下:

> 示众云:"十五日已前不问尔,十五日已后道将一句来。"代云:"日日是好日。"[1]

其实在云门禅师之前,香严智闲禅师(? ~898)就曾以颂的方式有过相类似的表达。香严禅师是沩山禅师的弟子,其《志守得破颂》云:

> 十五日已前,师僧莫离此间;
> 十五日已后,师僧莫住此间。

---

[1] 见《云门广录》T47 - 563b17 ~ 18

去即打汝头破,住即亦复如然。

不去不住,事意如何?

是即是,拟即差。[1]

香严此颂表达的是不可拟议思维的无住境界,云门的"日日是好日"不仅是为眼前众下的一个代语,也可看作是为香严《志守得破颂》下的一个代语,二者表达的都是超越语言思维的无住生心的境界。

万松行秀在评唱《天童觉和尚拈古请益录》时引用了圆通善国师以云门三句阐释"日日是好日"公案的话,并对此进行评唱:

> 云门示众,无可做,没去著。道"十五日以前即不问",圆通善国师巧言令色,道是"截断众流"句;"十五日以后道将一句来",道是"随波逐浪"句;"日日是好日",道是"函盖乾坤"句。万松道:"真云门子孙。"万松于此著语道:"虾跳不出斗。"[2]

圆通善国师把云门禅师的公案"日日是好日"用云门三句去阐释。他把"十五日以前即不问"看作是截断众流

[1] 见《祖堂集》第841页。

[2] 见《万松老人评唱天童觉和尚拈古请益录》X67-492c8~12

句,"十五日以后道将一句来"看作随波逐浪句,"日日是
好日"看作函盖乾坤句。因为圆通善国师是云门一系的禅
师,所以万松行秀禅师评价圆通善国师为"真云门子孙"、
"虾跳不出斗"。

此外《正法眼藏》中,大慧宗杲说时人用云门三句把
《传灯》《广灯》中祖师言句加以分类,其中就有云门禅师
自己的言句:"火里蝤蟮吞大虫"、"东山水上行"、"北斗里
藏身"被看作截断众流句,"山是山水是水"、"行但行坐但
坐"被看作随波逐浪。[1]

九、当代学者对云门三句的阐释

冯达庵、Urs App、杜继文、潘桂明、

冯学成、永井政之对云门三句的阐释

当代的一些学者对云门三句也作过研究和阐释,如冯
达庵、Urs App、杜继文、潘桂明、冯学成、永井政之等人。

冯达庵(1887～1978)解释云门三句为"云门宗——三
句——一心,心真如,心生灭",[2]显然冯达庵是用《大乘
起信论》一心二门的理论阐释云门三句,即函盖乾坤是指
一心,截断众流是指心真如门,随波逐浪是指心生灭门。

Urs App 对云门三句作如下论述。云门三句没有在
《云门广录》中出现,但在《云门广录》的最后一卷之后,录

〔1〕 参见《正法眼藏》X67－631b3～9
〔2〕 见《佛法要论》第157页。

有云门的一个弟子写的关于云门三句的偈颂作为附录。这些偈颂在解释云门禅和禅法方面起到了重要作用。[1]他进而说到：对云门三句的解释是困难的，它们很有可能是从三个方面对真如绝对本体的展示和表达。第一句(函盖乾坤)体现了云门禅师的非二元性立场，此非二元性是通过一个词或一个动作表达绝对本体;第二句(随波逐浪)展示了云门禅师使他的表达适应听众的需要和接受能力;第三句(截断众流)描绘如此表达对听众产生的效果，所有的思维和情绪之流被从根本上截断。[2]显然，此处 Urs App 将函盖乾坤看作了绝对本体，将随波逐浪看作了云门禅师的表达能力，将截断众流看作了学人的接受效果。

杜继文《中国禅宗通史》对三句作了解释。"函盖乾坤"是形容某种至大无外、包容天地、一切具足的本体;就禅宗史考察，这本体或指心，或指智，或指理(道)，由此形成多种不同的哲学体系。云门用"函盖乾坤"一词，使禅宗内部的这些差别模糊起来，变成了可以蕴涵多种义理的笼统譬喻，这是他在禅宗范围里能够"擒纵舒卷，纵横变化"的重要原因。"截断众流，随波逐浪"，当指他用以教化的方法：前一句是制止学者照旧继续思维下去，使他们改变

---

〔1〕 参见 *Facets of the Life and Teaching of Chan Master Yunmen Wenyan (864‑949)*, p99。

〔2〕 参见 *Facets of the Life and Teaching of Chan Master Yunmen Wenyan (864‑949)*, p99。

思维方式;后一句是要求教者适应学者的水平,按不同情况加以引导。"目机铢两,不涉万缘",则是禅者普遍追求的境界,前一句表示要明察秋毫,后一句表示要不被心境左右。进而,杜继文认为函盖乾坤本质上是华严宗理事互彻、事事无碍的思想,《碑铭》《云门广录》所记的文偃语录,则多半属于截断众流句。[1]

潘桂明在《中国佛教思想史稿》中将"函盖乾坤"解释为本体与现象的关系。他认为:真如本体系绝对的精神性存在,乾坤大地、天地万物属相对的现象界存在,但是天地万物的存在又是以真如之体为最终依据,而真如之体也必须通过乾坤大地而得以呈现。若按《起信论》提供的思维模式,真如之体虽本性清净、不生不灭、绝对平等,但其总摄一切法;一切法虽生灭变化、无限差别,但为真如之体所摄。此句阐述的是体用一元的哲学原理,表达的是即体即用的思维方式。"截断众流"句表达的是个体精神对本体世界的体悟方式。禅的目的是要达到对真如之体的体悟,所以借助语言文字的概念思维或逻辑推论都无济于事。禅者一旦直觉体悟玄妙的真如之体,所有世间万法都将冰消瓦解。"随波逐浪"句是强调应机接人的教学方法。云门虽然激烈否定语言文字,但也认为语言文字可以作为

---

〔1〕 参见杜继文、魏道儒著:《中国禅宗通史》,江苏人民出版社,2007年,第376—377页。

方便达到识人的目的。《云门广录》中既有上堂说法语录，又有与学人的问答语句，还有对前人语录的评论，这些语录或对话多以非正面陈说展开，其中就包含了随波逐浪的意思。[1]

冯学成在《云门宗史话》中如是解释云门三句：函盖乾坤，包括全部思想的意蕴和法界的实相；截断众流，使一切思维分别、卜度拟议在此被忽然截断；随波逐浪，顺着思维之路，让其自然流淌，即所谓不坏假名而说实相，但也包含了根据学人的水平随机引导一层意思。这三者是一体的，因函盖乾坤而可截断众流，因截断众流方得函盖乾坤；因前两者而得自在，故可以随波逐浪；在随波逐浪中方显截断众流和函盖乾坤。由于有这三重意思，所以在云门大师的每一句禅语中，可以收，可以放，可以杀，可以活，故显得宽阔空灵、意味无穷，但又如斩钉截铁一般，使人不能用思维的方式作哲学式的把握，也不能用灵感来捕捉。当然，在云门大师的这三句中，还有三层意思：函盖乾坤，显示自受用；随波逐浪，显示他受用；只有截断众流，才是接引学人的舟桥。但又应看到，有时这三句都可作为接人的舟桥，因为所谓三句，原本为一句。[2]

永井政之在其所著《云门》一书中，将函盖乾坤看作是

---

〔1〕 参见潘桂明《中国佛教思想史稿》，江苏人民出版社，2009 年，第901—902 页。

〔2〕 参见《云门宗史话》第 60 页。

对现实彻底肯定的表现,此种思想来源于圭峰宗密所总结的马祖一系禅的思想,即语言动作贪嗔慈忍造善恶受苦乐等即汝佛性;也来源于石头一系《参同契》的思想,即触目不见道、运足焉知路的触目菩提。进而,他将截断众流看作当下,是指言诠不及的世界,《云门广录》中云门多用拄杖展示这个当下。[1]

第二节　云门顾鉴咦

一、云门顾鉴咦之得名

> 顾鉴咦之得名——顾鉴咦三字之解释
> ——云门顾鉴咦所创设的情景

与云门三句一样,顾鉴咦也是云门禅师接引学人的一种方法。云门弟子德山圆明删去表示情态动作的顾字,只说鉴咦。此后,顾鉴咦被后代禅林目为云门宗风。顾鉴咦之名的来源,《云门广录》《祖堂集》和《景德传灯录》没有记载,而《林间录》《禅林僧宝传》《人天眼目》《五家语录》《五家宗旨纂要》有相关的记载。《林间录》云:"云门大师有时顾视僧曰:'鉴。'僧拟对之,则曰:'咦。'后学录其语为偈曰:'顾鉴颂。'德山圆明禅师,云门之高弟也,删去顾

---

〔1〕　参见永井政之《云门》第151—169页。

字,谓之抽顾颂,因作偈通之,又谓之抬箭商量(《云门广录》作"台荐商量")。偈曰:'相见不扬眉,君东我亦西。红霞穿碧海,白日绕须弥。'"〔1〕。

顾鉴咦,可以三个字并举来展示一个情境,也可以将每个字都视为一个接人方法。从语源和禅宗背景考察顾鉴咦的含义也许对理解这个情景不无裨益。

顾,《说文解字》的解释是"还视也,从页雇声。"〔2〕就是回头看,后代的引申义就是看。但是顾在开悟的禅师那里,除了表面的看的意义外,他的一顾,还有从苗辨地、因语识人的觉知功能。正如中医诊视病人有望、闻、问、切一样,开悟的禅师通过顾也能觉知参访者的修学状态。后代

---

〔1〕《林间录》X87－271b16～20。《禅林僧宝传》云:"每顾见僧曰:'鉴、咦。'而录之者曰:'顾鉴咦。'德山密禅师删去顾字,但曰:'鉴咦。'丛林目以为抽顾颂。北塔祚禅师作偈曰:'云门顾鉴笑嘻嘻,拟议遭渠顾鉴咦。任是张良多智巧,到头于是也难施。'"《禅林僧宝传》X79－496a10～14。《人天眼目》把顾鉴咦列为纲宗之一,云:"师每见僧,以目顾之,即曰:'鉴。'或曰:'咦。'而录者曰:顾鉴咦。后来德山圆明密禅师,删去顾字,但曰鉴咦,故丛林目之曰抽顾,因作偈通之,又谓之抬荐商量,偈曰:'相见不扬眉,君东我亦西。红霞穿碧落,白日绕须弥。'"又云:"师逢僧必特顾之曰:'鉴。'僧拟议则曰:'咦。'门人录为顾鉴咦。后圆明密删去顾字,为之抽顾。"《人天眼目》T48312b18～20。《五家语录》中云门语录上堂部分的末尾,有这样的记载:"师有时顾视僧曰:'鉴。'僧拟对之,则曰:'咦。'丛林因目师为顾鉴咦,后德山圆明禅师删去顾字,谓之抽顾颂。"《五家语录》J23－545b21～22。《五家宗旨纂要》云:"云门见僧来,每以目顾之,即曰:'鉴。'或曰:'咦。'而录者曰顾鉴咦。后来德山密禅师删去顾字,丛林目之为抽顾(密嗣门)。三山来云:'非父不生其子。'颂曰:'云门鉴咦,德山抽顾。方便机关,父作子述。扰扰丛林卒未休,而今犹在欣相慕。'"《五家宗旨纂要》X65－281b6～11。
〔2〕 许慎《说文解字》,上海古籍出版社,2007年,第434页。

的禅师颂云门顾鉴咦时，也指出了顾字的这一含义。比如典牛游颂顾鉴咦云："韶阳为人最急切，未入门来已甄别。若于顾鉴里承当，大棒打落天边月。"[1]"韶阳"是指云门禅师，因云门山在韶阳，故以韶阳代指云门禅师。"未入门来已甄别"，是说开悟禅师一顾的甄别作用。云门禅师自己的偈颂中也有类似的表达，"入户已知来见解，何劳再举轹中泥！"[2]"入户已知来见解"也是说顾的此意。

鉴，通"鑑"，《说文解字》的解释是："大盆也，从金监声，一曰鉴诸，可以取明水于月。"[3]"鉴"，就是大盆，是用来盛水整理容颜的；"鉴诸"，是古代在月下承露取水的器具，后代引申为镜子，具有了自我观照、自我反省的意义。禅宗六祖慧能对慧明的开示，也可以看做是让其自我观照的一种形式。《六祖大师法宝坛经》云："慧能云：'汝既为法而来，可屏息诸缘，勿生一念，吾为汝说。'明良久。慧能云：'不思善，不思恶，正与么时，那个是明上座本来面目？'慧明言下大悟。"[4]慧明的大悟就是鉴到了自我的真面目，是在截断了思维之流后证得了空境。鉴这种接人方式在云门随侍雪峰的时候，当时禅林就广泛应用了，此处的鉴，就是让师父勘验的意思。《游方遗录》中有一则记载：

---

〔1〕《宗鉴法林》X66－567c8～9
〔2〕《天圣广灯录》X78－523a9
〔3〕《说文解字》第703页。
〔4〕《六祖大师法宝坛经》T48－349b22～25

"师在岭中时,有僧问:'如何是法身向上事?'师云:'向上与你道即不难,汝唤什么作法身?'僧云:'请和尚鉴。'师云:'鉴即且置,作么生说法身?'僧云:'与么与么。'师云:'此是长连床上学得底,我且问你,法身还解吃饭么?'僧无语。后有僧举似梁家庵主。主云:'云门直得入泥入水。'资福云:'欠一粒也不得,剩一粒也不得。'"[1]此外,《云门广录·对机》中也有一则关于弟子请师鉴的记录:"上堂云:'有解问话者,置将一问来。'僧出礼拜,云:'请师鉴。'"[2]

咦,《说文解字》的解释是"南阳谓大呼曰咦,从口夷声。"[3]后代引申为叹息声、惊讶声、失笑声。禅宗语录中,或用在句首,或在句中,或在句尾,位置不定,以句尾居多。咦在不同的语境中有不同的语气。[4]禅师运用咦接

〔1〕 见《云门广录》T47－573c15～22

〔2〕 见《云门广录》T47－551b14～15。Urs App 把"请师鉴"译为"Please, Master, examine [me]!"见 Urs App: *MASTER YUNMEN* 第 138 页。

〔3〕 《说文解字》第 58 页。

〔4〕 表达叹息的,相当于"唉",如:"比得光禅书云:'学士相见,尽如和尚所说。'大众且道:'说个甚么。咦!疑杀天下人,具眼者辨取。'"见《大慧普觉禅师语录》T47－868c12～14。表示惊讶的相当于"呀",如:"上堂云:'赵州道个柏树子,庐陵随后雪白米;中间有个白莲峰,一口吸尽西江水。喜,美,啰逻哩,啰逻哩。我自我,你自你。深村有个白额虫,咤腮鬣颔九条尾。'良久,云:'咦!好怕人。'"见《法演禅师语录》T47－664c16～19。表达笑声的相当于"嘻",如:"金乌急,玉兔速,善应何曾有轻触(洞山雪窦彻底为人)。展事投机见洞山,跛鳖盲龟入空谷(只云事上钻研,正如跛鳖盲龟撞入空谷,何年得出?)。花簇簇,锦簇簇,南地竹兮北地木(平实相通。举例令看)。因思长庆陆大夫,解道合笑不合哭(你若只在事上,正好拍手大笑)。咦(此之一笑,是赏是罚,是事是理,请著眼看)!"见《觉绝老人天奇直注雪窦显和尚颂古》X67－257b18～22

人的作用就是截断学人意根和妄想卜度,使学人回归自性,单单一个咦字是和诸佛如来接引学人的目的是一样的。《月林观和尚体道铭》中说道:"佛法苦无多,于中无别伎。动着关捩子,非师自然智。彻底老婆心,触人无忌讳。刹境一毫端,到此无回避。唱起德山歌,道者合如是。佛祖出头来,吞声须饮气。作略这些儿,古今无变异。混沌未分时,早有个田契。人人本具足,不肯回头视。个个达本乡,切忌著名位。过去诸如来,不离而今咦。现在诸菩萨,转次而受记。智者暗点头,心空亲及第。愚人不信受,抛家自逃逝。哀哉猛省来,现成真活计。个里用无穷,宗门第一义。"[1]此铭中所言"过去诸如来,不离而今咦"是说过去诸佛如来接引学人的目的和现在的祖师用咦接引学人的目的是一样的,就是使学人体悟到空境,心空及第归,不要向外追寻,因为在混沌未分时,人人就有那个本分田契,只是学人不肯回头向内心寻找。禅师就是用咦截断学人向外攀援寻求之心,使学人回头内视,看到自己的本来面目,证得空境,这也就是宗门第一义。

后世有的禅者,也许是出于对咦的深刻领悟,也许是出于对云门顾鉴咦的敬仰,就用咦做自己的名号。比如南宋高宗时,主持湖南宁乡大沩山的鉴咦庵禅师,鉴咦庵禅师又号智鉴咦庵。大沩山是禅宗沩仰宗的道场,咦庵智鉴

〔1〕 见《缁门警训》T48－1076b15～25

禅师在 1138～1148 年间主持大沩山道场,由此也可以看到云门禅师对后世禅林的影响。此外,日本的临济宗白隐禅师(1685～1768),刻了一方印章,就是"顾鉴咦"三字,钤在他的书画上。[1]

回过头来,设想一个踏遍百城烟水的云水僧,杖挑明月,衣惹烟霞,风尘仆仆地来到云门禅师面前,想通过问禅解决人生的困惑,获得人生的解脱,这时,云门禅师只是久久地看了他一眼,在这一顾之中,前来参访的云水僧能够契入吗? 云门禅师在从苗辨地之后,仅仅说了一个"鉴"字,在参访僧刚要有所表述时,云门禅师并没有给他思虑之后言说的机会,紧接着说了一个"咦"字,截断了参访者的思虑之流。[2]

---

〔1〕 参见西村惠信《顾鉴咦考》,《禅文化研究所纪要》第 17 号,第44 页。

〔2〕 冯学成在《碧岩录讲记》里面提到了云门寺佛源禅师的例子,有助于理解云门顾鉴咦在今天禅林的表现:"平常我们到哪里去看象王回顾,老和尚天天在表演这个节目给我们看。你看他老人家走路,一路拄着拐棍,慢吞吞的,听到有点响动,那个脑袋就这样慢慢的转过去,而眼神非常有力的就射过去了,这个就是'象王回顾',就是'云门顾'。云门纲宗还有'顾鉴咦'嘛,云门祖师的'顾',你看老和尚表演得活灵活现,你在其它的道场里边儿根本看不见这个'象王回顾'。我们经常在老和尚身边,那很多师父服侍了老和尚多年,亲眼看见老和尚时时在给我们演法,在给我们示法。'鉴',老和尚的语言不多,电话里边儿'喂,谁啊,干什么?'就是这么一点语言也是'鉴',是一面'镜子'把你给罩住了,看你怎样应这个机? 你是心存畏惧,腿子筛糠哆嗦那就完了,那就不相应了,你能不能挺过来! 有时候老和尚说话的时候经常打个问'是吗?',这个是'咦'嘛。老和尚经常在用云门祖师的这些法,活生生的言教、身教,都在给我们开示,但是呢,我们就不知道。"参见 www. folou. com/thread-213467-1-1. html 2011-2-17

二、顾鉴咦之师承渊源

顾是一种接人方法——玄沙——智闲

——雪峰——陈尊宿——德山

——达摩——佛陀

顾鉴咦作为云门禅师接引学人的重要方式之一,云门禅师之前就有禅师不同程度地使用过,共同的一点都是使用顾的方法,可以说顾是所有接人方法的基础。

有人问玄沙师备禅师(雪峰弟子,云门师兄):"古人瞬视接人,师如何接人?"玄沙师备禅师答:"我不瞬视接人。"那人进一步问:"师如何接人?"玄沙师备禅师视之。[1] 上面提到的古人瞬视接人,可能是指香严智闲禅师。香严智闲禅师是沩山灵祐的弟子,因扫地时,抛瓦击竹作响而开悟。仰山禅师(沩山灵祐弟子,香严智闲师兄)勘验香严智闲是否会祖师禅时,香严智闲禅师说了一首偈子:"我有一机,瞬目视伊。若人不会,别唤沙弥。"仰山禅师印可了香岩禅师。[2] 后代的心圆居士拈别此则公案时直接把云门顾鉴咦对应瞬目视伊。[3] 雪峰亦曾以"顾"的

---

〔1〕 参见《祖堂集》第455页。

〔2〕 参见《五灯会元》X80﹣191a10～22

〔3〕 《破戒居士心圆妄语》云:"我有一机,瞬目视伊(云门顾鉴咦)。到者里,恁么也不得,不恁么也不得,恁么不恁么总不得。电光石火,眨上眉毛,早蹉过了也。参学人切须皮下有血,拶着便知痛痒。若是菽麦未分,奴郎不辨,莫向人前容易开口。大难,珍重!"见《拈黑豆集》所附《破戒居士心圆妄语》X85﹣371a15～19

方式接引玄沙。《祖堂集》载:"雪峰问玄沙:'汝还识国师无缝塔也无?'玄沙却问:'无缝塔阔多少? 高多少?'雪峰顾示。"[1]由此,瞬目视伊(顾鉴咦)作为一种接人方式,一者,在玄沙师备禅师之前很久就有人以此方式接人;二者,采用这种方法接人的不是某个人而是很多人。

通过文献可以知道陈尊宿、德山乃至达摩都曾用过此类方式接人。陈尊宿接引云门文偃禅师用的就是顾鉴咦的方式。《游方遗录》载:"师初参睦州踪禅师,州才见师来,便闭却门,师乃扣门,州云:'谁?'师云:'某甲。'州云:'作什么?'师云:'己事未明,乞师指示。'州开门,一见便闭却。师如是连三日去扣门,至第三日,州始开门,师乃拶入,州便擒住云:'道! 道!'师拟议,州托开云:'秦时𫐈轹钻。'师从此悟入。"[2]陈尊宿在接引文偃禅师的情景中,开门一见便闭却,相当于顾鉴咦的"顾";擒住云"道! 道"相当于顾鉴咦的"鉴";未等文偃禅师拟议,州托开云"秦时𫐈轹钻"相当于顾鉴咦的"咦"。陈尊宿接引云门文偃禅师的方式也是其经常采用的接引学人的方式。《景德传灯录》载:"师寻常或见衲僧来即闭门,或见讲僧,乃召云:'座主。'其僧应诺,师云:'担板汉。'或云:'遮里有桶,与我取水。'……有僧扣门,师云:'阿谁?'僧云:'某甲。'师

---

〔1〕 见《祖堂集》第535页。
〔2〕 《云门匡真禅师广录》T47-573b5~10

云：'秦时铎落钻。'"〔1〕陈尊宿通过这种方法使云门文偃禅师悟入，等到云门禅师开山说法时，也经常用这种方法接引学人。比如云门接引朗上座就如同陈尊宿接引云门一模脱出。韶州云门山朗上座年少时常游讲肆，当时云门禅师在云门山开山说法。一次有僧问云门禅师："如何是透法身句？"云门禅师答："北斗里藏身。"朗禅师后来听到这则机缘问答，不能明了其中玄旨，于是就去参访云门禅师，云门禅师一见到朗禅师就把住说："道！道！"（快说！快说！）朗禅师想回答，云门一把推开他，说了一首颂："云门耸踢白云低，水急游鱼不敢栖。入户已知来见解，何劳再举轹中泥。"朗禅师因此大悟，依止云门禅师并成了云门禅师的上座。〔2〕云门禅师与陈尊宿接人方式的同构性，后世的圆悟克勤禅师也有所论述。圆悟克勤禅师说："云门寻常接人，多用睦州手段，只是难为凑泊，有抽钉拔楔底钳锤。"〔3〕

---

〔1〕 《景德传灯录》T51－291b3～9

〔2〕 参见《天圣广录》X78－523a4～10

〔3〕 见《碧岩录》T48－146a25～26。云门禅师不仅对这种接引学人的方式加以应用，还对此进行了总结和评价。《云门广录》记载："一日云：'古人面壁闭却门，还透得这么么？'代云：'这里是什么干屎橛！'又云：'一。'"古人面壁闭门，是那些古人？还透得这么么的"这里"是指什么？Urs App 认为面壁者是达摩，闭门者指佛陀。透得这里的"这里"指心。Urs App 说："这是指菩提达摩，据说他来到中国后面壁好几年。也据说佛陀在摩揭陀国闭关不想说法，因为法完全不可言喻。"他又说："可以想象云门是指着自己的胸在说这些话。"参见 Urs App：*MASTER YUNMEN*, p199。据此可以说，在云门看来，古人面壁闭门，不管是达摩还是佛陀，其目的是透得这里，即获得心的解脱，一方面使自己获得解脱，另一方面使学人获得解脱。

　　与陈尊宿同时的德山禅师（雪峰之师）也经常使用此种方法参访与接人。德山参沩山便是这种作略。《潭州沩山灵佑禅师语录》载："德山来参，挟複子上法堂，从西过东，从东过西，顾视方丈云：'有么？有么？'师（沩山）坐次，殊不顾盻。德山云：'无！无！'便出。"[1]德山接人也与陈尊宿手段相似。《祖堂集》载："师（德山）见僧来，便闭却门。僧便敲门。师问：'阿谁？'僧云：'师子儿。'师便开门。其僧便礼拜，师骑却头云：'者畜生！什么处去来？'"[2]

　　如果不把顾直接理解为看，而看作是禅宗语境下的觉知，那么，禅宗初祖达摩接引二祖慧可时使用的方式，也是一种顾的特殊方式。《景德传灯录》记载了达摩接引慧可的经过："（达摩）寓止于嵩山少林寺，面壁而坐，终日默然，人莫之测，谓之壁观婆罗门。时有僧神光者，旷达之士也，久居伊洛，博览群书，善谈玄理，每叹曰：'孔老之教，礼术风规，庄易之书，未尽妙理，近闻达摩大士住止少林，至人不遥，当造玄境。'乃往彼晨夕参承，师常端坐面墙，莫闻诲励。光自惟曰：'昔人求道，敲骨取髓，刺血济饥，布发掩泥，投崖饲虎。古尚若此，我又何人？'其年十二月九日夜，天大雨雪，光坚立不动，迟明积雪过膝。师悯而问曰：'汝

〔1〕　见《潭州沩山灵佑禅师语录》T47－578a10～12
〔2〕　见《祖堂集》第275页。

久立雪中,当求何事?'光悲泪曰:'惟愿和尚慈悲,开甘露门,广度群品。'师曰:'诸佛无上妙道,旷劫精勤,难行能行,非忍而忍,岂以小德小智、轻心慢心欲冀真乘?徒劳勤苦。'光闻师诲励,潜取利刀自断左臂,置于师前,师知是法器,乃曰:'诸佛最初求道,为法忘形,汝今断臂吾前,求亦可在。'师遂因与易名曰慧可。光曰:'诸佛法印可得闻乎?'师曰:'诸佛法印匪从人得。'光曰:'我心未宁,乞师与安。'师曰:'将心来,与汝安。'曰:'觅心了不可得。'师曰:'我与汝安心竟。'"[1] 达摩面壁对慧可的觉知,也可看做顾的一种特殊方式,是一种特殊的接引方式。

如果再上溯,可以上溯到佛陀对禅宗西天初祖的付法公案了。梵王在灵山会上,以金色波罗花献佛,请佛为众生说法,佛陀登床拈花,顾视示众,百万人天不知何意,独有金色头陀迦叶破颜微笑,佛陀曰:"吾有正法眼藏,涅槃妙心,实相无相,微妙法门,付嘱摩诃迦叶。"[2]

宋代的慈明楚圆禅师用颂对此作了总结。他在上堂时说:"青莲视瞬已多繁,迦叶微微笑自谩。少室坐差痴截臂,黄梅呈解颂多般。入门棒喝重重错,向上宗乘肉自剜。公案现成谁憦憟,鉴咦啐啄晒傍观。一宿觉来知是误,不言师范更无端。丈夫皆有冲天志,北斗南星背面看。"[3]

〔1〕《景德传灯录》T51－219b3～23
〔2〕 参见《释氏稽古略》T49－753b21～25
〔3〕 见《古尊宿语录》X68－68a2～6

这些接人的手段虽然个个不同,但是他们的目的都是一样的,那就是截断学人的思维之流,也就是云门三句中的截断众流,使学人有所悟入。在佛陀及禅师顾学人的同时,佛陀及禅师本身也作为一面镜子(鉴、鉴)在那里存在着,学人自然地通过佛陀及禅师的"一顾"这面镜子,反观到自己的状态,能了了自己的状态就有开悟的契机和可能。

三、云门顾鉴咦、云门一字禅与截断众流

顾鉴咦三字禅——顾鉴咦与一字禅
——顾鉴咦是截断众流的表现

云门顾鉴咦又被称为云门三字禅[1],与云门一字禅并提,称为一字关。南宋绍昙《五家正宗赞》说:"师有顾鉴一字关,红旗横骨宗旨。"[2]圆悟克勤《碧岩录》也记载:"云门寻常爱说三字禅:顾鉴咦。又说一字禅,僧问:'杀父杀母,佛前忏悔。杀佛杀祖,向什么处忏悔?'门云:'露。'又问:'如何是正法眼藏?'门云:'普。'"[3]费隐禅师(费隐通容,明代临济宗禅师,1593~1661)就把顾鉴咦看做一字关。学人问:"电光影里穿针手,顾鉴咦中险虎

---

〔1〕 云门三字禅有两种,一是此处的顾鉴咦,二是答语是三个字的接引方式。例如:问:"不起一念还有过也无?"师云:"须弥山。"见《云门广录》T47-547c1~2

〔2〕见《五家正宗赞》X78-608c7~8

〔3〕《碧岩录》T48-146a17~20

机,如何是云门宗?"费隐禅师回答道:"一字关头透将
来。"〔1〕后代的茆溪行森禅师(明末临济宗禅师,1614～
1677)以一字禅重现了云门禅师的顾鉴咦。僧问:"如何是
云门顾鉴咦?"师展手云:"那。"僧拟议,师云:"了。"僧再
问,师云:"去。"心圆居士对此评道:"云门顾鉴咦,茆溪那
了去。只在此山中,云深不知处。"〔2〕云门的顾鉴咦,茆溪
行森禅师以"那、了、去"一字禅示之,可见,顾鉴咦就是一
字禅。

　　三字禅、一字禅走到极端就是无字禅。无说之说乃为
真说,无字之禅是谓真禅。佛典中关于维摩诘居士"一默
如雷"的记载完美地体现了无字之禅的境界。以智慧和辩
才著称的文殊师利菩萨带领众人去毗耶离城维摩诘居士
处问疾的时候,维摩诘居士借机说法,当文殊师利问维摩
诘居士何等是不二法门时,维摩诘默然不应。文殊师利叹
曰:"善哉! 善哉! 乃至无有文字语言,是真入不二法
门。"〔3〕云门禅师被刘王请入宫内供养过夏的时候,也曾
表现出维摩一默。《碧岩录》载:"一日刘王诏师入内过
夏,共数人尊宿,皆受内人问讯说法,唯师一人不言,亦无
人亲近。有一直殿使书一偈,贴在碧玉殿上云:'大智修行
始是禅,禅门宜默不宜喧。万般巧说争如实,输却云门总

〔1〕　参见《费隐禅师语录》J26－132c21～22
〔2〕　参见《掐黑豆集》X85－359c21～22
〔3〕　参见《维摩诘所说经》T14－551c20～24

不言。' "〔1〕

　　不管是顾鉴咦还是一字禅、无字禅,与禅宗的棒喝一样,都是一种接人的方法,其目的和作用也是相同的,都是为了截断学人的思维分别、言语表达。诸法实相是超心意识、离诸因缘的,是言语道断、心行处灭的。这些方式达到的效果也是云门三句中截断众流达到的效果。云门顾鉴咦和临济棒喝的接人方式源于达摩的理入和行入两种入道方式。〔2〕六祖慧能之后,禅宗分为石头和马祖两系。印顺在其《中国禅宗史》中,从地域角度分析了两系禅师的接人风格。石头一系的主要禅师都是长江流域以南的,具有较多的玄学色彩,禅风温和,即使孤高峻拔,也无粗暴之举,这代表了南方的风格。马祖一系的主要禅师都是北方人,接人作风粗暴,多用打、踏、棒、喝,在禅门中,这些方式被证明对于截断弟子的意识卜度,引发学人的悟入,是非常有效的。〔3〕也就是说石头一系重理入,马祖一系重行入。理入者,理尽而语默;行入者,行极必乖张。〔4〕云门

　　〔1〕　见《碧岩录》T48 - 146a12 ~ 16

　　〔2〕　《菩提达摩略辨大乘入道四行》:"夫入道多途,要而言之不出二种,一是理入,二是行入。理入者,谓藉教悟宗,深信含生同一真性,但为客尘妄想所覆,不能显了,若也舍妄归真,凝住壁观,无自无他,凡圣等一,坚住不移,更不随于文教,此即与理冥符,无有分别,寂然无为,名之理入。行入者,谓四行,其余诸行悉入此中。何等四耶?一报冤行,二随缘行,三无所求行,四称法之行。"见《景德传灯录》T51 - 458b21 ~ 28。

　　〔3〕　参见印顺《中国禅宗史》第410—415 页。

　　〔4〕　参见周昌乐《禅悟的实证——禅宗思想的科学发凡》,东方出版社,2006 年,第169 页。

顾鉴咦如铁橛子相似,使人无法意识卜度,尽管和临济棒喝方式不同,而在截断学人思维使其悟入的效果方面是一样的。

一直到清代仍有禅师以顾鉴咦接人说法,[1]雍正皇帝在《御选语录》中对云门顾鉴咦做出了自己的评价,认为鉴咦是古来老宿落草之谈的表现,并活用了一次云门的顾鉴咦。(其原文见本书第1章第2节。)雍正皇帝对自己的禅悟境界很是自信,把自己和云门禅师并列,认为云门顾鉴咦和自己刊录删辑云门语录目的是一样的,都是大慈大悲接引学人的落草之谈。在这里,草比喻世间俗众,落草和出草相对,乃禅林用语。超出世俗,称为出草。宣说超出世俗之宗旨奥义,或提示佛法第一义,向上把住之玄谈,称为出草之谈。混同世俗,称为落草。降低自己身份,随顺凡愚污浊之现实而进行教化的方便之谈,称为落草之谈。云门禅师说古来老宿皆因慈悲之故,随语识人,有落草之谈,若是出草之谈,就不是这样。若这样,就会有重话会话。[2]雍正皇帝也知道第一义是不可说的,即使像鉴咦这样的截断学人的无意义语,站在第一义不可说的角度看,也是重话会话,是落草之谈。

---

〔1〕 比如普明香严禅师在山门的随机开示:"康熙十六年戊午冬,师于普明守龛制满,本郡护法绅衿同山主及众檀信复请师继席,于十二月十一日入院。至山门,师云:'山门豁达开,行人自往来,还识弥勒么?'顾左右云:'鉴。'"见《普明香严禅师语录》J38 – 604a4 ~ 7

〔2〕 参见《云门广录》T47 – 554a4 ~ 6

四、云门顾鉴咦与云门三句

顾鉴与函盖乾坤——机用

云门顾鉴咦与云门三句,作为云门禅法与宗风,两者是怎样的关系呢?

云门宗佛国惟白禅师曾经从禅宗大机大用角度,指出云门顾鉴咦就是函盖乾坤。佛国惟白在《付受次第》中提到:

> 若临机而大用,固不拘于小慈。抬眸则青嶂千重,拟思则白云万顷。全体分付,亲面相呈。德山一棒,则血溅星飞。临济一喝,则风生霞散。云门顾鉴,分明函盖乾坤。雪岭提撕,便见光辉日月。赵州柏翠,灵云桃花,拂握龟毛,头头指示;杖横兔角,物物全提。轮动般若神锋,八万宁静。磨砻智慧宝剑,四海宴清。迥超心识之端,透出语言之表。由斯性海明珠,光光而满目;形山大宝,涌涌而现前。放去全机,拈来受用。[1]

此处,佛国惟白禅师把云门顾鉴咦与德山棒、临济喝并列,看作是对学人的临机示现,而把血溅星飞、风生霞

---

〔1〕 见《建中靖国续灯录》X78 - 828c14 ~ 22

散、函盖乾坤看作是学人在一棒、一喝、一顾下的大受用。

"机用"是禅林用语，大机在宗师，施与学人，谓之大用。由此看来，得益于宗师的顾鉴咦之机，学人可以得到或是函盖乾坤，或是截断众流，或是随波逐浪的大用。

元代廷俊禅师曾在上堂开示中展演了此种机用。《续灯正统》记载如下：

> 上堂："函盖乾坤，天光回照。截断众流，伏惟尚飨。随波逐浪，放汝一线道。如此著语，还契得云门大师意么？"拈拄杖曰："一即三，三即一。火向水中焚，石从空里立。"以拄杖卓一下，喝一喝。

在禅师拄杖卓一下，喝一喝的大机下，学人能否得到回光返照、函盖乾坤的大受用呢？能否得到"吃饭只是吃饭，打眠只是打眠"般截断众流的大受用呢？能否得到与祖师把臂共行、一个鼻孔出气般随波逐浪的大受用呢？

五、有关顾鉴咦的历代偈颂

云门的顾鉴咦偈颂——后代对顾鉴咦公案的偈颂

云门禅师不仅使用顾鉴咦的方式接引学人，还作了关于顾鉴咦的如下偈颂：

> 丧时光，藤林荒；图人意，滞肌肤。

举不顾,即差互;拟思量,何劫悟?

咄咄咄,力韦希;禅子讶,中眉垂。

抽顾颂　鉴咦。[1]

　　这三首偈颂是分别颂顾鉴咦的,第一首言顾的状态。顾的状态是截断了时间之流,与宇宙洪荒一体,其时也能看清学人的状态所在,能应病与药。在此顾的状态下,见道开悟后的禅师能够生起根本智与后得智,根本智缘真如,后得智缘依他起的一切法。"丧时光,藤林荒"言根本智,"图人意,滞肌肷"言后得智。第二首言鉴的状态,鉴是一种自我观照的当下状态,在禅师电光石火举鉴的一刹那,端在于学人能否契入,若不能契入就差互了。[2]并且这种状态不涉及思维理路,一涉及思量就落入意识卜度,就不是当下的现量了,所以偈颂说"拟思量,何劫悟"。第三首说的是咦,"咄咄咄"和"力韦希"都是唐末五代时的俗语,表达的是一种情绪状态,许多参禅的学人在听到此无意义之语时露出惊讶之色,像吃了一个铁橛一样,眉毛落地了。

　　后世的一些禅师又把这些偈颂作为公案加以举唱,比

---

　　[1]　《云门广录》T47－553c13～16

　　[2]　圆悟克勤从体用、照用角度对此偈颂做出了阐释,他认为举是体,顾是用。"云门道:'举不顾,即差互;拟思量,何劫悟?'举是体,顾是用。未举已前,朕兆未分已前见得,坐断要津;若朕兆才分见得,便有照用;若朕兆分后见得,落在意根。"见《碧岩录》T48－175b26～c1

如宋代东京净因禅师："上堂：举不顾，即差互；拟思量，何劫悟？大众：枯桑知天风，是顾不顾？海水知天寒，是思不思？且唤甚么作悟底道理？兔角杖头挑法界，龟毛拂子舞三台。"[1]此外，云峰禅师："上堂：举不顾，即差互；拟思量，何劫悟？乃竖起拂子云：'如今举了也，你作么生顾？'良久云：'拟思量，何劫悟？'击禅床，下座。"[2]清代的普明香严禅师在结制日（四月十五日结制，谓之结夏。盖天下寺院僧尼庵舍设斋供僧，自此僧人安居禅教律寺院，不敢起单云游。）直接用云门的顾鉴咦和云门对顾鉴咦的偈颂来开示学人。《普明香严禅师语录》载："'且道太平今日还为人也无？'举拂子云：'鉴。'复云：'咦。'良久云：'举不顾，即差误；拟思量，何劫悟？'喝一喝，下座。"[3]

云门顾鉴咦这种接人方式，也成了云门宗的宗风之一，后代禅师多有偈颂颂之。《人天眼目》《智证传》《禅林颂古联珠通集》《宗鉴法林》《揞黑豆集》《慈明禅师语录》《三宜盂禅师语录》《兴善南明广禅师语录》《云溪俍亭挺禅师语录》中有很多对此的颂古评唱。今综合起来列举如下：

相见不扬眉，君东我亦西。红霞穿碧落，白日绕

〔1〕见《续传灯录》T51－640a24～27
〔2〕见《古尊宿语录》X68－265a3～5
〔3〕见《普明香严禅师语录》J38－613b3～5

须弥。(德山缘密)

云门鉴咦,少有人知。咄,无孔铁锤。(大慧宗杲)

云门顾鉴笑嘻嘻,拟议遭渠顾鉴咦。任是张良多智巧,到头于此也难施。(北塔智祚)

云门抽顾,自有来由。一点不到,休休休休。(真净克文)

韶阳一鉴,生铁馂馅。直下咬破,莫怪相赚。(鼓山珪)

云门抽顾颂,衲僧眼皮重。眼皮重,七八量(两),雷车打不动。打不动,抽顾颂,时念弥陀三两声。追荐东村李胡子生西天,山里孟八郎强健,福田院里贫儿叫唤,乞与我一文大光钱。(五祖戒)

韶阳为人最急切,未入门来已甄别。若于顾鉴里承当,大棒打落天边月。(典牛游)

软如特石硬如绵,顾伫才生鼻孔穿。扇子休嫌难捉摸,鲤鱼端的没丝牵。(平阳忞)

已入吾门不再三,只于顾处越重关。可怜拟议成途路,更转灵机直下难。(三宜盂)

吹毛宝剑眉端挂,劈面谁能保命全。叉手近前聊拟议,等闲血溅四禅天。(即中允)

长笑云门顾鉴咦,翻抽顾字土加泥。从空掷剑虽无迹,会见虚空有坏时。(北涧居简)

云门顾鉴咦,茆溪那了去。只在此山中,云深不知处。(师心远居士)

云门顾鉴咦,击右(石)火星飞。尽伊多伎俩,输我一声嘘。(南明广)

太行山前,白日打劫。顾鉴咦,惯做贼,也能杀,也能活。(佷亭挺)

云门鉴咦,德山抽顾,方便机关,父作子述。扰扰丛林卒未休,而今犹在欣相慕。(三山来)

第五章 《云门匡真禅师广录》之余响

第一节 历代对《云门广录》之诠释

一、公案之诠释性文体——拈古、颂古、评唱

拈古——颂古——评唱

正如儒家经典有注、疏、笺证一样,禅宗语录也有拈、颂、评唱。其相互之间的关系见下图:

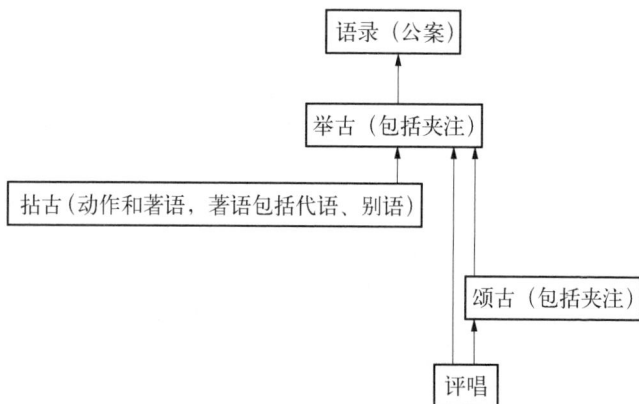

图 5-1 公案诠释文体及系统

（一）拈古

拈古又叫举古，也叫举则、拈提、拈则。古指古则公案[1]，圆悟克勤禅师说："古人事不获已，对机垂示，后人

---

〔1〕 中峰《山房夜话》云："或问：佛祖机缘，世称公案者何耶？幻曰：公案，乃喻乎公府之案牍也。法之所在，而王道之治乱实系焉。公者，乃圣贤一其辙，天下同其途之至理也；案者，乃记圣贤为理之正文也。凡有天下者，未尝无公府；有公府者，未尝无案牍。盖欲取以为法，而断天下之不正者也。公案行则理法用，理法用则天下正，天下正则王道治矣。夫佛祖机缘，目之曰公案亦尔，盖非一人之臆见，乃会灵源，契妙旨，破生死，越情量，与三世十方百千开士同禀之至理也。"《联灯会要·黄蘖运禅师章》云："次日升堂，云：'昨日寻羚羊僧出来。'其僧便出。师云：'昨日公案老僧休去，作么生？'僧无语。师云：'将谓是本色衲子，元来是义学沙门。'拈拄杖实时打出。"《碧岩录·三教老人序》云："尝谓祖教之书谓之公案者，倡于唐而盛于宋，其来尚矣。二字乃世间法中吏牍语，其用有三：面壁功成，行脚事了，定盘之星难明，野狐之趣易堕，具眼为之勘辨，一呵一喝，要见实诣，如老吏据狱谳罪，底里悉见，情款不遗，一也；其次则岭南初来，西江未吸，亡羊之岐易泣，指海之针必南，悲心为之接引，一棒一痕，要令证悟，如廷尉执法平反，出人于死，二也；又其次则犯稼忧深，系驴事重，学奕之志须专，染丝之色易悲，大善知识为之付嘱，俾之心死蒲团，一动一参，如官府颁示条令，令人读律知法，恶念才生，旋即寝灭，三也。具方册作案底，陈机境为格令，与世间所谓金科玉条，清明对越诸书，初何以异？祖师所以立为公案，留示丛林者，意或取此。"虎关炼和尚曰："公案者，寄世事而立名。唐土有六省，日本有八省。省者，俗云奉行者。武士诉武家刑罚事，则属兵部省、刑部省决之；民诉田壤事，则民部省决之；判文事，则治部省决之。凡诸奉行者，以自古公界所定法式聚置之于案上，仍拟于今之所讼而理之。日本法家人以延喜式目、弘仁式目沙汰而理之即是也。宗门公案亦尔，提撕古人祖师所定之法，是非一人之私法，便天下公共之理也。"云栖《正讹集》云："公案者，公府之案牍也，所以剖断是非，而诸祖问答机缘，亦只为剖断生死，故以名之。总其问答中紧要一句，则为话头，如一归何处、因甚道无、念佛是谁之类是也。千七百则，乃至多种，皆悉如是。"《居家必用·吏学指南册籍类》云："公案，谓公事始末也。"以上见《禅林象器笺》第1131—1132页。公案本意是官府断案的公文案牍。禅宗认为历代宗门祖师典范性的言行可以判别学人的是非迷悟，故亦称公案。

唤作公案。"〔1〕古也指机缘,槃谭说:"夫古者,古德悟心之机缘也。"〔2〕举是举示,通俗讲就是:"有这样的话,我举出来给你们看。"举古就是举示古则公案,举唱宗乘,提纲法要。拈古就是拈出古则公案以点化参禅之学人。在禅林之中,禅师常拈举古则公案以勘辨开发学人之心地。

更为明确的说法是,举古是举古则公案;拈古是对古则公案所下的著语,有时则以动作代替。著语的特殊形式是代语和别语。拈古之后往往是颂古。比如《投子颂古》中的一则:

> 僧问风穴:"如何是道?"穴云:"五凤楼前。"僧云:"如何是道中人?"穴云:"问取城湟使。"
>
> 师拈云:"然指道由人,行之在己。问穷决悟,答以提宗,不当人徒劳进步。何故?盖向上一路,千圣不游,拟议之间,丧身失命。是以龙楼迎瑞,紫殿笼烟,苔砌深围,烛香人静。正当怎么时,还许人喘息么?若喘息之间,长途万里。"
>
> 深宫禁殿隔重围,檐静檐楹紫气垂。苔地不通朝请近,家人指路莫迟疑。〔3〕

---

〔1〕 《碧岩录》T48－221b27～28
〔2〕 见《荙绝老人颂古直注序》X67－255a6
〔3〕 见《投子义青禅师语录》X71－749c6～750a2

此则中第一段为举古,第二段为拈古,第三段为颂古。《建中靖国续灯录》第三门即为拈古门,解释为"具大知见,拈提宗教,抑扬先觉,开凿后昆"。[1]

拈古不是目的而是手段,是一种再创造,目的是给学人创造一个开悟的契机。比如建祖禅师问东山和尚如何拈古:

> 建祖禅人问东山拈古,山曰:"拈古之法无他,只要眼正,有出古人手段,若只到古人田地,亦动他底不得。先德虽谓之公案,欲后人就其节文轻重而断之,使合其宜。然亦不只于此,汝不见世间造泥孩儿乎?或捏聚击碎,或击碎捏聚,为之心肝五脏,为之眼耳鼻舌,衣服鲜明,机关动转。见者随其好丑爱恶而形之语言,造之者方且袖手仰视,而不知其为泥孩儿矣。若能如是,乃可于古人公案中出一只手。若见他心肝五脏不得,捏聚击碎他底不破,切不可动著。然则东山此语,不独施之于拈古。会么?"祖伫思。东山曰:"我与么弄泥团也不会。"乃喝出去。[2]

举古的目的既然是开发学人之心地,那么禅师在举

〔1〕 见《建中靖国续灯录》X78－622a9
〔2〕 见《禅林象器笺》第850页。

古的同时必然在勘辨当机学人时有所开示,有时是语言,有时没有语言而用动作展示,这就是拈古。有语言时叫著语。著语的特殊情况是代语和别语,详见前文中垂示代语之部分。云门禅师是代语别语的大量使用者,兹举一例:

> 举洞山云:"尘中不染丈夫儿。"师云:"拄杖但唤作拄杖,一切但唤作一切。"[1]

此为"举古 + 著语"的形式。举洞山云"尘中不染丈夫儿"是谓举古,即举洞山禅师的一句话作为古则。师云:"拄杖但唤作拄杖,一切但唤作一切。"是谓著语。

> 举夹山坐次,洞山到来。云:"作么生?"夹山云:"只与么。"师代洞山云:"不放过又作么生?"代夹山便喝。师又拈夹山云:"只与么,元来只在虾蟆窟里。"又云:"只与么,也难得。"[2]

此处为"举古 + 代语"的形式。

举古只是勘辨学人的话头和工具,侧重点是禅师所下

---

〔1〕 见《云门广录》T47 - 558a11 ~ 12
〔2〕 见《云门广录》T47 - 555b2 ~ 5

的著语,特别是代语和别语,从而使学人由此有所悟入。实际上,此可看作是一种情景教学。

举古拈古之公案对于禅师之作用,三教老人曾归纳为三种:

> 尝谓祖教之书,谓之公案者,倡于唐而盛于宋,其来尚矣。二字乃世间法中吏牍语,其用有三:面壁功成,行脚事了,定盘之星难明,野狐之趣易堕,具眼为之勘辨,一呵一喝,要见实诣,如老吏据狱谳罪,底里悉见,情款不遗,一也;其次则岭南初来,西江未吸,亡羊之歧易泣,指海之针必南,悲心为之接引,一棒一痕,要令证悟,如廷尉执法平反,出人于死,二也;又其次则犯稼忧深,系驴事重,学弈之志须专,染丝之色易悲,大善知识为之付嘱,俾之心死蒲团,一动一参,如官府颁示条令,令人读律知法,恶念才生,旋即寝灭,三也。具方册,作案底,陈机境,为格令,与世间所谓金科玉条清明对越诸书,初何以异?祖师所以立为公案,留示丛林者,意或取此。[1]

由此,可以看出公案的作用:对有所证悟的人,禅师可以用公案勘验其所证所悟是否谛当,一也;对入门未久

---

〔1〕 见《碧岩录序》T48-139b29~c15

者,禅师可以用公案指示其下手方便,二也;对未入门者,禅师可以用公案作为其镜鉴,使之步入正途,三也。

后世拈古集有《宗门统要》《拈八方珠玉集》,到清代有浮符所集四十五卷《宗门拈古汇集》。

(二) 颂古

无著道忠在《禅林象器笺》中谈到禅林颂古与《诗经》六义之"颂"的关系,他说:"颂名本起于六诗,风、赋、比、兴、雅、颂,歌诵盛德,以告于神明者也。如禅家颂古,则举古则为韵语,而发明之以为人,亦是歌诵佛祖之盛德而扬其美,故名颂古。"[1]在歌颂盛德方面,《诗经》之颂与禅宗颂古两者是一致的,一为歌颂祖先之盛德,一为歌颂佛祖之盛德。《竺仙疑问》把释家颂古比作儒家的咏史诗,其中提到:"颂古之作,譬之儒家,则犹咏史也。"[2]显然是把释家的古则公案看作了儒家的典故旧事。但无著道忠认为诗与颂的区别在于颂具有禅意:

> 旧说曰:"妙喜中岩月和尚云:'诗与颂别:颂者,倒骑佛殿出山门等活语是也;诗者,秋云秋水共依依等细调柔和语也。'"曰:"野哉斯言! 此必逐弊风文

---

[1] 见《禅林象器笺》第 1137 页。
[2] 参见《禅林象器笺》第 1138 页。

字禅者之说,非中岩也。纵作倒骑佛殿等语,若不具眼,则非颂亦非诗,无可名焉;纵作秋云秋水等语,若具禅意,则可为颂也。昔麟一庵颂于'应无所住而生其心',用司空曙诗全篇曰:'罢钓归来不系船,江村月落正堪眠。纵然一夜风吹去,只在芦花浅水边。'绝海特赏之,可知颂与诗之辨,在意旨而不在言语。"[1]

禅林颂古是指禅师在拈举古则后,再以简洁的偈颂发挥古则大义,称为颂古。正如佛典中有孤起偈和重颂偈,颂古前有类似于佛典中长行的举古公案者,此类颂古相当于重颂偈;颂古前没有详细的举古公案,但有像话头一样的题目者,此类颂古相当于孤起偈。

关于禅林颂古的起源,方回认为慧能和神秀的偈子为最早的禅宗颂古。方回在《碧岩录序》中说:"自《四十二章经》入中国,始知有佛;自达摩至六祖传衣,始有言句。曰本来无一物为南宗,曰时时勤拂拭为北宗,于是有禅宗颂古行世。"[2]而禅宗最早的颂古集公认为汾阳善昭的《颂古百则》。汾阳善昭(947~1024),临济宗禅师,为首山省念禅师的弟子,南岳怀让下九世,曾主持汾州太子院,阐扬临济宗风,示寂后谥号"无德禅师"。门人石霜慈明禅

---

〔1〕 见《禅林象器笺》第1136页。
〔2〕 见《碧岩录序》T48－139a19～22

师集其语录为《汾阳无德禅师语录》三卷,其卷中即为《颂古百则》又名《先贤一百则》,收入《大正藏》第 47 册。之后,雪窦重显亦有《雪窦颂古百则》,有宋一代,颂古之作迭出,有所谓"宋代六大颂古"之说,即汾阳颂古、雪窦颂古、丹霞颂古、宏智颂古、无门颂古、投子颂古,尤其著名的为四家颂古,即雪窦颂古、丹霞颂古、宏智颂古、投子颂古。樊谭在《荧绝老人颂古直注序》中说:"禅宗颂古有四家焉,天童、雪窦、投子、丹霞是已,而实嗣响于汾阳。"[1]雪窦重显和天童宏智甚至被比为孔门之游夏,诗坛之李杜。[2]《建中靖国续灯录》第四门即为颂古门,意谓"先德渊奥,颂以发挥,词意有规,宗旨无忒"。[3]

颂古的形式有的是直敷其事,有的是引类况旨,有的是兴感发悟,这就具有了类似《诗经》六义中赋比兴的表达方式。朱熹在《诗集传》中解释赋比兴为:"赋者,敷也,敷陈其事,直言之也;比者,以彼物比此物也;兴者,先言他物以引起所咏之词也。"[4]但禅宗颂古更重要的是以心源为本,鼓发心机,使之宣流,并由此而明自性,所以对作颂古

---

〔1〕 见《荧绝老人颂古直注序》X67 - 255a5 ~ 6

〔2〕 万松行秀寄湛然居士耶律楚材的书信中说:"吾宗有雪窦天童,犹孔门之有游夏。二师之颂古,犹诗坛之李杜。"见《寄湛然居士书》T48 - 226c27 ~ 28

〔3〕 见《建中靖国续灯录》X78 - 622a10

〔4〕 见朱熹《诗集传》,《四部丛刊》本。

的禅师要求是亲证根本智和后得智。[1] 根本无分别智能
亲证圆成实性的真如,后得无分别智能亲证依他起性的一
切法,所以也就有了从心源流出的颂古。

颂古的作用,是绕路说禅,是引导学人入道的途径和
方法。圆悟克勤称雪窦的颂古"只是绕路说禅,拈古大纲,
据款结案而已"。[2] 颂古可以作为引导学人入道的途径
和方法。冯学成在《云门宗史话》中说:"颂古的作用,就
是把荒茫朦胧的公案,转变为一种便于理解,可读性强,又
雅致优美的诗词,而方便知识分子对佛性禅心的
领会。"[3]

宋代颂古的兴盛,还表现在此时出现了一些颂古总
集,比如法应编集、后由元代普会续集的四十卷《禅宗颂古
联珠通集》,再如子升、如佑所集四卷《禅门诸祖师偈颂》。

万庵禅师曾经论及从语录到颂古的发展过程:

> 少林初祖衣法双传,六世衣止不传,取行解相应,
> 世其家业,祖道愈光,子孙益繁。大鉴之后,石头、马
> 祖皆嫡孙,应般若多罗悬谶,要假儿孙脚下行是也。

---

[1] 槃谭说:"颂者,鼓发心机,使之宣流也。故其义或直敷其事,或引
类况旨,或兴感发悟,以心源为本,成声为节,而合契所修为要,然非机轮圆
转,不昧现前,起后得智之亲境,不能作也。"见《荩绝老人颂古直注序》X67 -
255a6 ~ 10

[2] 见《碧岩录》T48 - 141a15 ~ 16

[3] 见《云门宗史话》第346页。

二大士玄言妙语流布寰区,潜符密证者比比有之。师法既众,学无专门,曹溪源流,派别为五,方圆任器,水体是同,各擅佳声,力行己任。等闲垂一言出一令,网罗学者,丛林鼎沸,非苟然也。由是互相酬唱,显微阐幽,或抑或扬,佐佑法化。语言无味,如煮木札羹,炊铁钉饭,与后辈咬嚼,目为拈古。其颂始自汾阳,暨雪窦宏其音、显其旨,汪洋乎不可涯。后之作者,驰骋雪窦而为之,不顾道德之奚若,务以文彩焕烂相鲜为美,使后生晚进不克见古人浑淳大全之旨。乌乎! 予游丛林,及见前辈,非古人语录不看,非百丈号令不行。岂特好古? 盖今之人不足法也。望通人达士,知我于言外可矣。[1]

此段文字可当作颂古的历史看,即从语录到拈古再到颂古的历史。特别是万庵禅师提到了雪窦之后的作者务以文彩焕烂相鲜为美,偏离了使后生悟道的契机。

(三) 评唱

禅林中评唱是指禅师对举古颂古所作的点评和唱导,禅林中著名的评唱之作为四家评唱,即《碧岩录》(全称为《佛果圆悟禅师碧岩录》,又称《师住澧州夹山灵泉禅院评

---

[1] 见《禅林宝训》T48 - 1033c9 ~ 25

唱雪窦显和尚颂古语要》)、《空谷集》(全称为《林泉老人
评唱投子青和尚颂古空谷集》)、《虚堂集》(全称为《林泉
老人评唱丹霞淳禅师颂古虚堂集》)和《从容录》(全称为
《万松老人评唱天童觉和尚颂古从容庵录》)。《碧岩录》
是宋代圆悟克勤对雪窦重显《颂古百则》的评唱,之后仿作
不断,著名的就是《空谷集》《虚堂集》和《从容录》。《空谷
集》《虚堂集》分别是元代林泉从伦对投子义青《颂古百
则》和丹霞子淳《颂古百则》的评唱,《从容录》是元代万松
行秀对天童正觉《颂古百则》的评唱。

　　评唱是对颂古的阐释,正如笺疏是对经传的解释一
样。[1] 然而评唱不仅是对颂古的阐释,除此之外,评唱还
包括对举古和颂古的点评,以及对颂古的唱导。上文提到
的四种评唱集的体例,可为佐证。它们的体例包括示众、举
古(包括点评)、拈古、颂古(包括点评)、唱导。其中"示众"
在《碧岩录》中称为"垂示",并且不是每一则前都有。把对
举古和颂古的点评看作评唱的一部分,另一个证据就是《茕
绝老人颂古直注》(全称为《茕绝老人天奇直注雪窦显和尚
颂古》)。茕绝老人把对雪窦颂古中的举古颂古的点评称为

----

〔1〕　槃谭《茕绝老人颂古直注序》中说:"释颂者,自柏山大隐、圆通觉
海二集外,不啻数十家。质野者旨近,支离者意疏。若佛果、万松、林泉诸尊
宿,采经传之蕴,汇诸家之长,纂修成集,称四家评唱,佐四颂之盛,略该五宗
之微言,而大隐、觉海等集弗克并踪矣。"见《茕绝老人颂古直注序》X67－
255a13~17

"直注",槃谭称其"乃为斯注,校诸评唱,实谓过之"。[1]

评唱的作用,同颂古一样,是"剖决玄微,抉剔幽邃,显列祖之机用,开后学之心源"。[2]

今以《碧岩录》第三十九则之体例以观评唱之内容形式。

圆悟垂示:

垂示云:"途中受用底,似虎靠山;世谛流布底,如猿在槛。欲知佛性义,当观时节因缘;欲煅百炼精金,须是作家炉鞴。且道大用现前底,将什么试验?"

雪窦举古及圆悟点评:

三九:举僧问云门:"如何是清净法身?"墼圾堆头见丈六金身,斑斑驳驳是什么? 门云:"花药栏。"问处不真,答来卤莽。墼着磕着,曲不藏直。僧云:"便恁么去时如何?"浑仑吞个枣,放憨作么? 门云:"金毛狮子。"也褒也贬,两采一赛。将错就错,是什么心行?

圆悟拈古:

---

〔1〕 见《荦绝老人颂古直注序》X67 - 255a23
〔2〕 见希陵所作《碧岩录》后序 T48 - 224c17~19

诸人还知这僧问处与云门答处么？若知得,两口同无一舌;若不知,未免颟顸。僧问玄沙:"如何是清净法身?"沙云:"脓滴滴地。"具金刚眼,试请辨看。云门不同别人,有时把定,壁立万仞,无尔凑泊处;有时与尔开一线道,同死同生。云门三寸甚密,有者道是信彩答去,若恁么会,且道云门落在什么处？这个是屋里事,莫向外卜度。所以百丈道:"森罗万象,一切语言,皆转归自己,令转辘辘地,向活泼泼处便道,若拟议寻思,便落第二句了也。"永嘉道:"法身觉了无一物,本源自性天真佛。"云门验这僧,其僧亦是他屋里人,自是久参,知他屋里事。进云:"便恁么去时如何?"门云:"金毛狮子。"且道是肯他,是不肯他？是褒他是贬他？岩头道:"若论战也,个个立在转处。"又道他参活句,不参死句,活句下荐得,永劫不忘,死句下荐得,自救不了。又僧问云门:"佛法如水中月,是否?"门云:"清波无透路。"进云:"和尚从何而得?"门云:"再问复何来?"僧云:"正恁么去时如何?"门云:"重迭关山路。"须知此事,不在言句上,如击石火,似闪电光,构得构不得,未免丧身失命。雪窦是其中人,便当头颂出。

雪窦颂古及圆悟点评(小字为点评,下同):

花药栏,言犹在耳莫颟顸,如麻似粟,也有些子,自领出去星在秤兮不在盘。太葛藤！各自向衣单下返观,不免说道理便怎么,浑仑吞个枣,太无端,自领出去。灼然。莫错怪他云门好金毛狮子大家看。放出一个半个也是个狗子,云门也是普州人送贼

圆悟克勤对雪窦颂古之唱导:

雪窦相席打令,动弦别曲,一句一句判将去。此一颂,不异拈古之格。"花药栏",便道"莫颟顸"。人皆道云门信彩答将去,总作情解会他底,所以雪窦下本分莫(莫当作草——作者注)料,便道"莫颟顸"。盖云门意不在花药栏处,所以雪窦道"星在秤兮不在盘",这一句忒杀漏逗。水中元无月,月在青天,如星在秤不在于盘。且道那个是秤?若辨明得出,不辜负雪窦。古人到这里,也不妨慈悲,分明向尔道,不在这里,在那边去。且道那边是什么处?此颂头边一句了,后面颂这僧道"便怎么去时如何"。雪窦道这僧也太无端,且道是明头合暗头合?会来怎么道,不会来怎么道?"金毛狮子大家看",还见金毛狮子么?瞎![1]

---

〔1〕 以上五处引文参见《碧岩录》T48 - 177b10 ~ c28

举古和雪窦颂古部分中以小字出现的著语也是圆悟克勤禅师的评唱部分,所以评唱由两部分构成:一是对举古和颂古的夹注性质的点评,二是对颂古的总评,这也类似于儒家经典的夹注和总评。

圆悟克勤禅师之后,此类著述日多,此种风气容易使参禅者执着文字,偏离了佛教明心见性以求解脱的根本目的,心闻禅师《与张子韶书》谈到了此种弊端:

> 教外别传之道,至简至要,初无他说,前辈行之不疑,守之不易。天禧间,雪窦以辩博之才,美意变弄,求新琢巧,继汾阳为颂古,笼络当世学者,宗风由此一变矣。逮宣政间,圆悟又出己意,离之为《碧岩集》,彼时迈古淳全之士,如宁道者、死心、灵源、佛鉴诸老,皆莫能回其说,于是新进后生珍重其语,朝诵暮习,谓之至学,莫有悟其非者。痛哉!学者之心术坏矣。绍兴初,佛日入闽,见学者牵之不返,日驰月骛,浸渍成弊,即碎其板、辟其说,以至祛迷援溺、剔繁拨剧、摧邪显正,特然而振之,衲子稍知其非,而不复慕。然非佛日高明远见,乘悲愿力,救末法之弊,则丛林大有可畏者矣。[1]

二、四大颂古与四大评唱及《无门关》中的云门公案

四大颂古与四大评唱——《无门关》

四大颂古与四大评唱及《无门关》中涉及的云门公案

四大颂古指：（一）《雪窦颂古百则》，北宋真宗天禧年间（1017～1021），雪窦重显所作之百则颂古；（二）《投子颂古百则》，北宋神宗元丰年间（1078～1086），投子义青所作之百则颂古；（三）《丹霞颂古百则》，北宋徽宗崇宁年间（1102～1106），丹霞子淳所作之百则颂古；（四）《宏智颂古百则》，南宋高宗绍兴年间（1131～1162），宏智正觉所作之百则颂古。与之相应的四大评唱为圆悟克勤《碧岩录》[1]、林泉从伦《空谷集》及《虚堂集》、万松行秀《从容录》。

此外著名者尚有无门禅师的颂古评唱，即南宋理宗绍定年间（1228～1233），无门慧开所作之 48 则颂古。无门慧开禅师（1183～1260），临济宗禅师，其《禅宗无门关》一卷，对佛祖机缘 48 则进行颂古评唱。

以下表列上述颂古、评唱文献中所涉及之云门公案：

---

[1]《碧岩录》又名《碧岩集》。《禅林宝训音义》："碧岩集，山名。圆悟禅师在此作评唱，释雪窦颂古，为碧岩集也。"X64－463a4～5

表5-1 四大颂古与评唱及《无门关》所涉及之云门公案

《碧岩录》	《空谷集》	《虚堂集》	《从容录》	《无门关》
云门垂语（十五日已前不问汝）	云门明教（胡饼）	九峰举一（示众）	云门两病（法身）	洞山三顿
翠岩夏末示众	云门胡饼（胡饼）	——	云门须弥（游山）	钟声七条
僧问云门（一代时教）	日里看山（祖教）	——	云岩扫地（搬扫）	云门屎橛
僧问云门（不是目前机）	北斗藏身（法身）	——	雪峰看蛇（兔蛇）	云门话堕
雪峰示众（南山鳖鼻）	——	——	仰山指雪（狮象）	乾峰一路
僧问云门（树凋叶落时如何）	——	——	云门露柱（佛祖）	——
仰山问僧（近离甚处）	——	——	云门白黑（对机）	——
僧问云门（清净法身）	——	——	乾峰一画（桥路）	——
僧问云门（法身）	——	——	翠岩眉毛（解结）	——
僧问云门（尘尘三昧）	——	——	云门胡饼（胡饼）	——
云门问僧（近离甚处）	——	——	云门声色（胡饼）	——

《碧岩录》	《空谷集》	《虚堂集》	《从容录》	《无门关》
云门以拄杖示众	——	——	云门一宝（珍宝）	——
云门示众（乾坤之内）	——	——	云门钵桶（斋粥）	——
僧问云门（超佛越祖）	——	——	——	——
云门示众（古佛与露柱相交）	——	——	——	——
云门垂语（人人有光明）	——	——	——	——
云门示众（药病相依）	——	——	——	——
玄沙示众（诸方老宿接物利生）	——	——	——	——

　　由上表可以看出宋代五种颂古集所收有关云门公案的数量情况及特征。其中《雪窦颂古百则》收入相关云门公案 18 则,《投子颂古百则》收入云门公案 4 则,《丹霞颂古百则》收入相关云门公案 1 则,《宏智颂古百则》收入相关云门公案 13 则,《无门颂古四十八则》收入相关云门公案 5 则。相比较而言,《雪窦颂古百则》收入相关云门公案最多,个中原因可能与雪窦禅师的法系有关,雪窦禅师是

云门一系的禅师,法系传承为云门文偃——香林澄远——智门光祚——雪窦重显。

五种颂古集所引云门公案在形式上有所不同。其中《雪窦颂古百则》与《宏智颂古百则》在颂古之前的举古中有明显的标志词语"举",《投子颂古》有的有"举",有的没有。《无门颂古》的举古则有四字题目,比如云门屎橛、云门话堕。而《丹霞颂古》没有此类明显的形式特征,只是直接引述公案。

此外与四大颂古集相应的四大评唱集中的《空谷集》《虚堂集》《从容录》都为相应的云门公案加了题目,并做了分类,详见上表。这也体现了云门语录从语录到公案逐步规范和定型的过程。

三、《雪窦颂古》与《宏智颂古》中相同的云门公案

颂古的形式:直敷其事、引类况旨、兴感发悟——

《雪窦颂古》与《宏智颂古》中相同的云门公案

宋代关友无党在《碧岩录》后序中,谈到《雪窦颂古》是以"取譬"的形式,达到与公案之理之机相契的目的。[1]而上文提及清代檠谭《茕绝老人颂古直注序》则把颂古的形式分为三种,即直敷其事、引类况旨、兴感发悟。大致可

---

〔1〕　见关友无党所作《碧岩录》后序:"《雪窦颂古百则》,丛林学道诠要也,其间取譬经论或儒家文史,以发明此事。非具眼宗匠时为后学击扬剖析,则无以知之。"T48-224b8~10

以类比于诗经六义的赋比兴。不同于敷陈其事而直言之的赋,颂古的直敷其事是敷陈本事;不同于以彼物比此物的比,颂古的引类况旨是把同类机锋相类比;不同于先言他物以引起所咏之词的兴,颂古的兴惑发悟是由此机锋引发悟入的契机。

《雪窦颂古》与《宏智颂古》中相同的云门公案有六个,即翠岩夏末示众(《宏智颂古》作"翠岩眉毛")、雪峰示众(《宏智颂古》作"雪峰看蛇")、僧问云门(尘尘三昧)(《宏智颂古》作"云门钵桶")、云门示众(乾坤之内)(《宏智颂古》作"云门一宝")、僧问云门(超佛越祖)(《宏智颂古》作"云门胡饼")、云门示众(古佛与露柱相交)(《宏智颂古》作"云门露柱")。今依上述三种颂古形式予以简单归类,列表如下:

表5-2 《雪窦颂古》与《宏智颂古》所收相同的云门公案

云门公案	雪 窦 颂 古	宏 智 颂 古	颂古形式
翠岩夏末示众(翠岩眉毛)	翠岩示徒,千古无对。关字相酬,失钱遭罪。潦倒保福,抑扬难得。唠唠翠岩,分明是贼。白圭无玷,谁辨真假?长庆相谙,眉毛生也。	做贼心,过人胆,历历纵横对机感。保福云门,也垂鼻欺唇。翠岩长庆,也修眉映眼。杜禅和,有何限?刚道,意句一齐划。埋没自己,也饮气吞声,带累先宗,也面墙担板。	雪窦颂古:直敷其事 宏智颂古:直敷其事

续　表

云门公案	雪窦颂古	宏智颂古	颂古形式
雪峰示众（雪峰看蛇）	象骨岩高人不到，到者须是弄蛇手。棱师备师不奈何，丧身失命有多少？韶阳知，重拨草，南北东西无处讨。忽然突出挂杖头，抛对雪峰大张口。大张口兮同闪电，剔起眉毛还不见。如今藏在乳峰前，来者一一看方便。师高声喝云：看脚下。	玄沙太刚，长庆少勇，南山鳌鼻死无用。风云际会头角生，果见韶阳下手弄。下手弄，激光电中看变动。在我也能遣能呼，于彼也有擒有纵。底事如今付阿谁？冷口伤人不知痛。	雪窦颂古：直敷其事、兴惑发悟宏智颂古：直敷其事
僧问云门（云门钵桶）	钵里饭桶里水，多口阿师难下嘴。北斗南星位不殊，白浪滔天平地起。拟不拟，止不止，个个无裈长者子。	钵里饭桶里水，开口见胆求知己。拟思便落二三机，对面忽成千万里。韶阳师，较些子，断金之义兮谁与相同？匡石之心兮独能如此。	雪窦颂古：引类况旨宏智颂古：引类况旨
云门示众（云门一宝）	看看，古岸何人把钓竿？云冉冉，水漫漫，明月芦花君自看。	收卷余怀厌事华，归来何处是生涯？烂柯樵子疑无路，挂树壶公妙有家。夜水金波浮桂影，秋风雪阵拥芦花。寒鱼著底不吞饵，兴尽清歌却转槎。	雪窦颂古：引类况旨宏智颂古：引类况旨

续　表

云门公案	雪窦颂古	宏智颂古	颂古形式
僧问云门（云门胡饼）	超谈禅客问偏多，缝罅披离见也么？胡饼堼来犹不住，至今天下有淆讹。	胡饼云超佛祖谈，句中无味若为参。衲僧一日如知饱，方见云门面不惭。	雪窦颂古：直敷其事　宏智颂古：直敷其事
云门示众（云门露柱）	南山云北山雨，四七二三面相观。新罗国里曾上堂，大唐国里未打鼓。苦中乐，乐中苦，谁道黄金如粪土。	一道神光，初不覆藏。超见缘也是而无是，出情量也当而无当。岩华之粉兮蜂房成蜜，野草之滋兮麝脐作香。随类三尺一丈六，明明触处露堂堂。	雪窦颂古：引类况旨　宏智颂古：引类况旨

　　上述"云门一宝"公案为：云门示众云："乾坤之内，宇宙之间，中有一宝，秘在形山。拈灯笼向佛殿里，将三门来灯笼上。"其中"乾坤之内，宇宙之间，中有一宝，秘在形山"四句明自性之体；"拈灯笼向佛殿里，将三门来灯笼上"二句明自性之用。庞居士所谓"神通并妙用，运水与搬柴"，曹洞宗兼中至所谓"焰里寒冰结，杨花九月飞。泥牛吼水面，木马逐风嘶"，道奉禅师所谓"昔年错认驴窥井，今日方知井觑驴"，俱是言自性之用。雪窦之颂和宏智之颂也俱是从自性之用的角度来颂的。雪窦所言把钓竿、看明月芦花，俱是自性之用，进一步而言，是明月照芦花，还是芦花照明月，这要靠君自看了。宏智所言"烂柯樵子疑无

路,挂树壶公妙有家",也俱是自性之用,进一步而言,是水中映月,还是月入水中,是雪拥芦花,还是芦花拥雪,若不理解,只好兴尽清歌却转楂了。雪窦之颂与宏智之颂都是引类况云门公案之旨。云门公案、雪窦与宏智之颂,三者都走到了语言文字和思维的边缘,再要追问,就超出了言教的范围,只能到修证中去实证了。

四、《雪窦颂古直注》所涉云门公案之著语

《雪窦颂古直注》——
对《雪窦颂古》云门公案的著语

明代临济宗天奇本瑞禅师为四家颂古作直注,其中为《雪窦颂古》作的直注,称为《雪窦颂古直注》(全称为《茕绝老人天奇直注雪窦显和尚颂古》)。《雪窦颂古直注》如《碧岩录》一样,也是评唱之类的著作,对所举云门公案也作了夹注和点评。其中对每一则公案都有评判和总结性的说明,以"主意云云"、"旨明云云"、"总结云云"的形式出现。主意与旨明是针对案主的手段与目的而言,总结是针对整则公案而言。且主意、旨明、总结性的一些术语,在《直注序》中有特定的说明,故相较于《碧岩录》《从容录》,《雪窦颂古直注》对公案的阐释显得更有理路可寻。

有关主意的术语有"垂钓""垂钓为人""明宗""直下明宗""见机而作""探杆""拽回鼻孔""就身打劫""理非外物""拈转话头""当阳直指""破惑";有关旨明的术语有

"藏锋""绝待""就身打劫""作家相见""平怀""无有意路""全体正令""垂钓为人""垂钓""拈情""不落二边""当央直示";有关总结的术语有"老婆心切""作家唱和""父子唱和""当头直指""直下明宗""以楔出楔""以见遣见""就事藏锋""破权显实""权衡在手""信手拈来""心境不二""不存玄解""拈情"。

上述术语中的一些在《直注序》中有特定的说明:"计略齐施,言中有响;理事通行,句里呈机;以机夺机,就身打劫;以权占权,劈箨夺窝;见执破执,是名拈情;就计遮计,是名盖覆;前露后拂,狮子迷踪;圣出凡超,丹凤冲霄;言思路穷,名为绝待;贴体无私,名无意路;不犯思议,直下承当;不立玄妙,当阳直指;意绝边疆,信手拈来;法无彼此,一律平怀;达境即心,就路还家。"[1]正如公案中禅师的机语都是转辘辘的,上述术语的阐释方式也是动态循环的、不停流转的。可以说,只要明了此类术语在禅宗语境中的独特含义,平时功夫到了,碰到合适机缘,就会明了公案的主旨所在。下面从中选几则略为说明。

表5-3 《雪窦颂古直注》所涉云门公案及著语

1	云门大师垂语云:"十五日已前不问汝(借明空劫,已绝问答),十五日已后道将一句来(既居日用,一切任意)。"自代云:"日日是好日(恐成两截故又双收,这边那边使无缝罅)"〇(主意垂钓,旨明藏锋)。总结(老婆心切)。

〔1〕 见《茕绝直注四家颂古叙》X67-255c12~18

续 表

2	翠岩示众云："一夏已来,为兄弟说话,看翠岩眉毛在么(探竿在手)?"保福云："作贼人心虚(就身打劫)。"长庆云："生也(觑粗嗘细)。"云门云："关(一点一拈)。"○(主意垂钓,旨明藏锋)。总结(作家唱和)。
3	僧问云门："如何是一代时教(请益)?"门云："对一说(当央直指)。"○(主意明宗,旨明绝待)。总结(当头直指)。
4	僧问云门："不是目前机,亦非目前事时如何(悟非世理,特呈解问)?"门云："倒一说(就机一点)。"○(主意见机而作,旨明就身打劫)。总结(以楔出楔)。
5	雪峰示众云："南山有条鳖鼻蛇,汝等诸人切须好看(人多困于孤危,故教明其平实)。"长庆云："今日堂中大有人丧身失命(丧其法身,失其慧命,莫道究用。连本已失,故曰大有)。"僧举似玄沙。沙云："须是棱兄始得(见放无收,搦人显己),虽然如此,我即不然(意在等问)。"僧云："和尚作么生(就机一捞)?"沙云："用南山作么(恐逐其言,故乃拈之)?"云门以拄杖掷向雪峰面前作怕势(一呼一遣,权实并行)。○(主意垂钓为人,旨明作家相见)。总结(父子唱和)。
6	僧问云门："树凋叶落时如何(借事呈解)?"门云："体露金风(就机一点,拈他大功)。"○(主意见机而作,旨明就身打劫)。总结(以见遣见)。
7	仰山问僧："近离甚处(探拔藏锋)?"僧云："庐山(实供)。"山云："曾到五老峰么(拨转别验)?"僧云："不曾(同前)。"山云："阇黎不曾游山(点他不达)。"云门云："皆为慈悲之故,有落草之谈(言不行捧,只打葛藤)。"○(主意探干,旨明平怀)。总结(就事藏锋)。
8	僧问云门："如何是清净法身(请益)?"门云："花药栏(平实一指)。"僧云："便与么去时如何(直领如何)?"门云："金毛狮子(当央一点)。"○(主意拽回鼻孔,旨明无有意路)。总结(权衡在手)。

9	僧问云门:"如何是法身(请益)?"门云:"六不收(当央直指)。"○(主意明宗,旨明绝待)。总结(信手拈来)。
10	僧问云门:"如何是尘尘三昧(请益)?"门云:"钵里饭,桶里水(函盖相应)。"○(主意直下明宗,旨明无有意路)。总结(信手拈来)。
11	云门问僧:"近离甚处(常理)?"僧云:"西禅(同上)。"门云:"西禅有何言句(探竿)?"僧展两手(呈机验主)。门打一掌(一截二验)。僧云:"某有话在(一拈二辨)。"门展两手(劈箭夺窝)。僧无语(伎俩已尽)。门便打(正令全提)○(主意就身打劫,旨明全提正令)。总结(权衡在手)。
12	云门以拄杖示众云:"拄杖子化为龙,吞却乾坤去了,山河大地什么处得来(契理于心,外相何有)?"○(主意理非外物,旨明垂钓为人)。总结(心境不二)。
13	云门垂语云:"乾坤之内,宇宙之间(明其依报)。中有一宝,秘在形山(宝隐在身)。拈灯笼来佛殿里,将三门来灯笼上(恐乃情解,今故直指)。"○(主意明宗,旨明拈情)。总结(破权显实)。
14	僧问云门:"如何是超佛越祖之谈(请益)?"门云:"胡饼(当央直指)。"○(主意拈转话头,旨明无有意路)。总结(直下明宗)。
15	云门垂语云:"古佛与露柱相交,是第几机(佛喻性,柱喻形,性形相交,且道是谁)?"自代云:"南山起云,北山下雨(当央直指)。"○(主意垂钓,旨明绝待)。总结(不存玄解)。
16	云门垂语云:"人人尽有光明在,看时不见暗昏昏。作么生是诸人光明(皆有灵光,因何不见)?"自代云:"厨库三门(恐陷竿头,故示刹尘)。"又云:"好事不如无(恐执平常,复再拈之)。"○(主意当央直指,旨明不落二边)。总结(老婆心切)。

续 表

17	云门示众云："药病相治,尽大地是药,那个是自己(若作药病,那是自己)?"〇(主意破惑,旨明垂钓)。总结(拈情)。
18	玄沙示众云:"诸方老宿尽道利生接物,忽有三种病人来,作么生接(迷己逐物,颠倒难接)? 患盲者,拈槌竖拂他又不见(对面亲呈,空示如瞎)。患聋者,语言三昧他又不闻(开示显扬,空说如聋)。患哑者,教他说又说不得(风月盈怀,空具如哑)。且道作么生接(审众如何)? 若接此人不得,佛法无有灵验(非干佛法,自无手段)。"僧请益云门,门云:"汝礼拜着(风行草偃)。"僧礼拜起(所旨不辨)。门以拄杖搋(当央直呈),僧退后(依然不辨)。门云:"汝不患盲(当头直点)。"复唤近前来(急处一提),僧近前(听旨不辨)。门云:"汝不患聋(当头直点)。"乃云:"还会么(急处一提)?"僧云:"不会(直供)。"门云:"汝不患哑(当头一点)。"其僧于此有省(方达全机,非说可及)。〇(主意垂钓为人,旨明当央直示)。总结(权衡在手)。

上述第三则,僧问云门:"如何是一代时教?"此属于"汾阳十八问"中的"请益问",如来的一代时教不在语言文字上,所以云门没有给僧讲解佛陀的五时八教之义,而答以"对一说",此三字恰如铁钉相似,不可思不可议,截断了语言思维之流,云门当阳直指,给问话僧提供了一个进入自性的契机。本瑞禅师所下断语"主意明宗,旨明绝待",言思路穷即为绝待,直指人心即为明宗。不犯思议、不立玄妙即为直下承当、当阳直指。同理,第八则、第九则、第十则、第十四则,凡为请益问的都可按此理路大致理解相应公案。

上述第四则,僧问云门:"不是目前机,亦非目前事时如何?"此属于"汾阳十八问"中的"呈解问",云门有因语识人、从苗辨地的手段,由此僧问话便知其得体不能起用,坐解脱深坑,落无事甲里,即《金刚经》所谓"非一切法",故云门答以"倒一说",见机一点,以机夺机,就身打劫,以楔出楔。同理,第六则的呈解问也可按此理路来理解。

上述第七则,仰山问僧:"近离甚处?"此属于"汾阳十八问"中的"探拔问",又称"验主问",也属于岩头"四藏锋"中的"就事藏锋",即就事藏理,要求答者能就事显理。仰山的两次探拔问,这僧两次回答都未能就事显理,即显自性,更遑论起大机大用。云门称仰山只为慈悲之故,有落草之谈,言外之意,为什么不拿起大棒,全体正令打这僧几棒呢?为什么只和他打葛藤呢?云门和仰山,都是老婆心切,法无彼此,一样平怀。同理,第十一则探拔问也可按此理路来理解。

五、其他禅宗典籍之拈颂所涉云门公案

《禅宗颂古联珠通集》——《教外别传》
——《宗鉴法林》——《宗门拈古汇集》

正如儒家经典有集注集释一样,禅宗公案也有类似的集拈、集颂形式,即某一禅师的某一公案有众多禅师或拈提或作颂,此类典籍主要有《禅宗颂古联珠通集》《教外别传》《宗鉴法林》《宗门拈古汇集》。以下表列这些文献中

收录的云门公案：

表5－4 《禅宗颂古联珠通集》《教外别传》《宗鉴法林》
《宗门拈古汇集》所载云门机缘公案

禅宗典籍	云 门 公 案	备 注
禅宗颂古联珠通集	厨库三门、乾坤之内、日日是好日、闻声悟道见色明心、云门顾鉴咦、读书人来报、日里看山、北斗里藏身、对一说、倒一说、钵里饭桶里水、腊月二十五、六不收、超佛越祖之谈、东山水上行、干屎橛、体露金风、须弥山、花药栏、游山玩水、露、普、响、祖、髑、清波无透路、药病相治、话堕、衲僧巴鼻、搬柴、还我生死、还我饭钱、法身吃饭、将什么过海、三家村里卖卜、平地上死人无数、古佛与露柱相交、灯笼是你自己、拆半裂三、佛亦是尘、亲、拄杖子化为龙、札、近离甚处、一切智通无障碍、初生月、钟声七条、长连床上有粥有饭、全提时节、七九六十三、一橛在手、如何是沙门行、今日吃得几个胡饼、长嘴鸟说禅、供养两浙人、不供养南僧、人吃饭饭吃人、陈操尚书请斋、凡夫实谓之有、光不透脱、读经千卷纸上语、达摩面壁意旨	涉及云门者62则，其中《云门广录》未收入者3则：佛亦是尘、今日吃得几个胡饼、读经千卷纸上语
教外别传	目前无异路、火焰为三世诸佛说法、咬杀我也、闻声悟道见色明心、日日是好日、凡夫实谓之有、干屎橛、东山水上行、北斗里藏身、五戒也不持、法身吃饭、刬得几个祖师、还我饭钱、初生月、觅个入头处、百杂碎、平地上死人无数、祖师在你头上、光不透脱、眼睛横亘十方、日本国里说禅、灯笼是你自己、江西一队老汉、师到天童、师到曹山、师到鹅湖	涉及云门者26则，其中《云门广录》未收入者1则：咬杀我也

禅宗典籍	云　门　公　案	备　注
宗鉴法林	厨库三门、乾坤之内、日日是好日、闻声悟道见色明心、长连床上有粥有饭、顾鉴咦、读书人来报、眼睛横亘十方、日里看山、北斗里藏身、香供养、对一说、倒一说、钵里饭桶里水、日本国里说禅、腊月二十五、设供、六不收、超佛越祖之谈、东山水上行、干屎橛、体露金风、普、俱、响、什么劫中无祖师、祖、亲、透出一字、骼、义堕、七九六十八、札、长嘴鸟说禅、清波无透路、药病相治、古人竖起拂子放下拂子意旨如何、话堕、一任横说竖说、衲僧巴鼻、衲僧巴鼻、到灌溪、还我生死、尽大地是个解脱门、将甚么过海、三家村里卖卜、还我饭钱、法身吃饭、平地上死人无数、古佛与露柱相交、灯笼是你自己、镫笼是你自己、折半裂三、五戒也不持、拄杖化为龙、提婆宗、西禅有何言句、刘得几个祖师、一切智通无障碍、对众将来、初生月、死向甚么处去、向上一窍、须弥山、花药栏、佛法太煞有、游山玩水、露、钟声七条、达摩西来、长连床上有粥有饭、全提时节、百杂碎、七九六十三、到陈操尚书家、一樵在手、如何是沙门行、今日吃得几个胡饼、觅个入头处、供养两浙人、不供养南僧、人吃饭饭吃人、凡夫实谓之有、光不透脱、江西一队老汉、乾坤大地微尘诸佛、读经千卷纸上语、达摩面壁意旨、只者个带累杀人、苍天意旨	涉及云门者90则

续 表

禅宗典籍	云 门 公 案	备 注
宗门拈古汇集	到鹅湖、法身吃饭、将什么过海、全提时节、尽大地是个解脱门、长连床上有粥有饭、凡夫实谓之有、提婆宗、江西一队老汉、到灌溪、刈得几个祖师、百杂碎、达摩西来、向上一窍、还我饭钱、觅个入头处、北斗里藏身、读书人来报、东山水上行、古佛与露柱相交、须弥山、七九六十八、闻声悟道见色明心、五戒也不持、超佛越祖之谈、厨库三门、透出一字、俱、举不顾、义堕、光不透脱、露、初生月、平地上死人无数、一任横说竖说、干屎橛、什么劫中无祖师、古人竖起拂子放下拂子意旨、日日是好日、设供、佛法太杀有、花药栏、拄杖子化为龙、体露金风、钵里饭桶里水、清波无透路、眼睫横亘十方、日本国里说禅、香供养、普、乾坤之内、到陈操尚书家	涉及云门者52则

如同颂古之作既有个人专著又有汇集之作一样,拈古之书也有汇集成书者。南宋宗永《宗门统要》即是较早一种,该书经元代清茂扩充为《宗门统要续集》二十二卷,清代康熙三年(1664),杭州僧净符再扩充改编为《宗门拈古汇集》四十五卷,所录公案上起释迦牟尼,拈提之作则下迄明清诸家。净符自称:"乃间取宋元迄今诸宗匠,凡一拈、一代、一别、一征,足以开凿人天眼目者,皆采而续之,计四十有五卷,题曰《宗门拈古汇集》。"[1]所收为历代宗师对

---

〔1〕 见《宗门拈古汇集序》X66－1b1～4

古则公案的拈语、代语、别语、征语,可谓名副其实的历代拈古汇集。之所以称宗门拈古,是因为"是书之集,自有佛祖以来,千七百则机缘,经作家手,拈掇一过,不啻黄金增色,真能使陈烂葛藤顿生光怪,则拈掇语当尤重于机缘,其命名独曰宗门拈古者在是"。[1]《宗门拈古汇集》收入云门机缘公案52则,拈古161则。《宗门拈古汇集》之体例,首先是举古,其次会集诸家之拈古。《宗门拈古汇集》四十五卷收入《卍续藏》第66册。

《禅宗颂古联珠集》,法英于南宋淳熙二年(1175)编成,收入宗师122人,机缘公案325则,颂2 100首。元代浙江义乌普济院禅师普会于延祐戊午(1318)年将《禅宗颂古联珠集》扩充而成《禅宗颂古联珠通集》,收入宗师426人,机缘公案818则,颂5 600首。其中云门公案62则,约占全部公案的十三分之一,有关云门公案的颂古287首,约占所有颂的二十分之一。《禅宗颂古联珠通集》所收云门机缘公案仅次于赵州和尚之机缘公案69则。《禅宗颂古联珠通集》之体例,首先是举古,其次会集诸家之颂古。《禅宗颂古联珠通集》四十卷收入《卍续藏》第65册。

《教外别传》,明代黎眉居士集,内容辑录西天与东土诸祖的机缘语要,以举扬祖师宗乘,使参禅者知五家本源、

---

〔1〕 见《宗门拈古汇集·凡例》X66－2a12~15

流派宗风。其书"祖佛机缘,分清理路。古今拈颂,贯穿源头"。[1]可见其体例是在机缘语句中加入历代祖师拈古颂古之作。《教外别传》十六卷,收入《卍续藏》第 88 册。

《宗鉴法林》七十二卷,清代集云堂编。之所以称"宗鉴法林",是因为是书之会集其始在塞北之法林寺,其终在京师之宗鉴堂,因地立名。[2]是书初刻收入从世尊至大鉴禅师下三十七世的清代禅师公案 2 564 则,二刻增入 156 则,共 2 720 则。其中云门禅师一人公案 90 则,约占全部公案的三十分之一,约占《云门广录》中云门语录 691 则的八分之一。[3]《宗鉴法林》所收云门公案仅次于赵州和尚之公案 100 则。《宗鉴法林》七十二卷收入《卍续藏》第 66 册。《宗鉴法林》之体例,首先是举古,其次是会集诸家之拈古,再次是会集诸家之颂古。弥补了《宗门统要》只收拈古,《颂古联珠》只收颂古的不足,从而使观者一目了然。[4]

---

〔1〕 见《教外别传》X84－157c23

〔2〕 参见《宗鉴法林·凡例》:"是书之会集也,始于壬辰春,在塞北之法林寺;其镌版讫工也,于甲午夏,在京师柏林之宗鉴堂。今题曰《宗鉴法林》,识地也。"X66－266a5～7

〔3〕《高丽藏》所收《禅门拈颂集》收入 349 名禅师 1 472 则公案,其中云门公案 99 则、赵州 81 则、雪峰 45 则、南泉 44 则、临济 29 则、洞山 28 则。参见椎名宏雄『禅門拈頌集』の資料価値,《印度学佛教学研究》第 51 卷第 1 号,第 53 页。

〔4〕 参见《宗鉴法林·凡例》:"联珠惟颂,统要惟拈,分为两岐,未免各存意见,览者亦有顾此失彼之叹。今皆合集,庶几一目了然,洞若观火。"X66－266a24～b2

六、日本大德寺派密参录之《云门录百则》

大德寺派——密参录——《云门录百则》目录

大德寺派是日本临济宗的一个派系。1187 年,日本僧人明庵荣西将临济宗黄龙派引入日本。1246 年,中国僧人兰溪道隆东渡扶桑,又将临济宗杨岐派禅法传至日本。之后,二百年间,临济宗在日本形成十五个派别,即建仁寺派、东福寺派、建长寺派、圆觉寺派、南禅寺派、国泰寺派、大德寺派、妙心寺派、天龙寺派、永源寺派、向岳寺派、方广寺派、相国寺派、佛通寺派、兴圣寺派。其中,大德寺派始于 1315 年,开山祖师为宗峰妙超,本山即为京都紫野的大德寺,室町时代(1338 ~ 1573,即日本幕府时代)因战乱而荒废,后由一休宗纯复兴。

密参录就是公案集,密参禅作为一种特殊形式的公案禅,是师家与学人之间秘密传授的。室町时代,大德寺派的公案体系基本固定,大德寺派的密参录有《临济录密参录》《碧岩录密参录》《云门录密参录》《百则密参录》《五十则密参录》《杂古则密参录》等。[1] 此类密参录俱有日本禅师的下语、弁语,类似于中国公案集拈古中的拈语、代语、别语、征语。

---

[1] 参见饭冢大展《大德寺派密参录について(六)》,《驹泽大学佛教学部研究纪要》第 59 号,第 139 页。

　　《云门录密参录》即《云门录百则》,现存于驹泽大学的为宽永三年(1626)的写本。《云门录百则》目录如下:
一、清波无透路。二、啐啄之珍机。三、晒晾着。四、游山玩水。五、普。六、东山水上行。七、举。八、清机历掌。九、祖。十、堑。十一、情识难测。十二、恰。十三、裂破。十四、北斗里藏身。十五、髑。十六、吃。十七、一佛二菩萨。十八、得。十九、知。廿、请师实说。廿一、露。廿二、须弥山。廿三、的。廿四、深。廿五、利。廿六、烛。廿七、云擎雨色。廿八、挂杖敲鼻孔。廿九、日势稍晚。三十、七九六十三。卅一、揭。卅二、没。卅三、冢上生芝草。卅四、念七。卅五、确。卅六、要。卅七、有粥有饭。卅八、明星现时成道。卅九、受戒太早。四十、减却五年。四十一、灵树果子熟。四十二、举不顾。四十三、力韦希。四十四、鉴咦。四十五、元来馒头。四十六、死人无数。四十七、大用现前。四十八、扇子勃跳。四十九、回互不回互。五十、菩萨当体是空。五十一、火焰转法轮。五十二、灵云佛出世。五十三、雪峰中下根。五十四、话堕也。五十五、阿耶耶。五十六、光不透脱。五十七、灌溪沤麻池。五十八、众生颠倒。五十九、是法住法位。六十、僧辞大随。六十一、世尊下生。六十二、长庆问秀才。六十四、云居一沙金。六十五、普显色身。六十六、一箭两垛。六十七、合。六十八、过。六十九、领。七十、蝙。七十一、来。七十二、放。七十

三、出。七十四、平。七十五、识。七十六、速。七十七、
瞽。七十八、开。七十九、发。八十、是。八十一、患。
八十二、花。八十三、俱。八十四、一。八十五、苦。八
十六、热。八十七、蛇。八十八、点。八十九、痛。九十、
千。九十一、开塔见真容、函盖乾坤、截断众流、随波逐
浪、测。九十二、逢达摩、腊月廿五、减却五日、干屎橛、钟
声里披七条、生死到来。[1]

　　上述所列云门公案,第六十三已佚,九十一有 5 则,九
十二有 6 则,总计 100 则。通过《云门录百则》目录,可以
看出,日本禅师把云门语录作为参禅的公案,已达 100 则,
已经超过中国清代的拈古集《宗鉴法林》所收的 90 则,并
且已给出了相应的公案名称。此外,一字禅公案占了 42
个,其中一些在《云门广录》未见,如蝙、千等。

　　《云门录百则》作为密参录在日本的出现,说明尽管日
本没有云门宗,但是通过日本临济宗禅师参云门公案之
举,云门禅师也在一定程度上影响了日本禅宗界。

第二节　历代参学《云门广录》开悟者

　　云门禅师在生前不让门人记录其所说之语,并在开示

---

　　[1]　参见饭冢大展《大德寺派密参录について(七)》,《驹泽大学佛教
学部研究纪要》第 60 号,第 145 页。

中多次要求学人不要在老和尚言端语端上打转。云门禅师认为,寻言逐句,求解觅会,广设问难,只是赢得口齿伶俐,离自性和道越来越远。如果开悟这个事是在文字语言上,三乘十二分教难道不是文字语言,禅宗又因为什么被称为教外别传呢?[1] 尽管如此,云门禅师在不同场合的言语还是被记录下来,后代的一些禅师也有因阅云门录或参云门语而开悟的。祖琇在编撰《隆兴佛教编年通论》时对云门语录有如下评论:"观其本录垂代、勘辨作略,机机尽善,局局皆新,此所以风流天下,宗嗣绵绵,与临济角立而无尽也。噫! 后五百岁阅其残编断简,犹足以启迪昏翳,况当日亲槌拂者乎!"[2]

一、荐福承古

荐福承古(970~1045),宋代云门宗禅师,因阅《云门录》而悟,故自称云门法嗣。后居云居山弘觉禅师塔所,世人多称其古塔主。景祐四年(1037),范仲淹出守鄱阳,闻其道德,请其住持江西饶州荐福寺。门人文智集其语为《古塔主语录》一卷,收入《卍续藏》第73册。《联灯会要》《补续高僧传》《建中靖国续灯录》《五灯会元》《续指月录》《禅宗正脉》《锦江禅灯》等文献对荐福承古禅师都有

[1] 参见《云门广录》T47-545c22~25
[2] 见《隆兴佛教编年通论》X75-251a7~10

记载。对其因阅云门语录开悟,《联灯会要》记载:"师望云门百余岁,因阅其录,发明己见,即为之嗣。"〔1〕《禅宗正脉》亦有如下记载:"荐福古禅师,尝参大光玄、福严雅,无有可其意者,由是终日默然,深究先德洪规,一日览云门语,忽然发悟。"〔2〕

二、言法华

言法华,宋代僧人。寿春许氏子,生年不详,庆历八年(1048)示寂。弱冠游东京,于七俱胝院得度,一日因阅《云门录》而开悟,并获神通。识天衣义怀于襁褓之中,曾为吕蒙正决休咎,为宋仁宗决储嗣。《补续高僧传》《法华经持验记》《法华经显应录》《佛祖统纪》《佛祖历代通载》《嘉泰普灯录》《禅林僧宝传》等文献对言法华都有记载。《法华经持验记》卷下《宋开宝寺法华大士志言》有如下记载:

自云寿春许氏,弱冠游东都,得度于七俱胝院。一日读《云门录》,忽契悟,未几宿命遂通。梵相奇古,直视不瞬,口吻衮衮不可识。日常不辍,居恒乐诵《法华经》,因以为号。临化时,语人曰:"我从无量劫来,

〔1〕 见《联灯会要》X79-229a18~19
〔2〕 见《禅宗正脉》X85-373c11~13

成就逊多国土，分身扬化，今南归矣。"遂怡然而逝。
仁宗尝夜焚香默祷云："翌日请法华大士于化成殿
斋。"清旦，内侍奏，言法华自右掖门径趋，将至寝殿，
呵不能止。上笑曰："朕请而来也。"及至，径升御榻，
趺坐受供，上以储嗣为问，索笔大书十三十三，后英宗
即位，乃濮安懿王第十三子也。吕文穆蒙正，请言法
华斋，问未来休咎，但索笔书亳州二字。及罢相，知亳
州，始悟前谶。[1]

三、盛勤禅师

盛勤禅师（993～1060），德山远禅师法嗣。《续传灯
录》《建中靖国续灯录》《五灯会元》《镡津文集》等文献对
盛勤禅师都有记载。关于盛勤禅师因云门语而悟道的机
缘，宋代云门宗禅师契嵩在《秀州资圣禅院故和尚勤公塔
铭》有如下记载：

> （盛勤）遍学衡湘鄠郧老禅硕师，而独大尽玄旨于
> 德山远和尚。初以云门语句请决于远师，虽叩问勤，
> 至垂三月，远未尝稍辩，尽欲其自契耳。一旦悟已，诣
> 远质之。远师一见，即谓之曰："汝已彻矣。"当此，和
> 尚顿觉身超虚空，不觉屋庐为阂，复其立处，即遍体雨

---

[1]　见《法华经持验记》X78－83a2～13

汗。其悟道灵验如此也。[1]

四、真净克文

真净克文（1025～1102），陕府人，俗姓郑。宋代临济宗黄龙慧南禅师法嗣。治平二年（1065）真净克文因闻云门语而开悟。宋神宗熙宁十年（1077），荆国公王安石施金陵旧第为寺，请真净克文住持，宋神宗赐额保宁。《联灯会要》《续传灯录》《大光明藏》等文献对真净克文都有记载。关于真净克文闻云门语开悟之事，其门人德洪在《云庵真净和尚行状》中有如下记载：

> （克文）闻云峰悦禅师之风，兼程而往。至湘乡，悦已化去。叹曰："既无其人，吾何适而不可？"山川虽佳，未暇游也。因此行寓居大沩，夜闻僧诵云门语曰："佛法如水中月，是否？"云："清波无透路。"豁然心开。[2]

《续传灯录》亦记载为：

> （克文）年二十五，试所习，剃发受具足戒，学经论

〔1〕 见《镡津文集》T52 - 716a3 ～ 9
〔2〕 见《云庵真净和尚行状》X69 - 210c7 ～ 11

无不臻妙。游京洛讲席，因经行龙门殿庑间，见塑比丘像，冥目如在定，翻然自失，谓其伴曰："我所负者，如吴道子画人物，虽尽其妙，然非活者。"于是弃去曰："吾将南游观道焉。"治平二年坐夏于大沩，夜闻僧诵云门语。僧问："佛法如水中月，是否？"云门云："清波无透路。"豁然有省。[1]

五、大慧宗杲

大慧宗杲（1089～1163），宋代临济宗杨岐派禅师，安徽宣州宁国人，俗姓奚，出家后号妙喜，又号云门，师从圆悟克勤，晚年因主持径山，又称径山宗杲。大慧宗杲禅师提倡看话禅，与曹洞宗的天童正觉禅师倡导的默照禅在宋代有很大的影响。著作有《大慧语录》《正法眼藏》《宗门武库》等。

大慧宗杲禅师曾经说，他十三岁出家，就知道有自性这回事，即使生活在乡村的寺院里，也常常买来诸家禅师的语录来看。虽然不能在理上契入，可是很是喜欢云门禅师、睦州禅师的开示讲话。[2]他阅读古云门录，恍若旧习。[3]

大慧宗杲禅师在阅读诸家语录的过程中，有了一个疑

---

〔1〕 见《续传灯录》T51－565a25～b3
〔2〕 参见《禅宗正脉》X85－373c15～17
〔3〕 参见《五灯会元》。

问,五家宗派都是从一个达摩而来,为什么会有许多门庭设施?后参访宣州明教绍琏禅师、郢州微和尚、坚侍者、庆藏主、珣禅师、湛堂文准禅师。在文准禅师处大慧辩才无碍,只是未了最后事,文准禅师指示宗杲禅师参访圆悟克勤禅师。圆悟克勤禅师举僧问云门:"如何是诸佛出身处?"云门答云:"东山水上行。"让宗杲禅师下一转语。宗杲禅师参云门此则公案将及一年,下了四十九个转语,皆不契入。一天,圆悟克勤禅师到一达官家中升座说法,宗杲也随同前往。在说法中,圆悟克勤禅师又举云门此则公案。僧问云门:"如何是诸佛出身处?"云门云:"东山水上行。"若是天宁(圆悟克勤禅师自指)就不这样回答,如果有人问如何是诸佛出身处,就向他说:"熏风自南来,殿阁生微凉。"宗杲禅师听到此语,豁然有省,前后际断,动相不生,坐在净裸裸处。[1] 宗杲禅师此处悟到了空境,但还未体上起用,后参如藤倚树公案而得彻悟。

六、云居悟禅师

云居善悟,洋州兴道人,俗姓李氏。宋代临济宗禅师,龙门佛眼禅师之法嗣。《嘉泰普灯录》《僧宝正续传》《续传灯录》《指月录》《教外别传》等文献对云居悟禅师都有记载。关于云居悟禅师因闻云门语而心有所契之事,《僧

---

〔1〕 参见《续传灯录》T51 - 649a24 ~ c17

宝正续传》有如下记载:

> （善悟）初闻冲禅师举达摩廓然无圣之语,即曰:"我既廓然,何圣之有?"冲奇其语,发之南询,周流舒蕲间,参叩宗匠。抵龙门,见佛眼禅师,闻举云门语云:"直得山河大地无纤毫过患,犹是转句;不见一色,始是半提,更知有全提始得。"师心有契,遂依止焉。[1]

七、真慈禅师

真慈禅师,号元庵。南宋潼川人,俗姓李。《大明高僧传》记载其因闻云门语而开悟机缘如下:

> （真慈）因而南游庐阜,挂锡圆通。时卍庵为西堂,为众入室。举僧问云门:"拨尘见佛时如何?"门曰:"佛亦是尘。"慈闻豁然,随声便喝,以手指胸曰:"佛亦是尘。"复呈颂曰:"拨尘见佛,佛亦是尘。问了答了,直下翻身。劝君更尽一杯酒,西出阳关无故人。"又颂《尘尘三昧》曰:"钵里饭,桶里水,别宝昆仑坐潭底。一尘尘上走须弥,明眼波斯笑弹指。笑弹指,珊瑚枝上清风起。"卍庵颔之。于是声扬四表,道

洽殊途,出主智者(此指婺州智者寺——作者注),诲
诱学者,大屠龙之手焉。[1]

八、日僧宗峰妙超

宗峰妙超(1282～1337),日本临济宗僧人,讳妙超,号
宗峰,播州揖水人。花园天皇、后醍醐天皇曾随其参禅,花
园天皇特赐兴禅大灯国师号,后醍醐天皇加赐正灯国师。
宗峰妙超禅师因参云门禅师关字公案而彻悟,《大灯国师
行状》对此有如下记载:

> (大应)国师承诏住京城万寿,师(指宗峰妙
> 超——作者注)从之侍巾瓶。国师示以翠岩眉毛么
> 云门云关之语也。师下语云:"将错就错。"国师曰:
> "是则是,你能于关字著精彩,他时别须有生涯。"德治
> 丁未,国师赴于相州住建长,师乃参随至彼。未经十
> 日,因案上放在锁子,忽然打透关字,到了圆融无际真
> 实谛当大法现前处,汗流浃背,急趋方丈。下语曰:
> "几乎同路。"国师大愕云:"夜来梦见云门入吾室,你
> 今日透关字,你是云门再来也。"师掩耳而出。翌日呈
> 二偈云:"一回透过云关了,南北东西活路通。夕处朝
> 游没宾主,脚头脚底起清风。透过云关无旧路,青天

---

[1] 见《大明高僧传》T50-931a17~26

白日是家山。机轮通变难人到，金色头陀拱手还。妙
超胸怀如是，若不孤负师意，伏望赐一言，近拟归故
都，莫惜尊意，以为大幸耳。"国师掇笔自书其后云：
"你既明投暗合，吾不如你，吾宗到你大立去，只是二
十年长养，使人知此证明矣。为妙超禅人书。"〔1〕

九、东园居士

东园居士，名华宏旻，明代山东恽州人，因阅《云门录》
而胸中疑惑顿释：

> 在昔余心向往三峰老人，而恨未睹其书也，有禅
> 宿赍视老人所提《智证传》，喜而惊慓，叹曰："禅典中
> 乃有是书耶！"立起如邓尉，咨决所疑，老人多方垂手，
> 辗转难构。一日请益，问佛而答干矢橛，问西来意而
> 答庭前柏树子话，推出桌子曰："争奈者个何？"老人奋
> 举界尺劈破之，曰："百杂碎。"余霅尔心开，言下荐得
> 马祖以来拨地倾天用处。于是以白衣执侍，研究临济
> 宗旨。偶读《云门录》，至"尽大地无丝毫过患犹是转
> 句，不见一色始是半提，直得如此，须知更有全提时
> 节"，胸中障翳顿释，乃知临济立法，如舜在璇玑玉衡，
> 以齐七政，千万世天度范围于斯，云门则夏正也，中星

之用未移，故彻见云门，即透临济。一句三玄，三句一句，临济云门，岂非均此全提时节也哉！[1]

《智证传》为宋代惠洪所著，三峰老人即明代临济宗的汉月法藏禅师，曾提唱《智证传》，于万历四十八年（1620）集成《于密禅师提智证传》，此书已失。东园居士因此书而去法藏处决疑，东园居士问法藏云门干屎橛公案，法藏现场展示了云门百杂碎公案，使东园居士有所悟入，后读《云门录》，因全提时节公案而疑滞顿释，明白云门临济，三句一句、一句三玄都是全提时节。

十、性空臻禅师

性空行臻禅师，代州人，俗姓边，为临济宗三十二世，康熙十七年（1678）示寂。性空臻禅师曾参天童密云禅师，后成为密云弟子福岩费隐容禅师的法嗣。其门人超晓集其语为《性空臻禅师语录》六卷，收入《嘉兴藏》第 39 册。关于性空臻禅师因阅《云门录》而明白密云大机大用，汪琬在性空臻禅师《塔铭》中有如下记载：

（行臻）甫十余岁，薙发为僧，遍游诸方者数年，闻天童密云老和尚法席之盛，往受具戒，咨决生死大事。

---

[1] 见《宗统编年》X86 - 294c22 ~ 295a11

问："生从何来？"和尚棒云："即今从何处来？"进云：
"从堂中来。"和尚又棒云："既从堂中来，还归堂中
去。"师茫然。其后闻山石崩坠有声，始有省，复求印
证，和尚连棒趁出。以而游扬州福缘庵，阅大藏经，得
《云门语录》中语，恍然见密老和尚大机大用，觉情与
无情悉在自己光明中显现。欲复往依之，而值密老和
尚迁化，遂走谒费隐老和尚于金粟寺。费和尚即密和
尚授法大弟子也。命充监院，如是十三年，深加器重。
曰："先师之道赖子不孤矣。"[1]

十一、大晓实彻禅师

大晓实彻（1685～1757），清代临济宗僧。江苏崇明
人，俗姓陈。月潭明达之法嗣。初居终南山之忆洞山，一
日参云门公案，见电光而彻证。历住金山（今江苏丹徒县）
江天寺、常州（今江苏武进县）天宁寺等名刹。清高宗南巡
时尝赐予紫衣。其门人天涛际云继承江天寺、纳川际海继
承天宁寺。其法系至近代仍存。《大晓彻禅师行略》有如
下记载：

即往临安住山，忽染大病，于中所得功夫，全然无
用。开眼作得主，合眼即作不得主，自觉从前所得未

〔1〕 见《性空臻禅师语录》J39－767a30～b10

是究竟。病愈复诣访参请,无有能发疑情进步者,即自誓入终南山住石洞了此一生。于石洞中,惟木食涧饮,一住二年,亦不觉寒暑推迁。忆洞山参云门公案,虽觉明白,于"江西、湖南便恁么去"未得无疑。偶一晚站立洞口,天无星月,云雾晦暝,忽见电光一烁,豁然大悟,即说偈云:"奇哉奇哉甚奇哉!闪电光中正眼开。明暗两条生灭路,谁知无去亦无来。"始觉从前所得之非是。后每坐竟忘日月,出定开眼,见世界全空,忽觉秀雄峰倒至面前,顿然一惊,即说偈云:"本来非色亦非空,无我无人万像同。能所掀翻谁是主,堂堂不是秀雄峰。"从此自信,不复有出山之念。后有同参相访,力劝出山,言古人悟后必须见人,由是出山。[1]

透过以上实例,说明云门语录还能与后世学人的心机相应,证明了云门语录还有实实在在的生命力。

_____

[1]　参见《武进天宁寺志》卷七,《中华大典》本。

附录　云门匡真禅师年谱

【概说】

云门文偃禅师是唐末五代人,禅宗五宗七家之云门宗开山祖。最早的云门文偃禅师的传记资料有以下三种:(一)949年雷岳撰《云门山光泰禅院匡真大师行录》;(二)951年雷岳撰成的,958年南汉所立《大汉韶州云门山光泰禅院故匡真大师实性碑并序》;(三)964年陈守中撰成的《大汉韶州云门山大觉禅寺大慈云匡圣弘明大师碑铭并序》。此外,《祖堂集》、《景德传灯录》、《五灯会元》、《禅林僧宝传》、《南汉书》、《十国春秋》、《雪峰年谱》、《佛祖纲目》、《传法正宗记》、《祖源通录撮要》、《宗门通要》、《建中靖国续灯录》、《林间录》、《祖庭事苑》、《联灯会要》、《禅门拈颂集》、《释氏通鉴》、《宗统编年》、《隆兴编年通论》、《云门山志》、徐硕《至元嘉禾志》、《释氏稽古略》、《历代佛祖通载》、刘元卿《贤奕编》、徐象梅《两浙名贤录外录》、裘乘仿《(康熙)乳源县志》、沈翼机《浙江通志》、徐渤《雪峰山志》、徐瑶光《(光绪)嘉兴府志》也有一些记载。本文以此为基础,结合其他碑志及禅宗典籍撰成文偃禅师简略年谱。

凡例

·首列年号、甲子纪年、西元纪年、文偃禅师年龄。

·次逐年胪列文偃禅师生平大事,若无,则不列。

·次对正文注释,注释以加括号的阿拉伯数字排序。

·次列此年佛教大事记,若无重要者,则不列。

【云门文偃禅师法系】

六祖慧能——青原行思——石头希迁——天皇道悟——龙潭崇信——德山宣鉴——雪峰义存——云门文偃

唐懿宗李漼咸通五年　甲申　(864)　1 岁

禅师名文偃[(1)],晋张翰[(2)]十三代孙。张翰,吴郡吴人,初仕于洛,后休禄返里,徙于江浙,故胤及文偃禅师生于嘉兴。[(3)]

(1) 永井政之《云门》谓文偃之名为志澄律师所取,取《书经》中“偃武修文”之意。第 36 页,临川书店 2008 年 5 月版。

(2)《晋书》卷九十二:张翰字季鹰,吴郡吴人也。父俨,吴大鸿胪。翰有清才,善属文,而纵任不拘,时人号为江东步兵。会稽贺循赴命入洛,经吴阊门,于船中弹琴。翰初不相识,乃就循言谭,便大相钦悦。问循,知其入洛,翰曰:“吾亦有事北京。”便同载即去,而不告家人。齐王冏辟为大司马东曹掾。同时执权,翰谓同郡顾荣曰:"天下纷纷,祸难未已。夫有四海之名者,求退良难。吾本山林间人,无望于时。子善以明防前,以智虑后。"荣执其手,怆然曰:"吾亦与子采南山蕨,饮三江水耳。"翰因见秋风起,乃思吴中菰菜、莼羹、鲈鱼脍,曰:"人生贵得适志,何能羁宦数千里以要名爵乎!"遂命驾而归。著《首丘赋》,文多不载。俄而闾败,人皆谓之见机。然府以其辄去,除吏名。翰任心自适,不求当世。或谓之曰:"卿乃可纵适一时,独不为身后名邪?"答曰:"使我有身后名,不如即时一杯酒。"时人贵其旷达。性至孝,遭母忧,哀毁过礼。年五十七卒。其文笔数十篇行于世。第2384页。

(3)《行录》(949):师讳文偃,姓张氏,世为苏州嘉兴人,实晋王闿东曹参军翰十三代孙也。

《实性碑》(958):师讳文偃,姓张氏,晋齐王闿东曹参军翰十三代孙也。翰知世将泯,见机休禄,徙于江浙,故胤及我师,生于苏州嘉兴郡。

《碑铭》(964):大师讳文偃,姓张氏,吴越苏州嘉兴人也。

《祖堂集》(952):师讳偃禅,苏州中吴府嘉兴人也,姓张。

《景德传灯录》(1004):姑苏嘉兴人也,姓张氏。

《祖庭事苑》(1108):师讳文偃,生东吴之嘉兴,姓张氏。

《禅林僧宝传》(1122):禅师名文偃,姑苏嘉兴人也。

《联灯会要》:苏州嘉兴人也。

《十国春秋》:僧文偃,嘉兴人,姓张氏。

《明一统志》:文偃,嘉禾人,姓张氏。

《大清一统志》卷二百二十一:五代文偃,嘉兴人,姓张氏。

《大清一统志》卷二百四十一:五代南汉文偃,嘉兴人,张氏了。

《至元嘉禾志》:僧文偃,嘉禾人,俗姓张氏。

《南汉书》:僧文偃,嘉兴人,姓张氏,为晋王闿东曹参军翰之十三代孙。

咸通六年　乙酉　(865)　2岁

大事记: 德山宣鉴禅师示寂。

咸通七年　丙戌　（866）　3 岁

大事记: 四月, 临济义玄禅师示寂。

咸通八年　丁亥　（867）　4 岁

咸通九年　戊子　（868）　5 岁

大事记: 长沙景岑禅师示寂。

咸通十年　己丑　（869）　6 岁

大事记: 洞山良价禅师示寂。

咸通十一年　庚寅　（870）　7 岁

大事记: 帝诞节, 召两街大德僧人入内讲道, 赐永兴军终南山道宣律师号澄照律师。
裴休去世。

咸通十二年　辛卯　（871）　8 岁

　　文偃生而聪敏，幼足神风，不杂时流，自高释姓[1]。凤负灵姿，为物应世。[2] 八岁[3] 依嘉兴空王寺志澄律师[4] 出家为童。凡读诸经，无烦再阅。澄深器美之。[5]

　　(1)《碑铭》：生而聪敏，幼足神风，不杂时流，自高释姓。

　　(2)《行录》：凤负灵姿，为物应世。

　　(3)《遗表》：臣迹本寒微，生从草莽，爰自髫龀，且慕空门，洁诚誓屏于他缘，锐志唯探于内典。

　　《行录》：才自髫龀，志尚率己厌俗，遂依空王寺志澄律师出家为弟子。

　　(作者按：髫龀指男孩八岁。龀，《说文》中有"男八月生齿、八岁而龀；女七月生齿、七岁而龀"的说法。髫龀往往是指人的儿童时期。而陈守中《乙碑》作："生而聪敏，幼足神风，不杂时流，自高释姓，才逾卯岁，便慕出家，乃受业于嘉兴空王寺律师志澄下为上足，披经怪偈，一览无遗，勤苦而成。"卯岁指男孩四岁左右。明代赵琦《杨椿书虞秦公祺传》："后生祺，甫卯岁，知孝敬父母；四岁，口诵数百言；既长，学愈力。"卯岁、四岁、既长是并列着排下来的。由是，卯岁应该是比四岁还要小的年纪。又，《诗·齐风·莆田》："婉兮娈兮，总角卯兮。"古时儿童发式，女曰羁，男曰角，束发成两角叫卯。因以童年时代称总角、羁卯，也有称卯岁的。沈起凤《谐铎·命中姻眷》："一总角儿携书包入，叟曰：此予少子，甫四龄矣！"对此两种说法，今取雷岳《行录》，因为雷岳对文偃禅师生平有所了解。《行录》最后云："岳幸参目师之余化，知师所为之大略，敢不书之，以贻方来。")

　　(4)《宋高僧传·唐吴郡嘉兴法空王寺元慧传》：释元慧，俗姓陆氏，晋平原内史机之裔孙也。父丹，文林郎云骑尉温州纠曹，慧，即仲子也。髫龄颖悟，长而温润，畏作枯龟，思为瘦雁。以开成二年辞亲，于法空王寺依清进为弟子。会昌元年，往恒阳纳戒法，方习毗尼。入礼五台，仍观众瑞。二年，归宁嘉禾居建兴寺，立志持三白法，讽诵五部曼挐罗，于臂上蓺香炷。五年，例遭澄汰，权隐白衣。大中初，还入法门。至七年，重建法空寺。又然香于臂,供养报恩山佛牙。次往天台山,度石桥,利有攸往,略无忧虞焉。咸通中,随送佛中指骨舍利,往凤翔重真寺,鍊左拇指,口诵《法华经》,其指不踰月复生如故。乾宁三年,偶云乖念。九月二十八日,归寂于尊胜院,报龄七十八,僧腊五十八。弟子端肃等奉神座葬之吴会之间,谓为三白和尚焉。其礼拜诵持,不胜其计,如别录也。

(作者按:永井政之谓法空王寺与空王寺是同一寺,志澄为元慧后法空王寺的主持。参见其《云门》第 38 页。)

(5)《实性碑》:师幼慕出尘,乃栖于嘉兴空王寺志澄律师下为童,凡读诸经,无烦再阅。

(在唐代出家与剃度不完全是一回事,在唐开元二十二年的户婚律及其疏议中,尚未设置出家和剃度的法制,只是将度僧当作问题,严戒私度的出家者,尽量防止伪滥者。但是宋朝将出家(童行)和剃度(沙弥)之间作明显的区别,明确了二者的法制。

童行或行者的起源还不明确,但唐代寺院中有很多童行制设立的实例。而在国家的法制上将之认可,设立有关童行的种种规定是宋代才开始的。打算进入佛门者,首先必须入寺作童行。童行是出家者的必经过程,因此又称为出家。志愿成为童行者必须向自己所欲入之寺的师主,提出大略如下的申请书(投院状):"投院童行,姓某名某,年若干,本贯某州某县某乡某里人事(或是郭下人事),在身并无雕青刑宪及诸般违碍。今为生死事大,久慕空门,蒙父母情允许,舍入本院出家为童行(如无父母,即云今欲投院出家为童行),伏乞堂头和尚慈悲容纳。谨状。年月日具。前位某明显状送。如有父母,即连状书名。"(《禅苑清规》卷九)

在中国唐宋时代,曾有童行试经制,即童行剃发为沙弥时,须先试经,称为试经得度。由官设度科,印度无此法,而是始于中国,且当时以试《法华经》为主。《佛祖统纪》记载:"唐中宗景龙初,诏天下试经度僧,山阴灵隐僧童大义,诵《法华》试中第一。肃宗敕白衣诵经五百纸,赐明经出身为僧,时僧标试中第一。代宗敕童行策试经律论三科,给牒放度。敬宗敕僧背经百五十纸,尼百纸,许剃度。宣宗敕每岁度僧,依戒定慧三学,择有道性、通法门者。"又记载:"窃详《大宋高僧传》、洪觉范《僧宝传》所载,自建隆开国至于南渡,明德高行皆先策试《法华》,然后得度。以由此经是如来出世一化之妙唱,群生之宗趣,帙唯七卷,繁简适中,故学者诵习无过与不及之患。自唐至今,五百年来,昭垂令典,虽下及万世,可举而行。")

咸通十三年　壬辰　(872)　9 岁

咸通十四年　癸巳　(873)　10 岁

大事记:三月,宣宗诏两街僧于凤翔法门寺迎佛骨。

咸通十五年　唐僖宗李儇乾符元年　甲午　(874)　11 岁

乾符二年　乙未　(875)　12 岁

大事记:黄巢起义。

乾符三年　丙申　(876)　13 岁

乾符四年　丁酉　(877)　14 岁

乾符五年　戊戌　(878)　15 岁

乾符六年　乙亥　（879）　16 岁

广明元年　庚子　（880）　17 岁

文偃依空王寺志澄律师剃度[1]，受沙弥戒。文偃性豪爽，骨面丰颊，精锐绝伦，目纤长，瞳子如点漆，眉秀近睫，视物凝远[2]。敏质生知，慧辩天纵。[3]

(1)《祖堂集》：年十七，依空王寺澄律禅师下受业。(《云门山志》：年甫十五，即投嘉兴空王寺礼志澄律师出家，并受沙弥戒焉。)

《祖庭事苑》：受业于兜率院。

《禅林僧宝传》：少依兜率院得度。

(作者按：学者出家从师学道，称为受业；一般多指求受戒法，以得僧尼之资格，故称初出家之寺院为受业院。又得度后之亲教师，称为受业师，或受业和尚。

又兜率院与空王寺是一是二?《至元嘉禾志》卷十四《仙梵》：僧文偃，嘉禾人，俗姓张氏。因出外游方，遂得道于雪峰禅师。至韶州，康王赐号康真。既葬，肉身不坏。宋太宗赐号大慈云康真洪明禅师，至今云门一宗遂传。有云门井，在兜率寺中，病者饮其水以疗疾。《至元嘉禾志》卷十《寺院》：兜率寺在郡治东北一里。考证旧放生池也。唐乾元元年置，名法空寺。钱氏改为轮王寺。宋大中祥符元年赐名兜率，德佑元年废为教场，今为北营。由是可知，唐代称法空寺、法空王寺、空王寺，五代称轮王寺，宋代大中祥符元年（1008）称兜率院。《祖庭事苑》成书于 1108 年，《禅林僧宝传》成书于 1122 年，故都称兜率院。亦可参见永井政之《云门》第 38–39 页。)

(2)《禅林僧宝传》：性豪爽，骨面丰颊，精锐绝伦，目纤长，瞳子如点漆，眉秀近睫，视物凝远。

（3）《五灯会元》：敏质生知，慧辩天纵。

广明二年　中和元年　辛丑　（881）　18 岁

大事记：夹山善会禅师示寂。

中和二年　壬寅　（882）　19 岁

中和三年　癸卯　（883）　20 岁

文偃二十岁[1]，依年到常州毗陵坛受具足戒[2]。后
又回空王寺随侍志澄律师五夏，学习四分律及大小乘
经典。[3]

（1）《祖堂集》：年登癸卯，得具尸罗，习四分于南山，听三车于中道。
（作者按：中和三年为癸卯年。《云门山志》之《偃祖传略》为："师年二十一
（唐僖宗中和四年甲辰——公元八八四年）受具足戒于常州毗陵坛。"又按佛
制，年满二十方许受具足戒。

《碑铭》：依年尸罗于常州戒坛，初习小乘，次通中道。

（2）自隋唐以降，僧尼皆依四分律受戒；并特于受持具足戒外，加受四重
四十八轻戒之菩萨戒。据四分律所载，比丘戒有二五〇戒，比丘尼戒有三四
八戒。戒可大别为八种，即波罗夷（比丘四，比丘尼八）、僧残（比丘十三，比
丘尼十七）、不定（比丘二）、舍堕（比丘三十，比丘尼三十）、单堕（比丘九十，
比丘尼一七八）、波罗提提舍尼（比丘四，比丘尼八）、众学（比丘一百，比丘尼
一百）、灭净（比丘七，比丘尼七）。

（3）按《四分律》，受具足戒满五夏，方许离师。

中和四年　甲辰　（884）　21 岁

中和五年　光启元年　乙巳　（885）　22 岁

光启二年　丙午　（886）　23 岁

光启三年　丁未　（887）　24 岁

大事记：四月，岩头全豁禅师示寂。石霜庆诸禅师示寂。

光启四年　文德元年　戊申　（888）　25 岁

文偃以毗尼严净而己事未明，离开志澄律师往游诸方，初参睦州陈尊宿[1]。在陈尊宿座下悟入而发明心地，并咨参数载。[2]

（1）《行录》：踪，黄檗之裔也。知道不偶世，引己自处。潜居古伽蓝，虽揖世高蹈，而为世所慕。凡应接来者，机辩峭捷，无容伫思。

《祖堂集》：陈和尚嗣黄檗，在睦州龙兴寺。师平生密行，常制造蒲鞋，暗遗于人，因此称为陈蒲鞋和尚是也。

《石门文字禅·陈尊宿赞》：云门临济，一龙一夔，嗣存参运，皆公使之。丛林米岭，众不满百。金一典客，觉有难色，即袖手去。古寺闲房，织屦养母，自含其光，钦其遗风，秋满须发，唯不少贬，是真宏法。

《石门文字禅·陈尊宿影堂序》：陈尊宿者，断际禅师之高弟也。尝庵于高安之米山,以母老于睦,遂归。编蒲屦售以为养,故人谓之陈睦州。临济至黄檗,众未有知之者,而公独先知之。尝指似断际曰:"大黄之门,必此儿也。"云门秘传于公,人所知之,而公更使谒雪峰,曰:"当嗣之,不然吾道终不振矣!"云门、临济能不忘其言,故宗一代。天下古今,依此以扬声,其德泽方进未艾也。夫二子方其匡耀也,其施为未有以异于人,而卒不能逃公之言,何也? 古之人笃,闻其信已,故其处心也公。惟其公,是以自知之审,而知人之详也。今之世,虽有通人远才,不小同已,则横议疾之,不掩则谤之而已。通人远才固自负,而群小又工于为谤,宜乎其赘隅于世也。而庸下之徒能阿其所好,故争厚恩之,环目迟以为嗣。庸下者固欲显于人,而好名者素快同于已,宜乎其丰隆于时也。吾行四方有年矣,见此种人何限,而恬然不知怪。世衰道微,一至于此。使其闻公之风,见公之像,其何以施眉目耶! 呜呼! 期临济必大黄檗之门,而其嗣方大盛,知人之详也。祝云门嗣雪峰,庶未其诘,自知之审也。传曰:知人则哲,自知则明。吾于睦州公见之矣,公之影堂在高安南之四十里,所谓米山者也。

(2)《游方遗录》:师初参睦州踪禅师,州才见师来,便闭却门。师乃扣门,州云:谁? 师云:某甲。州云:作什么。师云:已事未明,乞师指示。州开门,一见便闭却。师如是连三日去扣门,至第三日,州始开门,师乃拶入,州便擒住云:道! 道! 师拟议,州托开云:秦时 车度 轹钻。师从此悟入。

《行录》:乃辞澄谒睦州道踪禅师。踪,黄檗之裔也。知道不偶世,引己自处。潜居古伽蓝,虽揖世高蹈,而为世所慕。凡应接来者,机辩峭捷,无容佇思。师初往参,三扣其户,踪才启关,师拟入,踪托之云:"秦时 车度 轹钻"。因是释然朗悟。既而咨参数载,深入渊到。踪知其神器充廓,觉辕可任,因语之曰:"吾非汝师,今雪峰义存禅师可往参承之,无复留此。"

《实性碑》:乃辞澄谒睦州道踪禅师,则黄檗之派也。一室常闭,四壁唯空,或复接人,无容佇思。师卷舒得志,径往叩门。禅师问:"谁?"师曰:"文偃。"禅师关门云:"频频来作什么?"师云:"学人已事不明。"禅师曰:"秦时 车度 轹钻。"以手托出闭门,师因是发明。又经数载,禅师以心机秘密,关钥弥坚,知师终为法海要津,定做禅天朗月,因语师云:"吾非汝师,莫住。"师遂入闽。

《碑铭》:因闻睦州道踪禅师关钥高险,往而谒之。来去数月。忽一日禅师发问曰:"频频来作什么?"对曰:"学人己事不明。"禅师以手推出云:"秦时<b></b>辘辘钻。"师因是发明,征而有理。经数载,策杖入闽。

《建中靖国续灯录》:初参睦州陈尊宿,发明心地,寻入岭,参雪峰。

《祖庭事苑》:访道诸方,初至睦州,参陈尊宿,扣其门,陈问:"阿谁?"曰:"文偃。"陈开门把住曰:"道!道!"师无语,陈曰:"秦时辘辘钻。"遂托开,以门掩折右足,师因发明大意。陈指游雪峰。

《禅林僧宝传》:初至睦州,闻有老宿饱参。古寺掩门,织蒲屦养母。往谒之,方扣门,老宿搿之曰:"道!道!"偃惊不暇答,乃推出曰:"秦时辘辘钻。"遂掩其扉,损偃右足。老宿名道踪,嗣黄檗断际禅师,住高安米山寺,以母老东归,丛林号陈尊宿。偃得旨辞去,谒雪峰存。

《雪峰义存禅师语录》:云门参睦州和尚。得旨后。造陈操侍郎宅。经三载。续回。礼谒睦州。州云。南方有雪峰和尚。汝何不去彼中受旨。云门到雪峰庄上。X69 - 81b18 ~ 20

(作者按:云门在陈尊宿处的时间,各家记载不一。行录、甲碑、乙碑俱作数载,续灯录作寻入岭,参雪峰,僧宝传作得旨辞去。行录、甲碑、乙碑作为早期文献应较可靠。《碧岩录》亦记载云门在陈尊宿弟子陈操尚书宅三年。)

唐昭宗李晔龙纪元年　己酉　(889)　26 岁

大顺元年　庚戌　(890)　27 岁

大顺二年　辛亥　(891)　28 岁

　　文偃依陈尊宿之旨，策杖南下，参访雪峰[1]，契会宗要。温研积稔，道与存契，雪峰遂密以宗印付师。[2]文偃禅师于岭中亦有参访。[3]其后出岭，历参诸方尊宿，其或忘餐侍问，立雪求知，困风霜于十七年间，涉南北于数千里外，始见心猿罢跳，意马休驰。[4]（按，据《雪峰义存禅师语录》及《碧岩录》，云门在睦州及陈尚书处三载，然后入福建参访雪峰，故将见雪峰之事系于此年。）

　　(1)《祖堂集》：雪峰和尚嗣德山，在福州。师讳义存，泉州南安县人也，俗姓曾。……开平二年戊辰岁五月二日夜三更初迁化，春秋八十七，僧夏五十九，出世三十九年。敕谥真觉大师，难提之塔。第345～360页。

　　《宋高僧传》：释义存，长庆二年壬寅生于泉州南安县曾氏。自王父而下皆友僧，亲佛清净谨愿。存生而鼻逆荤血，乳抱中或闻钟磬，或见僧像，其容必动，以是别垂爱于膝下。九岁请出家，怒而未允。十二从家君游蒲田玉润寺，有律师庆玄持行高洁，遽拜之曰："我师也。"遂留为童侍焉。十七落发，来谒芙蓉山恒照大师，见而奇之，故止其所。至宣宗中兴释氏，其道也涅而不缁，其身也裒然而出。北游吴、楚、梁、宋、燕、秦，受具足戒于幽州宝刹寺讫，巡名山，扣诸禅宗，突兀飘飘，云翔鸟逝。爰及武陵，一面德山，止于珍重而出，其徒数百，咸莫测之。德山曰："斯无阶也，吾得之矣。"咸通六年，归于芙蓉之故山。其年圆寂大师亦自沩山拥徒至于怡山，王真君上升之地，其徒执累累而疑关，存拒而久之。则有行实者，始以存同而议曰："我之道魏魏乎，法门围绕之所，不可造次，其地宜若布金之形胜可矣。府之西二百里有山焉，环控四邑，峭拔万仞，嶬峷以支圆碧，培塿以瞰群青，怪石古松，栖蛰龟鹤；灵湫邃壑，隐见龙雷。山之巅，先冬而雪，盛夏而寒。其树皆别垂藤萝。茸茸而以为之衣，交错而不呈其形。奇姿异景，不可殚状，虽霍童、武夷无以加之。实闽越之神秀，而古仙之未攸居，诚有待于我也。祈以偕行去。"秋七月，穿云蹑藓，陟险升幽，将及之，存曰："真吾居也。"其夕山之神果效灵。翌日岩谷爽朗，烟霞飞动。云庵既立，月构旋隆。繇是梔法轮于无为，树空门于有地，行实乃请名其山曰雪峰，以其冬雪夏寒，取鹫岭、猴江之义。斯则庚寅逮于乙未，存以山而道任，山以存而名出。天下之释子，不计华夏，趋之若召。乾符中，观察使京兆韦公、中和中司空颖川陈公，每渴醍醐而不克就饮，交使驰恳，存为之入府，从人愿也。其时内官有复命于京，语其道。其侪之拔俗悟空者，请蜕浮华而来脱屣。僖宗皇帝闻之，翰林学士访于闽人陈延效，得其实奏。于是乃锡真觉大师之号，仍以紫袈裟俾延效授焉。存受之如不受，衣之如不衣。居累夏，辛亥岁朔，遽然杖屦，其徒启而不答，云以随之，东浮于丹丘四明。明年，属王侍中之始据闽越，乃洗兵于法雨，致礼于禅林，馥存之道，常东望顶手。后二年，自吴还闽，大加礼异。及闽王王氏誓众养民之外，雅隆其道。凡斋僧构刹，必请问焉。为之增宇、设像、铸钟以严其山，优施以充其众。时则迎而馆之于府之东西甲第。每将俨油幢聆法论，未尝不移时。仅乎一纪，勤勤恳恳，熊黑之士因之投迹檀那；渔猎之逸，其或弭心鳞羽。戊辰年春三月示疾，闽王走医，医至粒药以授，存曰："吾非疾也，不可罔子之工。"卒不饵之，其后札偈以遗法子，函翰以别王庭。夏五月二日，鸟兽悲鸣，云木惨悴。其夜十有八刻时灭度，俗寿八十有七，僧腊五十有九，以其月十五日塔而藏之。第 286～288 页。

(2)《行录》：师依旨入岭造雪峰，温研积稔，道与存契，遂密以宗印付师，由是回禀存焉。

《祖堂集》：辞入闽岭，才登象骨，直奋鹏程。三礼欲施，雪峰便云：'何得到与么？'师不移丝发，重印全机，虽等截流，还同戴角。每与参请，闇契知见。

《实性碑》：师遂入闽，才登象骨，直奋鹏程。因造雪峰会，三礼欲施，雪峰便云：'因何得到与么？'师不移丝发，重印全机，虽等截流，还同戴角。由是学徒千余，凡圣莫审。师昏旭参问，寒燠屡迁，抠衣惟切于虚心，得果莫输于实服。因有僧问雪峰云：'如何是触目不见道，运足焉知路？'峰云：'苍天！'僧不明，问师，师曰：'两斤麻，一匹布。'僧后闻于峰，峰云：'噫！我常疑个布衲。'师于会里,密契玄机。因是出会,遍谒诸山尊宿,颇有言句,世所闻之。后雪峰迁化,学徒乃问峰佛法付谁,峰云:'遇松偃处住。'学徒莫识其机,偃者盖师名也。至今雪峰遗诫不立尊宿。

《碑铭》:策杖入闽,造于雪峰会下,三礼之后,雪峰和尚颇形器重之色。是时千人学业,四众咸归,肃穆之中,凡圣莫测。师朝昏参问,寒燠屡迁。昂鹤态于群流,闭禅扉于方寸。因有僧问雪峰曰:'如何是触目不见道,运足焉知路?'雪峰曰:'唪!'其僧不明,举问师此意如何,师曰:'两斤麻,一匹布。'僧又不明,复问何意,师曰:'更奉三尺竹。'僧后闻于雪峰,峰曰:'噫!我常疑个布衲。'其后颇有言句,繁而不书。乃于众中密有传授,因是出会,游访诸山。后雪峰迁化,学徒问曰:'和尚佛法付谁?'峰曰:'遇松偃处住。'学徒莫测。偃者则师之法号也。遗诫至今,雪峰不立尊宿。

《景德传灯录》:初参睦州陈尊宿发明大旨,后造雪峰而益资玄要,因藏器混众。

《传法正宗记》:寻印可于雪峰存禅师,自是匿曜一混于众。T51-757b15~17

《建中靖国续灯录》:参雪峰,一日,遇升堂,僧问:'如何是佛?'峰云:'苍天,苍天。'师闻,忽释所疑,契会宗要。

《祖庭事苑》:陈指游雪峰。师既至,适雪峰升堂,乃出众曰:'项上三百斤铁枷何不脱却?'峰下座,把住云:'因甚到与么?'师以手拭目。

《禅林僧宝传》:谒雪峰存,存方堆椸坐,为众说法,偃犯众出,熟视曰:'项上三百斤铁枷,何不脱却?'存曰:'因甚到与么?'偃以手自拭其目趋去,存心异之。明日升座曰:'南山有鳖鼻蛇,诸人出入好看。'偃以拄杖撺出,又自惊栗,自是辈流改观。

《五灯会元》:州指见雪峰。师到雪峰庄,见一僧,乃问:'上座今日上山去那?'僧曰:'是。'师曰:'寄一则因缘,问堂头和尚,只是不得道是别人语。'僧曰:'得。'师曰:'上座到山中见和尚上堂,众才集便出,握腕立地曰这老汉项上铁枷何不脱却?'其僧一依师教,雪峰见这僧与么道,便下座拦胸把住曰:

'速道！速道！'僧无对,峰拓开曰:'不是汝语。'僧曰:'是某甲语。'峰曰:'侍者将绳棒来！'僧曰:'不是某语,是庄上一浙中上座教某甲来道。'峰曰:'大众去庄上迎取五百人善知识来。'师次日上雪峰,峰才见便曰:'因甚么得到与么地?'师乃低头,从兹契合,温研积稔,密以宗印授焉。

《游方遗录》:师到雪峰庄,见一僧,师问:'上座今日上山去那?'僧云:'是。'师云:'寄一则因缘,问堂头和尚,只是不得道是别人语。'僧云:'得。'师云:'上座到山中见和尚上堂,众才集便出,握腕立地曰这老汉项上铁枷何不脱却。'其僧一依师教,雪峰见这僧与么道,便下座拦胸把住其僧云:'速道！速道！'僧无对,雪峰拓开云:'不是汝语。'僧云:'是某甲语。'峰云:'侍者将绳棒来！'僧云:'不是某语,是庄上一浙中上座教某甲来道。'雪峰曰:'大众,去庄上迎取五百人善知识来。'师次日上山,雪峰才见便云:'因什么得到与么地?'师乃低头,从兹契合。师在雪峰,时有僧问雪峰:'如何是触目不会道,运足焉知路?'峰云:'苍天！苍天！'僧不明,遂问师:'苍天意旨如何?'师:'三斤麻,一匹布。'僧云:'不会。'师云:'更奉三尺竹。'后雪峰闻,喜云:'我常疑个布衲。'

（作者按:诸录载云门见雪峰事不一,《指月录》已指出。《指月录》:圆悟《碧岩集》云:师承睦州旨,往见雪峰,一到便出众问曰:如何是佛? 峰云:莫寐语。师便礼拜。一住三年。雪峰一日问:"子见处如何?"师云:"某甲见处,与从上诸圣,不移易一丝毫。"《僧宝传》:谒雪峰,峰方堆桅坐,为众说法。师犯众出熟视曰:项上三百斤铁枷,何不脱却? 峰曰:因甚到么? 师以手自拭其目趋去。峰心异之,明日升座曰:南山有鳖鼻蛇,诸人出入好看。师以拄杖撺出,又自惊栗,自是辈流改观。三录载师见雪峰事,其不同若此,因并录以备考。）

（3）《游方遗录》:师在岭中时,问卧龙和尚:"明己底人还见有己么?"龙云:"不见有己,始明得己。"又问:"长连床上学得底是第几机?"龙云:"第二机。"师云:"作么生是第一机?"龙云:"紧峭草鞋。"师在岭中时,有僧问:"如何是法身向上事?"师云:"向上与你道即不难,汝唤什么作法身?"僧云:"请和尚鉴。"师云："鉴即且置，作么生说法身？"僧云："与么与么。"师云："此是长连床上学得底，我且问你，法身还解吃饭么？"僧无语。后有僧举似梁家庵主，主云："云门直得入泥入水。"资福云："欠一粒也不得，剩一粒也不得。"师在雪峰，与长庆西院商量：雪峰上堂云："尽大地撮来，如粟米粒大，抛向面前漆桶不会，打鼓普请看。"西院问师："雪峰与么道，还有出头不得处么？"师云："有。"院云："作么生是出头不得处？"师云："不可总作野狐精见解也。"又云："狼藉不少。"又云："七曜丽天。"又云："南阎浮提，北欝单越。"师一日与长庆举赵州无宾主话：雪峰当时与一蹋作么生？师云："某甲不与么。"庆云："你作么生？"师云："石桥在向北。"师与长庆举石巩接三平话。师云："作么生道免得石巩唤作半个圣人？"庆云："若不还价争辨真伪？"师云："入水见长人。"

《游方遗录》：师在岭中时，问一老宿："一切时中如何辨明？"老宿云："唤什么作一切时中？"师云："释迦老子道了也，弥勒犹自不知。"又见一老宿上堂云："若是商量举觉，如当门利剑相似，一句下须有杀活始得。"师出众云："和尚上堂多时，大众归堂。"老宿云："道什么？"师云："日月易流。"师在岭中顺维那处起，彼时问："古人竖起拂子放下拂子意旨如何？"维那云："拂前见拂后见？"师云："如是如是。"又云："是诺伊不诺伊？"又云："可知礼也。"

《游方遗录》：因瑫长老举菩萨手中执赤幡。问师："作么生？"师云："你是无礼汉。"瑫云："作么生无礼？"师云："是你外道奴也作不得。"

（作者按：因文偃在岭中参访之人多无生卒之年，故皆暂系此年。）

(4)《中国历代高僧》：离开雪峰庄后，文偃开始了漫长的行脚参学生涯，其行踪大概是从今福建出发，北上浙江，西折江西，然后西行湖南，最后越五岭而南下广东。第493页。

大事记：仰山慧寂禅师示寂。雪峰禅师游吴越。

景福元年　壬子　（892）　29 岁

景福二年　癸丑　（893）　30 岁

乾宁元年　甲寅　（894）　31 岁

文偃离开雪峰禅师约在此年。（作者按：据《遗表》"困风霜于十七年间,涉南北于数千里外,始见心猿罢跳,意马休驰。身隈韶石之云,头变楚山之雪。"十七年意指离开雪峰禅师到灵树禅师处十七年间的参访经历。到灵树为开平五年(911 年),上推 17 年,即为乾宁元年 894 年。）

大事记：贯休入蜀。

乾宁二年　乙卯　（895）　32 岁

文偃参访江夏灌溪[(1)]最迟在此年。[(2)]（作者按：灌溪此年圆寂。《景德传灯录》：师唐乾宁二年乙卯五月二十九日,问侍者曰："坐死者谁?"曰："僧伽。""立死者谁?"曰："僧会。"乃行六七步,垂手而逝。）

(1)《祖堂集》：灌溪和尚嗣林济（临济）,在潭州。师讳志闲。未睹行录,不决化缘始终。……洞山问夹山："作么生?"对云："只与。"洞山肯之。有人举似师。师云："金打金,水洗水。"云门拈问僧："作么生是金打金,水洗水?"僧云："吃胡饼。""与么道,还得么?"僧云："槌了,莫闹。"云门肯之。第

893～894页。

(2)《游方遗录》：师到灌溪,时有僧举灌溪语云:"十方无壁落,四面亦无门。净裸裸赤洒洒没可把。"问师:"作么生?"师云:"与么道即易,也大难出。"僧云:"上座不肯,和尚与么道那。"师云:"你适来与么举那?"僧云:"是。"师云:"你驴年梦见灌溪么?"僧云:"某甲话在。"师云:"我问你,十方无壁落,四面亦无门,净裸裸赤洒洒没可把。你道大梵天王与帝释商量个什么事?"僧云:"岂干他事?"师喝云:"逐队吃饭汉。"T47－574c18～27

乾宁三年　丙辰(896)　33岁

乾宁四年　丁巳　(897)　34岁

大事记:赵州从谂禅师示寂。

乾宁五年　光化元年　戊午　(898)　35岁

光化二年　己未　(899)　36岁

大事记:华岳禅师玄伟编次德宗贞元以来禅宗机缘,为《圣胄集》。

光化三年　庚申　(900)　37岁

大事记:无著文喜禅师示寂。

光化四年　天复元年　辛酉(901)　38 岁

文偃参曹山[1]最迟在此年。[2]（作者按：曹山于此年六月十六日示寂。《景德传灯录》：天复辛酉季夏夜，师（曹山）问知事僧："今是何日月？"对曰："六月十五日。"师曰："曹山一生行脚，到处只管九十日为一夏。"至明日辰时告寂，寿六十有二，腊三十有七。门人奉真骨树塔，敕谥元证大师，塔曰福圆。《佛祖统纪》作天复三年卒。）

(1)《祖堂集》：曹山和尚嗣洞山，在抚州住。师讳本寂，泉州莆田县人也，俗姓黄。第 377 页。

(2)《游方遗录》：师到曹山，山示众云："诸方尽把格则，何不与他道一转语，教伊莫疑去。"师便问："密密处为什么不知有？"山云："只为密密，所以不知有。"师云："此人作么生亲近？"山云："不向密密处。"师云："不向密密处，还得亲近也无？"山云："始得亲近。"师应喏喏。师问曹山："如何是沙门行？"山云："吃常住苗稼者。"师云："便与么去时如何？"山云："你还畜得么？"师云："学人畜得。"山云："你作么生畜？"师云："着衣吃饭有什么难。"山云："何不道披毛戴角。"师便礼拜。

《抚州曹山元证禅师语录》：云门问："如何是沙门行？"师曰："吃常住苗稼者是。"门云："便怎么去时如何？"师曰："尔还畜得么？"门云："畜得。"师曰："尔作么生畜？"门云："着衣吃饭有甚么难。"师曰："何不道披毛戴角。"门便礼拜。师示众曰："诸方尽把格则，何不与他道一转语，令他不疑去。"云门在众出问："密密处为甚么不知有？"师曰："只为密密所以不知有。"门云："此人如何亲近？"师曰："莫向密密处亲近。"门云："不向密密处时如何？"师曰："始解亲近。"门云："诺诺。"又问："不改易底人来，师还接不？"师曰："曹山无怎么闲工夫。"T47－527b7～18

天复二年　壬戌　（902）　39 岁

大事记：云居道膺禅师示寂。

天复三年　癸亥　（903）　40 岁

天复四年　天祐元年　甲子　（904）　41 岁

天祐二年　乙丑　（905）　42 岁

天祐三年　丙寅　（906）　43 岁

五代十国（公元 907—960 年）

后梁太祖朱晃开平元年　丁卯　（907）　44 岁

开平二年　戊辰　（908）　45 岁

大事记：五月，雪峰义存禅师示寂。
十一月，玄沙师备禅师示寂。

开平三年　己巳　（909）　46 岁

文偃禅师参访疏山[1]，参究法身边事与法身向上事。[2]

(1)《祖堂集》：疏山和尚嗣洞山，在抚州。师讳匡仁。未睹行录，不叙终始。第398页。

《疏山白云禅院记》：天祐五年春，师却返故山。……至天祐六年，……师其年七十有三，化缘将盛。僧匡七百众矣。其有扣敌者如攮芥投锋，承机者若澄油泻链。《全唐文》卷九百二十，第9593页。（作者按：由此故，将文偃参疏山暂系于此年。）

(2)《游方遗录》：师到疏山，疏山问："得力处道将一句来。"师云："请和尚高声问。"山便高声问。师云："和尚早朝吃粥么？"山云："作么生不吃粥。"师云："乱叫唤作么。"又因疏山示众云："老僧咸通年已前，会得法身边事；咸通年已后，会得法身向上事。"师问："承闻和尚咸通年已前会得法身边事，咸通年已后会得法身向上事，是不？"山云："是。"师云："如何是法身边事？"山云："枯桩。"师云："如何是法身向上事？"山云："非枯桩。"师云："还许学人说道理也无？"山云："许你说。"师云："枯桩岂不是明法身边事，非枯桩岂不是明法身向上事。"山云："是。"师云："法身还该一切不？"山云："作么生不该。"师指净瓶云："法身还该这个么？"山云："阇梨莫向净瓶边会。"师便礼拜。

T47－574a7～21

开平四年　庚午　（910）　47岁

大事记：南岳惟劲头陀集唐昭宗光化年以来宗师机缘，为《续宝林传》四卷。

开平五年　乾化元年　　辛未　（911）　48岁

文偃禅师礼曹溪六祖塔，旋谒韶州灵树如敏禅师[1]，为第一座。[2]

（1）《祖堂集》：灵树和尚嗣西院安禅师，在韶州。师讳如敏，冥州人也。自四十余年，大化汉国。其道行孤峻，一方贤儒敬重极矣。多有异行，南朝礼为师，赐号知圣大师。第867页。

《宋高僧传·后唐韶州灵树院如敏传》：释如敏，闽人也。始见安禅师，遂盛化岭外，诚多异迹。其为人也，宽绰纯笃，无故寡言，深悯迷愚，率行激劝。刘氏偏霸番禺，每迎召敏入请问，多逆知其来，验同合契。广主奕世奉以周旋，时时礼见，有疑不决，直往询访。敏亦无嫌忌，启发口占，然皆准的，时谓之为乞愿，乃私署为知圣大师。初敏以一苦行为侍者，颇副心意，呼之曰所由也。一日，随登山脊间，却之，潜令下山，回顾见敏入地焉。苦行隐草中覆其形，久伺之乃出，往迎之，问曰："师焉往乎？"曰："吾与山王有旧，邀命言话来。"如是时或亡者，乃穴地而出，严诫之曰："所由无宜外说，泄吾闲务。"后终于住院，全身不散。丧塔官供，今号灵树禅师真身塔是欤。第561页。

（2）《行录》：师参罢出岭，遍谒诸方，核穷殊轨，锋辩险绝，世所盛闻。后抵灵树知圣禅师道场，知圣夙已忆其来，忽鸣鼓告众，请往接首座，时师果至。先是，知圣住灵树凡数十年，堂虚首席，众屡请命上座，知圣不许，尝曰："首座才游方矣。"及师至，始命首众焉。

《祖堂集》：后出瓯闽，止于韶州灵树知圣大师，密怀通鉴，益固留连。

《实性碑》：辛未礼于曹溪，旋谒灵树，故知圣大师以心机相露，胶漆契情。

《碑铭》：辛未届于曹溪，旋谒灵树，故知圣大师（如敏长老）以识心相见，静本略同，俦侣接延，仅逾八载。

《景德传灯录》：于韶州灵树敏禅师法席居第一座。

《传法正宗记》：因南游至韶阳灵树敏禅师法会。敏，异人也，号能悬知。见偃特相器重，遂命为众之第一座。

《祖庭事苑》：再历禅林，至韶州灵树，居第一座。

《禅林僧宝传》：造曹溪礼塔，访灵树敏公，为第一座。先是，敏不请第一座，有劝请者，敏曰："吾首座已出家久之。"又请，敏曰："吾首座已行脚，悟道久之。"又请，敏曰："吾首座已度岭矣，姑待之。"少日偃至，敏迎笑曰："奉迟甚久，何来暮耶。"即命之。偃不辞而就职。

《五灯会元》：后抵灵树，冥符知圣禅师接首座之说。初，知圣住灵树二十年，不请首座，常云："我首座生也。""我首座牧牛也。""我首座行脚也。"一日，令击钟三门外接首座，众出迓，师果至，直请入首座寮解包。

乾化二年　壬申　（912）　49 岁

末帝朱友瑱乾化三年　癸酉　（913）　50 岁

乾化四年　甲戌　（914）　51 岁

大事记：舒州投子大同禅师示寂。

乾化五年　贞明元年　乙亥　（915）　52 岁

贞明二年　丙子　（916）　53 岁

大事记：明州布袋和尚示寂。

贞明三年

大越(乾亨二年改国号为汉)高祖刘龑乾亨元年　丁丑（917）　54 岁(917)

知圣禅师诏师及学徒,预言灭后必遇无上人荼毗。[1] 知圣大师欲文偃禅师继其席,乃潜书密函中,谓门弟子曰: "吾灭后,上或幸此,请以遗。"[2]

[1]《实性碑》:岁在丁丑,知圣一日诏师及学徒曰:吾若灭后,必遇无上人为吾荼毗。

《碑铭》:丁丑,知圣忽一日召师及学徒语曰:吾若灭后,必遇无上人为吾荼毗。

《游方遗录》:师在灵树知圣大师会中为首座,时僧问知圣:"如何是祖师西来意?"圣云:"老僧无语。"却问僧:"忽然上碑合着得什么语?"时有数僧下语皆不契。圣云:"汝去请首座来。"洎师至,圣乃举前话问师。师云:"也不难。"圣云:"着得什么语?"师云:"有人问如何是祖师西来意?但云师。"知圣深肯。X68－121b5～10

[2]《行录》:洎知圣将示灭,欲师踵其席,乃潜书密函中,谓门弟子曰:吾灭后,上或幸此,请以遗。

《景德传灯录》:敏将灭度,遗书于广主,请接踵住持。

贞明四年　戊寅　（918）　55 岁

南汉乾亨二年(918)

灵树示灭,南汉高祖[1]果幸驾韶石,帝询师遗示,门人出函奉之,上启函得书云:"人天眼目,堂中上座。"敕为

茶毗。高祖召文偃禅师入见,特恩赐紫。⁽²⁾

（1）《南汉书》：高祖天皇大帝,初名岩,更名陟,复名岩,改名龚,终名䶮,代祖庶子也。……乾亨元年秋八月癸巳,帝即位,国号大越。大赦,改元。以是年为乾亨元年。……（乾亨二年）冬十一月,帝祀天南郊,大赦,加恩泽,改国号曰汉。第5～7页。

（2）《请疏》：自知圣大师顺世,密授付嘱之词;皇帝巡狩,荣加宠光之命。

《行录》：上果会驾幸山,知圣预测上至,乃升堂加趺而终,及帝至已灭矣。帝询师遗示,门人出函奉之,上启函得书云:"人天眼目,堂中上座。"

《祖堂集》：(灵树)去世后,付嘱住持。

《实性碑》：至戊寅,高祖天皇大帝巡狩韶石,至于灵树,知圣迁化,果契前约。敕为爇之,获舍利,塑形于方丈。于时诏师入见,特恩赐紫。

《碑铭》：及戊寅岁,知圣大师顺寂,恰遇高祖天皇大帝驾幸韶阳,至于灵树,敕为焚爇,果契前言也。师是时奉诏对扬,便令说法,授以章服。

《景德传灯录》：敏将灭度,遗书于广主,请接踵住持。

《传法正宗记》：及逝,因遗书荐于广主刘氏,命禅师继领其所居。

《禅林僧宝传》：俄广王刘王,将兴兵,就敏决可否,敏前知之,手封夯子,语侍者曰:"王来,出以似之。"于是怡然坐而殁。王果至,闻敏已化,大惊问:"何时有疾,而遽亡如是耶。"侍者乃出夯子,如敏所诫呈之,王发夯得简曰:"人天眼目,堂中上座。"

《南汉书》：是岁,帝幸韶州,听证真寺僧文偃说法,赐章服。第7页。

贞明五年　己卯　(919)　56岁

南汉乾亨三年(919)

南汉高祖敕刺史何希范具礼⁽¹⁾,赐于本州为军民开

堂说法，于是文偃禅师据知圣筵，说雪峰法，为人天之眼
目。(2) 开堂之日，道俗数千，问答响应。其对答备传
于世。(3)

(1)《请疏》：弟子韶州防御使兼防遏指挥使、权知军州事、银青光禄大
夫、检校兵部尚书、御史大夫上柱国何希范，洎阖郡官僚等，请灵树禅院第一
座偃和尚，恭为皇帝陛下开堂说法，上资圣寿者。窃以伽趺西来，克兴大乘之
教；达摩东至，乃传心印之宗。然法炬以烛幽，运慈舟而济溺。伏惟和尚，慧
珠奋彩，心镜发辉。性海深沉，不可以识识；言泉玄奥，不可以智知。能造一
相之门，回出六尘之境。灵树禅院者，复古灵踪，最上胜概。自知圣大师顺
世，密授付嘱之词；皇帝巡狩，荣加宠光之命。足可以为祇园柱础，梵苑梯航。
缁徒虔心以归依，仕庶精诚而信仰。希范叨权使命，谬治名藩，幸逢法匠之
风，请踞方丈之室。愿以广济为益，无将自利处怀。少狗披蓁之徒，伫集如云
之众。俯从所请，即具奏闻。

(2)《行录》：帝乃敕刺史何希范具礼，命师以袭法会。

《实性碑》：次年（戊寅之次年，即为己卯年）敕师于本州厅开堂。师于是
踞知圣筵说雪峰法，实谓禅河汹涌，佛日辉华，道俗数千，问答响应。郡守何
公希范礼足曰："弟子请益。"师曰："目前无异草。"有学人问："如何是本来
心？"师云："举起分明。"别有言句，录行于世。

《碑铭》：次年（戊寅之次年，即为己卯年）又赐于本州为军民开堂，师据
知圣筵说雪峰法。牧守何希范礼足曰："弟子请益。"师曰："目前无异草。"是
日问禅者接踵，其对答备传于世。

《景德传灯录》：开堂日，广主亲临曰："弟子请益。"师曰："目前无
异路。"

《祖庭事苑》：灵树既没，广主刘氏令州牧何希范请师继其法席。由是大
唱雪峰之道于天下。

《禅林僧宝传》：刘王命州牧何承范，请偃继其法席。

《南汉书》：是年，帝诏僧文偃说法于韶州。

（3）《云门广录》：师上堂，良久云："夫唱道之机，固难谐剖。若也一言相契，犹是多途，况复刀刀，有何所益？然且教乘之中，各有殊分。律为戒学，经为定学，论为慧学。三藏五乘，五时八教，各有所归。然一乘圆顿也大难明，直下明得，与衲僧天地悬殊。若向衲僧门下，句里呈机，徒劳伫思，门庭敲磕，千差万别。拟欲进步向前，过在寻他舌头布路，从上来事合作么生？向者里道圆、道顿得么？者边那边得么？莫错会好。莫见与么道，便向不圆不顿处卜度。者里也须是个人始得。莫将依师语、相似语、测度语，到处呈中，将为自己见解。莫错会。只如今有什么事，对众决择看。"时有州主何公礼拜，问曰："弟子请益。"师云："目前无异草。"有官问："佛法如水中月，是不？"师云："清波无透路。"进云："和尚从何得？"师云："再问复何来？"进云："正与么时如何？"师云："重迭关山路。"有官问："千子围绕，何者为的？"师云："化下住持已奉来问。"问："今日开筵，将何指教？"师云："来风深辨。"进云："莫只者便么？"师云："错。"问："从上古德以心传心，今日请师，将何施设？"师云："有问有答。"进云："与么则不虚施设也。"师云："不问不答。"问："凡有言句，皆是错，如何是不错？"师云："当风一句起自何来？"进云："莫只者便是也无？"师云："莫错。"问："如何是啐啄之机？"师云："响。"进云："还应也无？"师云："且缓缓。"问："如何是学人的的事？"师云："痛领一问。"问："如何是教外别传一句？"师云："对众问将来。"师云："莫道今日瞒诸人好，抑不得已，向诸人前作一场狼藉，忽被明眼人见，成一场笑具，如今避不得也。且问汝诸人，从来有什么事，欠少什么，向汝道无事，已是相埋没也，须到者个田地始得，亦莫趁口乱问，自己心里黑漫漫地，明朝后日大有事在。尔若根思迟回，且向古人建化门庭，东觑西觑，看是什么道理。尔欲得会么？都缘是汝自家无量劫来妄想浓厚，一期闻人说着，便生疑心，问佛问法，问向上问向下，求觅解会，转没交涉，拟心即差。况复有言，莫是不拟心是么？更有什么事。珍重。"

贞明六年　庚辰　（920）　57 岁

南汉乾亨四年(920)

贞明七年　龙德元年　辛巳　（921）　58 岁

南汉乾亨五年(921)

龙德二年　壬午　（922）　59 岁

南汉乾亨六年(922)

龙德三年　后唐庄宗李存勖同光元年　癸未　（923）
60 岁

南汉乾亨七年(923)

文偃禅师倦于延接，志在清幽，奏请移庵。帝允。癸未领众开云门山。[1]

(1)《行录》：后徙居云门山，鼎革废址，大新栋宇。

《实性碑》：尔后大师心唯恬默，奏乞移庵，敕允。癸未领学者开云门山，五载功成。

《碑铭》：师尔后倦于延接，志在幽清，奏乞移庵，帝命俞允。癸未领众开云门山，构创梵宫。

同光二年　甲申　（924）　61 岁

南汉乾亨八年(924)

同光三年　乙酉　（925）　62 岁

南汉乾亨九年　白龙元年(925)

同光四年　后唐明宗李存亶天成元年　丙戌　（926）
63 岁

南汉白龙二年(926)

天成二年　丁亥　（927）　64 岁

南汉白龙三年(927)

文偃禅师领众造院功成,梵宫巍巍,岁溢千人,敕赐光
泰禅院额及朱记。[1]竟钦最迟于此年参访云门,并为云门
募修《大藏》。[2]

(1)《实性碑》:癸未领学者开山,五载功成。四周云合,殿宇之檐楹翥
翼,房廊之高下鳞差。邃壑幽泉,挫暑月而寒生户牖;乔松修竹,冒香风而韵
杂宫商。近于三十来秋,不减半千之众,岁纳他方之供,日丰香积之厨。有殊
舍卫之城,何异灵山之会。院主师傅大德表奏院毕,敕赐光泰禅院额及朱记。

《碑铭》:构创梵宫,数载而毕。莫不因高就远,审地为基,曾轩邃宇而涌
成,花界金绳而化出。晓霞低覆,绛帏微衬于雕楹,夕露散垂,珠网轻笼于碧
瓦。匼匝尽奇峰秀岭,逶迤皆泼黛堆蓝,泉幽而声激珠玑,松老而势擎空碧。
由是庄严宝相,合杂香厨,抠衣者岁溢千人,拥锡者云来四表。菴罗卫之林
畔,景象无殊,耆阇崛之山中,规模匪异。院主师傅表奏造院毕功,敕赐额曰:
"光泰禅院。"

(2)《南汉书》:僧竟钦,姓王氏,蜀之益州人。初,投峨眉洞溪山黑水寺

为释子。年二十一,具戒巡礼。居数年,闻高祖称号,崇重西教,来游岭表。时文偃领众开云门山,参学岁千人。竟钦入谒与语,尽得其指。归,尝为云门募修《大藏》,函帙完具。喜韶州双峰山清胜。创兴福寺,迁焉。营置皆出己囊。寺旁植松阴,数十里广置田庄。与灵树之知圣、光运之证誓、灵鹫之景泰及云门文偃并受高祖宠遇。中宗尝召问禅机,应对敏捷,加元辩妙用无量清净广悟慧真之号,赐磨纳方袍,其他僧服多杂以绵绮。大宝中,送文偃肉身入阙,留内庭受供,恩渥逾常。既而,辞归。将死,预作身塔。毕功,聚缁流夜话,焚香合掌而逝。第 96 ~ 97 页。

天成三年　戊子　（928）　65 岁
南汉大有元年(928)

天成四年　己丑　（929）　66 岁
南汉大有二年(929)

云门弟子双峰竟钦于兴福寺开堂⁽¹⁾,云门禅师躬临证明⁽²⁾。澄远此年到云门山,参文偃禅师,请益祖意,大豁所疑,做云门侍者十八年。⁽³⁾

(1)《乳源县志·双峰广悟禅师塔铭》:师开山四十九年,僧腊六十有二,世寿八十有二,太平兴国二年五月二十五日坐化。(作者按:由太平兴国二年(977)上推 49 年,即为 929 年。)

(2)《景德传灯录》:韶州双峰山兴福院竟钦和尚慧真广悟禅师,益州人也。受业于峨眉洞溪山黑水寺,观方慕道,预云门法席密承指喻。乃开山创院渐成丛林,开堂日,云门和尚躬临证明。

《佛祖纲目》:竟钦,益州郑氏子。参文偃得悟,即就双峰下,创兴福寺以居。开堂日,偃躬临证明。僧问:"宾头卢应供四天下,还遍也无?"曰:"如月入水。"问:"如何是用而不杂?"曰:"明月堂前垂玉露,水晶殿里撒真珠。"偃深喜其类己。X85 - 685b2 ~ 6

(3)《建中靖国续灯录》:成都府香林澄远禅师,姓上官氏,汉州绵竹人也。投成都真相院出家,十六岁圆具。后离蜀入秦,登青峰,蹑子陵,旋之荆湘。参后龙牙,有发机之地。寻过岭,抠衣云门匡真禅师,请益祖意,大豁所疑。侍奉十有八载,日探玄旨。复归成都,请住导江水请宫吴将军院。甲子岁,嘉王奏请师住香林禅院。雍熙四年丁亥二月,知府密学宋公玙,请至普安院安下。十二日,遍辞众官曰:"老僧行脚去。"通判曰:"遮僧风狂,八十岁行去那里?"密学曰:"大善知识,去住自在。"示众云:"老僧四十年来,不能打得成一片。"言讫坐逝。(作者按:香林圆寂之年为雍熙四年即 987 年,由此上推 40 年,即为开悟之年。禅宗开悟后要有一个保任的过程,即是要打成一片的过程。由此再上推为云门侍者 18 年,当在此年。)

天成五年　长兴元年　庚寅　(930)　67 岁
南汉大有三年(930)

长兴二年　辛卯　(931)　68 岁
南汉大有四年(931)

长兴三年　壬辰　(932)　69 岁
南汉大有五年(932)

长兴四年　癸巳　(933)　70 岁
南汉大有六年(933)

　　后唐闵帝李从厚应顺元年　后唐末帝李从珂清泰元年　甲午　(934)　71岁

　　南汉大有七年(934)

　　清泰二年　乙未　(935)　72岁

　　南汉大有八年(935)

　　清泰三年　后晋高祖石敬瑭天福元年　丙申　(936)　73岁

　　南汉大有九年(936)

　　天福二年　丁酉　(937)　74岁

　　南汉大有十年(937)

　　大事记：越州镜清禅师示寂。

　　天福三年　戊戌　(938)　75岁

　　南汉大有十一年(938)

　　是年，南汉高祖诏师入阙，亲问禅法，授文偃禅师左右街僧录，文偃禅师默而不对，高祖放文偃禅师归山，并加师号"匡真大师"。(1)

　　(1)《实性碑》：至戊戌岁，高祖天皇大帝诏师入阙，帝亲问："如何是禅?"师云:"圣人有问,臣僧有对。"帝曰:"做么生对?"师云:"请陛下鉴臣前前语。"帝悦云:"知师孤介,朕早钦敬。"宣下授师左右街僧录,师默而不对。复宣下左右曰:"此师修行已知蹊径,应不乐荣禄。"乃诏曰:"放师归山可乎?"师欣然三呼万岁。翌日,赐内帑香药施利埔货等回山,并加师号曰"匡真",厥后每年频降颁宣,繁不尽纪。(作者注:天福三年为戊戌岁。)

《碑铭》:至戊戌岁,高祖天皇大帝诏师入阙,朝对有容,因宣问曰:"作么生是本来心?"师曰:"举起分明。"帝知师冬韫玄机,益加钦敬,其旦欲授师左右街大僧录,逊让再三而免。翌日,赐师号曰"匡真大师"。延驻浃旬,赐内帑银绢香药,遣回本院。厥后常注宸衷,频加赐赉。(作者按:《实性碑》载,文偃禅师灵树首次开堂,有学人问:"作么生是本来心?"师曰:"举起分明。")

《云门广录·对机》:师入京在受春殿,圣上问:"如何是禅?"师云:"皇帝有敕臣僧对。"师在文德殿赴斋,有鞠常侍问:"灵树果子熟也未?"师云:"什么年中得信道生。"

《明觉禅师语录》:广南刘王,请云门入内。于含春殿坐次,帝令鞠常侍宣问:"灵树果子熟也未?"门云:"甚年中得信道生。"师代进语云:"犹带酸涩在。"又代云门云:"圣意难测。"又云:"诺诺。"复宣问:"如何是禅?"云:"皇帝有敕臣僧对。"代进语云:"错。"又代云门云:"念以臣僧年迈。"

《佛祖纲目》:文偃,住云门,法道大行。广主屡请入内问法,待以师礼。王问:"云何是禅?"曰:"大王有问山僧对。"一日王斋众僧次,问偃曰:"灵树果子熟也未?"曰:"甚么年得信道生?"曰:"熟也。"曰:"切莫忘却。"王大悦,赐号匡真禅师。

《南汉书》:是岁,遣集贤殿学士邹禹谟如南唐贺即位。诏韶州证真寺僧文偃入朝。第12页。

天福四年　己亥　(939)　76岁

南汉大有十二年(939)

天福五年　庚子　（940）　77 岁

南汉大有十三年（940）

天福六年　辛丑　（941）　78 岁

南汉大有十四年（941）

七十八岁开示。(1)

(1)《云门广录》：因斋时闻钟声。师云："释迦老子叫唤也。"时有僧问："未审释迦老子叫唤作么？"师云："你与么，驴年梦见么？"代云："今日吃饭甚是迟。"或云："我今年老七十八也，所作事难也。"良久问僧："你道净瓶年多少？"无对。代云："甲子会。"

天福七年　壬寅　（942）　79 岁

南汉大有十五年　　南汉殇帝刘玢光天元年（942）

天福八年　后晋出帝石重贵　癸卯　（943）　80 岁

南汉中宗刘晟应乾元年　乾和元年（943）

南汉中宗皇帝(1)，诏文偃禅师入内廷供养月余，并预赐塔额"宝光之塔，瑞云之院"。(2)

(1)《南汉书》：中宗文武光圣明孝皇帝洪晟，高祖第四子也。初名洪熙，先封勤王，徙封晋王。光天二年春三月，即弑殇帝，明日，诸王百官闻乱，集宫门外，莫敢遽入。越王洪昌乃先帅诸王哭临于寝殿，迎帝即位，更今名。改元，以是年为应乾元年。⋯⋯⋯⋯十一月丁亥，帝祀天南郊，大赦，改元，以是年为乾和元年。乾和元年冬十一月,群臣上尊号曰大圣文武大明至道大光孝皇帝。第16~17页。

(2)《实性碑》:恭惟我当今大圣文武玄德大明至道大广孝皇帝,岁在单阏,运圣谟而手平内难,奋神武而力建中兴,恩拯八纮,道弘三教。乃诏师入内,经月供养,赐六珠衣一袭及香药施利等而回,并御制塔额预赐为"宝光之塔,瑞云之院"。

(作者按:岁指"木星",即太岁。古人曾以此纪年。)

《碑铭》:寻遇中宗文武光圣明孝皇帝,缵承鸿业,广布皇风,廓净九闱,常敬三宝,复降诏旨延师入内殿供养月余,仍赐六珠衣钱绢香药等,却旋武水(湖南郴州临武县武水镇),并预赐塔院额曰:"瑞云之院,宝光之塔。"

天福九年　开运元年　甲辰　(944)　81 岁
南汉乾和二年(944)

开运二年　乙巳　(945)　82 岁
南汉乾和三年(945)

开运三年　丙午　(946)　83 岁
南汉乾和四年(946)

后汉高祖刘暠天福十二年　丁未　(947)　84 岁
南汉乾和五年(947)

澄远此年在云门座下开悟。[1]

(1)《建中靖国续灯录》：雍熙四年丁亥二月，知府密学宋公珰，请至普安院安下。十二日，遍辞众官曰："老僧行脚去。"通判曰："遮僧风狂，八十岁行去那里？"密学曰："大善知识，去住自在。"示众云："老僧四十年来，不能打得成一片。"言讫坐逝。（作者按：香林圆寂之年为雍熙四年即987年，由此上推40年，即为开悟之年。禅宗开悟后要有一个保任的过程，即是要打成一片的过程。）

《万松老人评唱天童觉和尚拈古请益录》：成都府青城山香林澄远禅师，事云门为侍者一十八年。门常唤远侍者，远才应。门曰："是甚么？"远凡下语呈见处未契。一日忽曰："某会也。"门曰："何不向上道来？"告其所悟。门曰："吾今后更不复唤汝也。"远一日辞云门。门云："光含万象一句，速道！"远拟议。门云："更住三年。"X67－496a11～15

乾祐元年 戊申 （948） 85岁
南汉乾和六年(948)

文偃禅师七月至九月于王宫说法。[1]守初参云门开悟。[2]颢鉴参云门，言下大悟。[3]

(1)《云门广录·勘辨》：师入京朝觐，归至大桥，山门煎茶迎师。师吃茶果次，僧侍立。师语三参随僧云："是你京中无可吃。"乃拈一樏果子与一僧，其僧接得便去。又语一僧云："我不与你。"僧无对。师云："那里也有也。"其僧又无对。别有僧出云："某甲今日也随和尚来，请一分得么？"师云："嗄。"僧云："某甲罪过，触忤和尚。"师云："我不能唾得你。"无对。代前语云："也知果子少，两人共一樏"。又云："未到山，便蒙和尚管顾。"代后语云："某甲更是。"师归山，受大众参了，乃云："我离山得六十七日，问你，六十七

日事作么生?"众无对。代云:"和尚京中归,无信物。"又云:"和尚京中吃面多。"T47-571a27~b10

《佛祖纲目》:乾祐元年七月十五,王迎偃至内问道,九月还山,谓众曰:"我离山得六十七日,且问汝六十七日事作么生?"众莫能对。偃代曰:"何不道和尚京中吃面多。"

(2)《云门广录》:师问僧:"近离甚处?"僧云:"查渡。"师云:"夏在甚处?"僧云:"湖南报慈。"师云:"甚时离彼?"僧云:"去年八月。"师云:"放你三顿棒。"僧至来日,却上问讯云:"昨日蒙和尚放三顿棒,不知过在什么处?"师云:"饭袋子!江西、湖南便溜么去。"僧于言下大悟,遂云:"某甲自今已后,向无人烟处,卓个草庵,不畜一粒米,不种一茎菜,接待十方往来知识,与他出却钉去却楔,除却臜脂帽子,脱却羶臭布衫,教伊洒洒地作个衲僧,岂不俊哉。"师云:"饭袋子!身如椰儿大,开与么大口。"

《联灯会要》:(守初)师谒云门,门问:"近离甚处?"师云:"查渡。"门云:"夏在甚处?"师云:"湖南报慈。"门云:"几时离彼?"师云:"八月二十五。"门云:"放子三顿棒。"师次日上去问讯:"昨日蒙和尚放三顿棒,未审某甲过在甚么处?"门云:"饭袋子!江西、湖南,便恁么商量。"师于言下大悟,遂云:"某甲他时异日,向无人烟处,卓个庵子,不畜一粒米,不种一茎菜,接待十方往来。尽与他出却钉,拔却楔,拈却炙脂帽,脱却鹘臭衫,教伊洒洒落落地作个衲僧去,岂不快哉。"云门云:"你身如椰子大,开得许大口。"

《佛祖纲目》:守初,凤翔傅氏子。儿时闻钟鼓声,辄不食,危坐终日,母屡试之,不喂亦不索。年十六,剃染受具。游方参文偃,偃问:"近离甚处?"曰:"查渡。"问:"夏在甚处?"曰:"湖南报慈。"曰:"几时离彼?"曰:"八月二十五。"曰:"放汝三顿棒。"初罔然,至明日却上问讯:"昨日蒙和尚放三顿棒,不知过在甚处?"曰:"饭袋子,江西湖南,便恁么去!"初于言下大悟,遂曰:"他后向无人烟处,不蓄一粒米,不种一茎菜接,待十方往来,尽与伊抽钉拔楔,拈却炙脂帽子,脱却鹘臭布衫,教伊洒洒地作个无事衲僧,岂不快哉!"曰:

"你身如椰子大,开得如许大口。"初便礼拜,即日辞去。北抵襄汉,乾祐元年,住洞山。

《宗统编年》:戊申年,禅师守初住洞山。初参云门祖。祖问:"近离甚处?"曰:"查渡。"问:"夏在甚处?"曰:"湖南报慈。"曰:"几时离彼?"曰:"八月二十五。"曰:"放汝三顿棒。"初罔然,至明日却上问讯:"昨日蒙和尚放三顿棒,不知过在甚处?"曰:"饭袋子!江西、湖南便恁么去。"初于言下大悟,遂曰:"他后向无人烟处,不蓄一粒米,不种一茎菜,接待十方往来,尽与伊抽钉拔楔,拈却灸脂帽子,脱却鹘臭布衫,教伊洒洒地作个无事衲僧,岂不快哉。"曰:"你身如椰子大,开得如许大口。"初便礼拜,即日辞去,北抵襄汉住洞山(今江西宜春)。

(3)《佛祖纲目》:(戊申年)颢鉴,众中谓之鉴多口,常缝坐具。行脚初到云门,门曰:"雪峰和尚道:'开却门达摩来也。'我问你作么生?"曰:"筑着和尚鼻孔。"曰:"地神恶发,把须弥山一搊,踔跳上梵天,拶破帝释鼻孔,你为甚么向鼻孔里藏身?"曰:"和尚莫瞒人好。"曰:"筑着老僧鼻孔,又么生?"鉴无对。门曰:"将知你只是学语之流。"因代曰:"逻逻哩。"后于言下大悟。出世住巴陵新开院,更不作法嗣书,只将三转语上门。僧问:"如何是道?"答曰:"明眼人落井。"问:"如何是吹毛剑?"答曰:"珊瑚枝枝撑着月。"问:"如何是提婆宗?"答曰:"银盌里盛雪。"门曰:"他后老僧忌辰,只消举此三转语,报恩足矣。"自后忌辰,只举此三转语。

乾祐二年 己酉 (949) 86岁
南汉乾和七年(949)

文偃禅师作《遗表》[1]与中宗,作《遗诫》[2]与弟子。

四月十日,文偃禅师示灭,在会参学小师守坚,始终荷赞。[3]付法于弟子实性,俾绍觉场。佥议为实性[4]已传道育徒,乃革命,在会门人法球[5]以继师席。

四月二十五日,雷岳[6]撰写《云门山光泰禅院匡真大师行录》[7]。

(1)《遗表》:伏闻:有限色身,讵免荣枯之叹。无形实相,孰云迁变之期。既风灯炬焰难留,在水月空华何适。罔避典彝之咎,将陈委蜕之词。臣中谢伏念:臣迹本寒微生,从草莽爱自髫乱,切慕空门,洁诚誓屏于他缘,锐志唯探于内典。其或忘餐待问,立雪求知,困风霜于十七年间,涉南北于数千里外,始见心猿罢跳,意马休驰。身限韶石之云,头变楚山之雪,以至荣逢景运,屡沐天波。诘道谈空,誓答乾坤之德,开蒙发滞,星驰云水之徒,获扬利益之因。迥自圣明之泽,加以联叨凤诏,累对龙庭,继奉颁宣,重迭庆赐,抚躬惘怅,殒命何酬,不谓臣驽马年衰,难胜睿渥,遽萦沦于疲瘵,唯待尽于朝昏。星汉程遥,遟晒而纔瞻北极,波涛去速,回眸而已逐东流。伏愿:凤历长春,扇皇风于拂石之劫。龙图永固,齐寿考于芥子之城。臣限余景无时,微躬将谢。不获奔辞丹阙,祝别彤庭。臣无任瞻天恋圣,激切屏营之至。谨奉表以闻。

(2)《遗诫》:夫先德顺化,未有不留遗诫。至若世尊,将般涅盘,亦遗教敕。吾虽无先圣人之德,既忝育众一方,殆尽,不可默而无示。吾自居灵树,及徙当山,凡三十余载,每以祖道寅夕激励汝等,或有言句布在耳目,具眼者知,切须保任。吾今已衰迈,大数将绝,刹那迁易,顷息待尽。然沦溺生死,几经如是,非独于今矣。吾自住持已来,甚烦汝等辅赞之劳,但自知愧耳。吾灭后置吾于方丈中,上或赐塔额,只悬于方丈,勿别营作,不得哭泣孝服广备祭祀等,是吾切意。盖出家者,本务超越,毋得同俗。其住持等事,皆仍旧贯,接诸来者无失常则。诸徒弟等仰从长行训诲。凡系山门庄业什物等,并尽充本院支用,勿互移属他寺,教有明旨,东西廊物,尚不应以互用,汝当知矣。或能遵行吾诫,则可使佛法流通,天神摄卫,不负四恩,有益于世。或违此者,非吾眷属,勉旃!勉旃!大期将迫,临行略示遗诫。努力!努力!好住,还么么?若不会,佛有明教,依而行之。

（3）《实性碑》：乃示寂以韬光，侍者奉汤，师付盌子曰："第一是吾着便，第二是汝着便，记取。"遣修表祝别皇王，乃自札遗诫曰："吾灭后，汝等弗可效俗教，着孝服，哭泣丧车之礼，否则违佛制，有忝禅宗也。"付法于白云山实性大师志庠，实师会下已匡徒众。己酉岁四月十日子时，师顺世。呜呼！慈舟坏兮轮回失度，法山摧兮飞走何依？缁伦感朝薤之悲，檀信动式微之咏。宋云遇处，但携只履以无还，慈氏来时，应启三峰而再出。月二十有五，诸山尊宿具威仪，道俗千数，送师于浮屠，灵容如昔。依师训，塔于当山方丈内，法龄七纪二，僧腊六句六。于日行云敛态，陇树无春，巘岳孤猿，啼带助哀之苦，穿林幽鸟，声添惜别之愁。吊客掩襟，伫立以泣。在会参学小师守坚，始终荷赞，洞契无为。门人净本大师常实等三十六人知事，皆深明佛性，雅得师宗也。在京弟子报恩寺内供奉悟明大师，都监内诸寺院，赐紫六珠，常一悟觉大师赐紫六珠，常省超悟大师赐紫，常荐等七十余人，皆出自宫闱，素精道行，敕赐与师为弟子。法侄内僧录六通大师，教中大法师道聪，洞究本门，尤精外学也。

《碑铭》：四月十日，寝膳微爽，动止无妨，忽谓诸学徒曰："来去是常，吾当行矣。"乃命侍者奉汤，师奉汤椀与侍者曰："第一是吾着便，第二是汝着便。"呕令修表告别君王，乃自札遗诫曰："吾灭后不得效俗家着孝衣哭泣，备丧车之礼，则违我梵行也。"付法于白云山实性大师志庠，其日子时瞑目，怡颜叠足而化。

（4）《五灯会元》：韶州白云子祥实性大师，初住慈光院。广主召入府说法，时有僧问："觉华才绽，正遇明时，不昧宗风，乞师方便？"师曰："我王有令。"问："祖意教意，是同是别？"师曰："不别。"曰："恁么则同也。"师曰："不妨领话。"问："诸佛出世，普遍大千，白云一会，如何举扬？"师曰："赚却几人来？"曰："恁么则四众何依？"师曰："没交涉。"问："即心即佛，示海之辞，不涉前言，如何指教？"师曰："东西且置，南北作么生？"问："如何是和尚家风？"师曰："石桥那畔有，这边无，会么？"曰："不会。"师曰："且作丁公吟。"问："衣到六祖，为甚么不传？"师曰："海晏河清。"问："从上宗乘，如何举扬？"师曰："今日未吃茶。"上堂："诸人会么？但向街头市尾，屠儿魁剑，地狱镬汤处会取，若恁么会得，堪与人天为师，若向衲僧门下，天地悬殊。更有一般底，只向长连床上作好人去。汝道此两般人，那个有长处？无事。珍重。"问僧："甚么处来？"曰："云门来。"师曰："里许有多少水牛？"曰："一个两个。"师曰："好水牛。"问僧："不坏假名而谈实相，作么生？"僧指倚子曰："这个是倚子。"师以手拨倚曰："与我将鞋袋来。"僧无对。师曰："这虚头汉（云门闻，乃云："须是我祥兄始得"）。"师将示灭，白众曰："某甲虽提祖印，未尽其中事，诸仁者且道其中事作么生？莫是无边中间内外已否？若如是会，即大地如铺沙。"良久曰："去此即他方相见。"言讫而寂。

《南汉书考异·实性传》：《南汉春秋》云："一载，名子祥，字实性。"按《封川县志》：白云禅师名实性，字志祥，为云门嫡嗣，伪刘尝延之开山，名白云。按：此即《云门山碑》所云"付法于白云山实性大师志祥"。亦即黄《通志》引余靖称："挽出声利入杳霭，湛如太虚也。"又《十国春秋》：子祥，字实性，住慈光院。晟召问祖意教意者也。事迹各异，似是两人。阮《通志》亦两传并收，今从之。

（5）《五灯会元》：韶州云门法球禅师，僧问："如何是西来大道？"师曰："当时妄想，至今不绝。"问："如何是云门剑？"师曰："长空不匣锋铓色。"曰："用者又如何？"师曰："四海唯清日月明。"问："如何是道？"师曰："头上脚下。"曰："如何是道中人？"师曰："一任东西。"问："如何是随色摩尼珠？"师曰："色即不无，作么生是珠？"曰："学人不会，特伸请益？"师曰："云有出山势，水无投涧声。"问："牛头未见四祖时如何？"师曰："香风吹菱花。"曰："见后如何？"师曰："更雨新好者。"

（6）《南汉书》：雷岳，不知何地人。少绩学，能辞章，尤工骈偶文。乾和末，历官御书院给事，才名雅为中宗所知。朝廷有大著作，多出其手。先是，韶州证真寺僧文偃，自高祖时屡加钦重，至是，死。其徒将葬之，乞铭。中宗允所请，命岳撰身《塔铭》，词极宏赡。抄诵者踵门，一时纸贵。第68页。

（7）《行录》：师讳文偃，姓张氏，世为苏州嘉兴人，寔晋王冏东曹参军翰十三代孙也。师夙负灵姿，为物应世，故才自髫龀，志尚率己厌俗，遂依空王寺志澄律师，出家为弟子。以其敏质生知，慧辩天纵，凡诵诸典，无烦再阅，澄深器美之。及长，落髮，禀具于毗陵坛，后还澄左右，侍讲数年，赜穷四分旨。既毗尼严净，悟器渊发，乃辞澄，谒睦州道踪禅师。踪，黄蘖之裔也，知道不偶世，引己自处，潜居古伽蓝，虽揖世高蹈，而为世所慕。凡应接来者，机辩峭捷，无容伫思。师初往参，三扣其户，踪才启关，师拟入，踪托之云："秦时轹辂钻。"因是释然朗悟。既而咨参数载，深入渊到，踪知其神器充廓，觉辕可任，因语之曰："吾非汝师，今雪峰义存禅师可往参承之，无复留此。"师依旨入岭造雪峰，温研积稔，道与存契，遂密以宗印付师，由是回禀存焉。师参罢出岭，遍谒诸方，核穷殊轨，锋辩险绝，世所盛闻。后抵灵树知圣禅师道场，知圣夙已忆其来，忽鸣鼓告众，请往接首座，时师果至。先是知圣住灵树凡数十年，堂虚首席，众屡请命上座，知圣不许，尝曰："首座才游方矣。"及师至，始命首众焉。洎知圣将灭，欲师踵其席，乃潜书秘函中，谓门弟子曰："吾灭后，上或幸此，请以遗。"上果会驾幸山，知圣预测上至，乃升堂加趺而终，及帝至已灭矣。帝询师遗示，门人出函奉之，上启函得书，云："人天眼目，堂中上座。"帝乃敕刺史何希范，具礼命师，以袭法会，上于是钦美之，累召至阙，每所顾问，酬答响应，帝愈揖服，遂赐紫袍师名。后徙居云门山，鼎革废址，大新栋宇。师自衡踞祖域凡二纪有半，风流天表，大弘法化，禅徒凑集，登门入室者，莫可胜纪。今白云山实性大师，乃其甲也。师以乾和七年己酉四月十日顺寂，夙具表以辞帝，兼述遗诫，然后加趺而逝。寻奉敕赐塔额，以师遗旨令置全躯于方丈中。或上赐塔额，只悬于方丈，勿别营作，门人乃依教，瘗师于丈室，以为塔焉。师先付法于弟子实性，俾绍觉场。金议为实性已传道育徒，乃革命，在会门人法球，以继师席。呜呼！世导云灭矣，擿植冥行者，何所从适哉！岳幸参目师之余化，知师所为之大略，敢不书之以贻方来。时己酉岁孟夏月二十有五日。雷岳录。

【参考文献】

《祖堂集》

《景德传灯录》

《五灯会元》

《禅林僧宝传》

《南汉书》

《十国春秋》

《雪峰年谱》

《佛祖纲目》

《传法正宗记》

《祖源通录撮要》

《宗门统要》

《建中靖国续灯录》

《林间录》

《祖庭事苑》

《联灯会要》

《禅门拈颂集》

《释氏通鉴》

《宗统编年》

《隆兴编年通论》

《云门山志》

《至元嘉禾志》

《释氏稽古略》

《历代佛祖通载》

《贤奕编》

《两浙名贤录外录》

《(康熙)乳源县志》

《浙江通志》

《雪峰山志》

《(光绪)嘉兴府志》

《全唐文》

《云门》

《宋元版禅籍の研究》

《云门宗史话》

参 考 文 献

（依编撰者姓氏或书名拼音为序）

A

阿部肇一.中国访书志[J].斯道文库论集 13,1976.

B

般剌蜜帝.大佛顶如来密因修证了义诸菩萨万行首楞严经[M].《大正藏》册 19.

本瑞.荛绝老人天奇直注雪窦显和尚颂古[M].《卍续藏》册 67.

C

才良.法演禅师语录[M].《大正藏》册 47.

曹刚华.宋代佛教史籍研究[M].上海：华东师范大学出版社,2006.

岑学吕.云门山志[M].民国年间云门寺排印本.

禅宗语录辑要[M].上海：上海古籍出版社,1992.

超溟.万法归心录[M].《卍续藏》册65.

超永.五灯全书[M].《卍续藏》册81.

超智.奇然智禅师语录[M].《嘉兴藏》册36.

陈士强.大藏经总目提要[M].上海：上海古籍出版社,2008.

陈寅恪.陈寅恪史学论文选集[M].上海：上海古籍出版社,1992年.

陈垣.释氏疑年录[M].扬州：广陵书社,2008.

陈垣.中国佛教史籍概论[M].上海：上海书店出版社,2001.

陈允吉.古典文学佛教溯缘十论[M].上海：复旦大学出版社,2002.

陈支平.福建宗教史[M].福州：福建教育出版社,1996.

程东.云门宗门禅[M].成都：成都出版社,1992.

程正.近十年日本学者的中国禅研究成果[J].中国禅学,北京：中华书局,2003(2).

楚圆.汾阳无德禅师语录[M].《大正藏》册47.

村上俊.室中語要に見られる雲門の認識について[J].禅文化研究所纪要,1991.

村上俊.雲門の時間観[J].禅文化研究所纪要,1991.

宋元版禅籍の研究[M].大东出版社,1993.

椎名宏雄.『禅門拈頌集』の資料価值[J].印度学佛

教学研究第 51 卷第 1 号,2002.

椎名宏雄.『明覚禅師語録』諸本の系統[J].驹泽大学佛教学部论集第 26 号,1995.

椎名宏雄.『雲門広録』とその抄録本の系統[J].宗学研究,1982,3.

D

大建. 禅林宝训音义[M].《卍续藏》册 64.

大奇. 观涛奇禅师语录[M].《嘉兴藏》册 36.

道诚. 释氏要览[M].《大正藏》册 54.

道澄. 空谷道澄禅师语录[M].《嘉兴藏》册 39.

道开. 密藏开禅师遗稿[M].《嘉兴藏》册 23.

道忞. 天童弘觉忞禅师北游集[M].《嘉兴藏》册 26.

道霈. 圣箭堂述古[M].《卍续藏》册 73.

道霈. 永觉元贤禅师广录[M].《卍续藏》册 72.

道盛. 天界觉浪盛禅师语录[M].《嘉兴藏》册 25.

道宣. 四分律含注戒本疏行宗记[M].《卍续藏》册 40.

道宣. 四分律删繁补阙行事钞[M].《大正藏》册 40.

道宣. 续高僧传[M].《大正藏》册 50.

道元. 景德传灯录[M].《大正藏》册 51.

德富. 玉泉其白富禅师语录[M].《嘉兴藏》册 38.

德洪. 云庵真净和尚行状[M].《卍续藏》册 69.

德辉. 敕修百丈清规[M].《大正藏》册 48.

德楷.山西柏山楷禅师语录[M].《嘉兴藏》册 39.

德溥.物初大观禅师语录[M].《卍续藏》册 69.

德清.憨山老人梦游集[M].《卍续藏》册 73.

地婆诃罗译.大方广师子吼经[M].《大正藏》册 17.

丁福保.佛学大辞典[M].北京：文物出版社,1984.

董更.书录[M].文渊阁四库全书子部.

董浩.全唐文[M].北京：中华书局,1983.

杜继文、魏道儒.中国禅宗通史[M].南京：江苏人民出版社,2007.

F

法藏.三峰藏和尚语录[M].《嘉兴藏》册 34.

法藏.五宗原[M].《卍续藏》册 65.

飯塚大展.大德寺派系密参録について(八)『雲門録百則』二種翻刻[J].驹沢大学仏教学部论集,2002.167‒209.

飯塚大展.大德寺派系密参録について(六)驹澤大学図書館蔵『百則』·『五十則』の翻刻[J].驹沢大学仏教学部研究纪要 59,2001.137‒273.

飯塚大展.大德寺派系密参録について(七)『百五十則』の公案集をめぐって[J].驹沢大学仏教学部研究纪要 60,2002.241‒346.

飯塚大展.大德寺派系密参録について(一)‒「雲門録百則」を中心にして[J].宗学研究,1994.240‒245.

方立天. 佛教哲学［M］. 北京：中国人民大学出版社,2006.

房玄龄. 晋书［M］. 北京：中华书局,1974.

冯达庵. 佛法要论［M］. 北京：宗教文化出版社,2008.

冯学成. 云门宗史话［M］. 广州：南方日报出版社,2008.

佛光大辞典［M］. 北京：北京图书馆出版社,2004.

佛国惟白. 建中靖国续灯录［M］.《卍续藏》册78.

佛陀耶舍. 四分律［M］.《大正藏》册22.

符(尼). 灵瑞禅师岩华集［M］.《嘉兴藏》册35.

G

高令印. 中国禅学通史［M］. 北京：宗教文化出版社,2004.

高楠顺次郎. 法宝总目录［M］. 台中：新文丰出版社,1972.

龚隽. 禅史钩沉——以问题为中心的思想史论述［M］. 上海：三联书店2006.

古田绍钦. 干屎橛考［J］. 禅文化研究纪要,1988.

圭峰宗密. 禅源诸诠集都序［M］.《大正藏》册48.

郭凝之. 潭州沩山灵祐禅师语录［M］.《大正藏》册47.

郭凝之. 五家语录［M］.《嘉兴藏》册23.

郭凝之. 五家语录［M］.《卍续藏》册69.

郭璞. 尔雅注疏［M］. 文渊阁四库全书本.

H

弘储. 南岳继起和尚语录［M］.《嘉兴藏》册 34.

洪修平. 中国禅学思想史［M］. 北京：中国人民大学出版社,2007.

忽滑谷快天撰,朱谦之译. 中国禅学思想史［M］. 上海：上海古籍出版社,2002.

护法,玄奘. 成唯识论［M］.《大正藏》册 31.

幻敏. 竺峰敏禅师语录［M］.《嘉兴藏》册 40.

黄士复. 佛教概论［M］. 台北：台北商务印书馆,1978.

黄绎勋. 论《祖庭事苑》之成书、版本与体例——以卷一之《云门录》为中心［J］. 佛学研究中心学报,2006（12）.

惠洪. 禅林僧宝传［M］.《卍续藏》册 79.

惠洪. 林间录［M］.《卍续藏》册 87.

惠洪. 林间录后集［M］.《卍续藏》册 87.

惠洪. 智证传［M］.《卍续藏》册 63.

慧能. 金刚经解义［M］.《卍续藏》册 24.

慧皎. 高僧传［M］.《大正藏》册 50.

慧然. 镇州临济慧照禅师语录［M］.《大正藏》册 47.

J

集云堂. 宗鑑法林［M］.《卍续藏》册 66.

纪荫. 宗统编年[M].《卍续藏》册 86.

纪昀. 文渊阁书目[M]. 文渊阁四库全书史部.

寂震. 金刚三昧经通宗记[M].《卍续藏》册 35.

蒋维乔. 中国佛教史[M]. 上海：上海古籍出版社，2005.

焦竑. 国史经籍志[M]. 长沙：商务印书馆，中华民国二十八年.

戒显. 禅门锻錬说[M].《卍续藏》册 63.

净符. 宗门拈古汇集[M].《卍续藏》册 66.

净善. 禅林宝训[M].《大正藏》册 48.

净范. 蔗庵范禅师语录[M].《嘉兴藏》册 36.

净柱. 五灯会元续略[M].《卍续藏》册 80.

静筠二禅德. 祖堂集[M]. 北京：中华书局，2007.

鸠摩罗什译. 佛垂般涅槃略说教诫经[M].《大正藏》册 12.

鸠摩罗什译. 金刚般若波罗蜜经[M].《大正藏》册 8.

鸠摩罗什译. 维摩诘所说经[M].《大正藏》册 14.

觉岸. 释氏稽古略[M].《大正藏》册 49.

觉范. 石门文字禅[M].《嘉兴藏》册 23.

K

康熙. 御定渊鉴类函[M]. 文渊阁四库全书.

L

黎眉居士.教外别传［M］.《卍续藏》册84.

礼山,江峰主编.禅宗灯录译解［M］.济南：山东人民出版社,1994.

李安纲.云门大师传［M］.佛光文化事业有限公司,1997.

李国玲.宋僧著述考［M］.成都：四川大学出版社,2007.

李洁华.唐宋禅宗之地理分布［J］.新亚学报,1977（13）.

李遵勖.天圣广灯录［M］.《卍续藏》册78.

鎌田茂雄.简明中国佛教史［M］.上海：上海译文出版社,1997.

良贲.仁王护国般若波罗蜜多经疏［M］.《大正藏》册33.

梁廷楠.南汉书［M］.广州：广东人民出版社,1981.

林国良.成唯识论直解［M］.上海：复旦大学出版社,2007.

林国良.佛典选读［M］.桂林：广西师范大学出版社,2006.

林弘衍.雪峰义存禅师语录［M］.《卍续藏》册69.

林师蒇.天台续集［M］.文渊阁四库全书集部.

铃木哲雄. 唐五代禅宗史[M]. 山喜房佛书林, 1997.

铃木哲雄. 雲門文偃と南漢[J]. 印度学仏教学研究, 1984.

刘长久. 中国禅宗[M]. 桂林: 广西师范大学出版社, 2006.

刘昫. 旧唐书[M]. 北京: 中华书局, 1975.

柳田圣山. 宋版古尊宿语録调查报告[J]. 禅文化研究纪要, 1972.

陆友. 墨史[M]. 文渊阁四库全书子部.

陆增祥. 八琼室金石补正[M]. 北京: 文物出版社, 1985.

M

麻天祥. 中国禅宗思想史略[M]. 北京: 中国人民大学出版社, 2007.

妙法莲华经[M].《大正藏》册 9.

妙源. 虚堂和尚语录[M].《大正藏》册 47.

明凡. 湛然圆澄禅师语录[M].《卍续藏》册 72.

明方. 石雨禅师法檀[M].《嘉兴藏》册 27.

明复. 中国佛学人名辞典[M]. 北京: 中华书局, 1988.

明河. 补续高僧传[M].《卍续藏》册 77.

明耀. 香严禅师语录[M].《嘉兴藏》册 38.

睦庵善卿. 祖庭事苑[M].《卍续藏》册 64.

N

念常. 佛祖历代通载[M].《大正藏》册49.

P

潘桂明. 中国佛教思想史稿[M]. 南京：江苏人民出版社,2009.

普会. 禅宗颂古联珠通集[M].《卍续藏》册65.

普济. 五灯会元[M].《卍续藏》册80.

Q

瞿汝稷. 指月录[M].《卍续藏》册83.

契嵩. 镡津文集[M].《大正藏》册52.

契嵩. 传法正宗记[M].《大正藏》册51.

钱伊庵. 宗范[M].《卍续藏》册65.

全唐诗[M]. 北京：中华书局,1999.

覃召文. 岭南禅文化[M]. 广州：广东人民出版社,1996.

R

如卺. 禅宗正脉[M].《卍续藏》册85.

如卺. 缁门警训[M].《大正藏》册48.

如惺. 大明高僧传[M].《大正藏》册50.

入矢义高. 好事は无きに如かず[J]. 禅文化研究纪

要,1995.

入矢义高.云门との机缘[J].禅文化研究纪要,1991.

S

僧远.灵树远禅师云岩集[M].《嘉兴藏》册34.

善清.慈受怀深禅师广录[M].《卍续藏》册73.

善月.佛说仁王护国般若波罗蜜经疏神宝记[M].《大正藏》册33.

上思.雨山和尚语录[M].《嘉兴藏》册40.

绍隆.圆悟佛果禅师语录[M].《大正藏》册47.

绍昙.五家正宗赞[M].《卍续藏》册78.

神清.北山录[M].《大正藏》册52.

沈起炜.五代史话[M].北京:中国青年出版社,1983.

师明.续开古尊宿语要(亦作续古尊宿语要、续刊古尊宿语要)[M].《卍续藏》册68.

石井修道.宋代禅宗史の研究[M].大东出版社,1987.

石井修道.宋代禅宗史的特色——以宋代灯史的系谱为线索[J].中国禅学,北京:中华书局,2004(3).

世亲.唯识三十论颂[M].《大正藏》册31.

释传正主编.南华史略[M].北京:中国社会科学出版社,2002.

释僧佑.出三藏记集.北京:中华书局,1995.

释守坚.云门禅师语录[M].嘉兴续藏62函.

释一如. 三藏法数［M］. 杭州：浙江古籍出版社,1991.

释证源. 云门宗宗风之研究［D］. 香港：能仁学院哲学研究所,1992.

守坚. 云门匡真禅师广录［M］.《大正藏》册 47.

宋祁. 景文集［M］. 文渊阁四库全书集部.

苏树华. 洪州禅［M］. 北京：宗教文化出版社 2005 年 7 月.

苏欣郁. 云门文偃禅学研究［D］. 台北：台湾师范大学,2002.

T

汤用彤. 隋唐佛教史稿［M］. 南京：江苏教育出版社,2007.

通奇. 林野奇禅师语录［M］.《嘉兴藏》册 26.

通容. 费隐禅师语录［M］.《嘉兴藏》册 26.

通云. 雪窦石奇禅师语录［M］.《嘉兴藏》册 26.

屠根. 金刚经注解铁鋑錎［M］.《卍续藏》册 24.

U

Urs App. *Facets of Life and Teaching of Chan Master Yunmen（864 – 949）* New York：Kodansha International, 1994.

Urs App. *Master Yunmen: From the Record of the Chan*

Master "*Gate of the Clouds*". (Paperback-Jul 1994).

Urs App. 云门広録一字索引[M]. 日本花园大学国际禅学研究所,1996.

Urs App. The Making of a Chan Record: Reflections on the History of the *Record of Yunmen* [J]. 禅文化研究纪要,1991.

W

万毅. 云门文偃的禅学思想[J]. 现代哲学,2007(1).

王起隆. 金刚经大意[M].《卍续藏》册 25.

惟勉. 丛林校定清规总要[M].《卍续藏》册 63.

温金玉. 云门文偃禅法述评[J]. 中华文化论坛,1995(4).

无著道忠. 禅林象器笺[M]. 中华全国图书馆文献缩微复制中心,1996.

无著道忠. 福州鼓山寺古尊宿语要全部目录[M].《卍续藏》册 68.

吴立民. 禅宗宗派源流[M]. 北京:中国社会科学出版社,1998.

吴仁臣. 十国春秋[M]. 北京:中华书局,2008.

吴汝钧. 佛学研究方法论[M]. 台北:台湾学生书局,2006.

悟明. 联灯会要[M].《卍续藏》册 79.

X

西村惠信. 顾鉴咦考—云门の实在伝达[J]. 禅文化研究纪要,1991.

西口芳男. 云门禅への断简[J]. 禅文化研究纪要,1991.

晓莹. 云卧纪谭[M].《卍续藏》册86.

心圆. 撮黑豆集[M].《卍续藏》册85.

行秀. 寄湛然居士书[M].《大正藏》册48.

行秀. 万松老人评唱天童觉和尚拈古请益录[M].《卍续藏》册67.

行悦. 列祖提纲录[M].《卍续藏》册64.

行臻. 性空臻禅师语录[M].《嘉兴藏》册39.

性统. 五家宗旨纂要[M].《卍续藏》册65.

性圆. 法玺印禅师语录[M].《嘉兴藏》册28.

徐硕. 至元嘉禾志[M]. 文渊阁四库全书史部.

许慎. 说文解字[M]. 上海：上海古籍出版社,2007.

许元钊. 云门麦浪怀禅师宗门设难[M].《卍续藏》册73.

续传灯录[M].《大正藏》册51.

Y

彦琪. 证道歌注[M].《卍续藏》册63.

杨士奇等.文渊阁书目［M］.上海：商务印书馆,中华民国二十四年.

杨曾文.唐五代禅宗史［M］.北京：中国社会科学出版社,1995.

叶昌炽.语石校注［M］.北京：今日中国出版社,1995.

义净.南海寄归内法传［M］.《大正藏》册54.

弌咸.禅林备用清规［M］.《卍续藏》册63.

印顺.中国禅宗史［M］.上海：上海书店,1992.

雍正.御选语录［M］.《卍续藏》册68.

雍正.御制拣魔辨异录［M］.《卍续藏》册65.

永岛福太郎.云门胡饼［J］.禅文化研究纪要,1991.

永井政之.云门［M］临川书店,2008.

永井政之.云门の语録の成立に関する一考察［J］.宗学研究,1971.

永井政之.雲門十二時偈に関する一考察［J］.印度学仏教学研究,1971.

永井政之.祖庭事苑の基礎的研究［J］.駒沢大学仏教学部论集,1973.

尤袤.遂初堂书目［M］.上海：商务印书馆,中华民国二十四年.

元揆.神鼎一揆禅师语录［M］.《嘉兴藏》册37.

元贤.无明慧径禅师语录［M］.《卍续藏》册72.

元玉.天岸昇禅师语录［M］.《嘉兴藏》册26.

原澄. 法澜澄禅师语录[M].《嘉兴藏》册29.

圆悟克勤. 碧岩录[M].《大正藏》册48.

圆信. 五家语录序[M].《卍续藏》册69.

蕴闻. 大慧普觉禅师语录[M].《大正藏》册47.

Z

赞宁. 大宋僧史略[M].《大正藏》册54.

赞宁. 宋高僧传[M]. 北京：中华书局, 1997.

赜藏主. 古尊宿语录[M]. 北京：中华书局, 1994.

赜藏主. 古尊宿语录[M]. 上海：上海古籍出版社, 1991.

曾凤仪. 楞严经宗通[M].《卍续藏》册16.

张曼涛. 现代佛教学术丛刊[M]. 北京：北京图书馆出版社, 2005.

张美兰. 祖堂集校注[M]. 北京：商务印书馆, 2009.

真本. 古瓶山牧道者究心录[M].《嘉兴藏》册28.

真慧. 文穆念禅师语录[M].《嘉兴藏》册36.

正受. 嘉泰普灯录[M].《卍续藏》册79.

知讷. 真心直说[M].《大正藏》册48.

志盘. 佛祖统纪[M].《大正藏》册49.

智操. 寒松操禅师语录[M].《嘉兴藏》册37.

智静. 撄宁静禅师语录[M].《嘉兴藏》册33.

智祥. 频吉祥禅师语录[M].《嘉兴藏》册39.

智旭. 蕅益三颂[M].《嘉兴藏》册 20.

智闇. 雪关禅师语录[M].《嘉兴藏》册 27.

智昭. 人天眼目[M].《大正藏》册 48.

中华佛教百科全书[M].台南县：中华佛教百科文献基金会,1994.

周昌乐.禅悟的实证——禅宗思想的科学发凡[M].北京：东方出版社 2006.

周克复.法华经持验记[M].《卍续藏》册 78.

周裕锴.禅宗语言[M].杭州：浙江人民出版社,1999.

朱时恩.佛祖纲目[M].《卍续藏》册 85.

朱熹.诗集传[M].四部丛刊本.

珠说.大休珠禅师语录[M].《嘉兴藏》册 4.

自觉.投子义青禅师语录[M].《卍续藏》册 71.

自庆.增修教苑清规[M].《卍续藏》册 57.

自融.南宋元明禅林僧宝传[M].《卍续藏》册 79.

宗宝.六祖大师法宝坛经[M].《大正藏》册 48.

宗峰妙超.大灯国师语录[M].《大正藏》册 81.

宗黼.恕中无愠禅师语录[M].《卍续藏》册 71.

宗杲.正法眼藏[M].《卍续藏》册 67.

宗晓.四明尊者教行录[M].《大正藏》册 46.

宗颐.禅苑清规[M].《卍续藏》册 63.

祖琇.隆兴佛教编年通论[M].《卍续藏》册 75.

祖琇.僧宝正续传[M].《卍续藏》册 79.

后　　记

　　《云门匡真禅师广录研究》一书是在我的博士学位论文基础上修改而成的,论文的写作与出版,涉及一系列的因缘,在此过程中身心亦有难忘之经历。

　　2008 年,我从燕赵大地负笈沪上,进入上海大学,在林国良先生门下学习,林老师在唯识典籍整理与研究方面享誉学界教界。在我与林老师确定论文选题的过程中,因得知我曾经点校过禅宗典籍《云门匡真禅师广录》,林老师建议我就此做进一步研究。之前点校《云门广录》的因缘,是与黄明尧先生分不开的。最早与明尧、明洁夫妇相识始于1998 年,那也是我接触禅宗典籍的开始,之后与他们夫妇一直保持着亦师亦友的关系。明洁也是美国汉学家比尔·波特《空谷幽兰》一书的中文译者。2005 年,明尧先生委托我点校《云门广录》。由此因缘,《云门广录》研究最终成了我写作的选题。在论文的写作过程中,曾承蒙日本驹泽大学程正先生惠寄椎名宏雄关于云门语录版本研究的文章,驹泽大学永井政之先生惠寄其专著《云门》,又承蒙日本花园大学西村惠信先生惠寄《禅文化研究纪要·

云门特辑》。在论文写作将要完成之时，四川大学哈磊先生告知我中山大学冯焕珍先生在主编一套云门宗丛书，并为我联系冯先生，从而将我的论文纳入丛书编辑出版计划，之后也获得了冯先生的许多帮助，并经由冯先生请得云门寺住持明向大和尚专为此书所作的序文。此外，赵州柏林禅寺常照法师亦给予许多启发。在此书稿正式进入出版流程过程中，上海古籍出版社的编辑和校对人员付出了许多心血，使书稿更趋完善。最后感谢我的爱人贾素慧、儿子曹其政对我的陪伴。万缘成一事，一事具万缘。感恩这一段生命历程中的每一个人、每一件事。

一入林老师门下，林老师便以"以教理摄行持，以行持通教理"相勉。在一边写作论文一边阅读云门语录的过程中，时时反观自心，有时云门禅师的一句话就像他手中的拄杖一样打在我的头上，之后阅读佛源老和尚的广录，也有类似的身心感受。回忆这一段学思历程，聊作句云：

百城烟水从容过，晤对何妨梦里身。

曹瑞锋记于沪上子之草堂

2016.12.1.

图书在版编目(CIP)数据

云门匡真禅师广录研究/曹瑞锋著.—上海:
上海古籍出版社,2017.1
(云门宗丛书/释明向主编)
ISBN 978-7-5325-8313-3

Ⅰ.①云… Ⅱ.①曹… Ⅲ.①云门宗—研究 Ⅳ.
①B946.5

中国版本图书馆 CIP 数据核字(2016)第 295562 号

责任编辑:黎大伟

云门宗丛书
云门匡真禅师广录研究
曹瑞锋 著
上海世纪出版股份有限公司
上海 古 籍 出 版 社 出版
(上海瑞金二路 272 号 邮政编码 200020)
(1)网址:www.guji.com.cn
(2)E-mail:guji1@guji.com.cn
(3)易文网网址:www.ewen.co
上海世纪出版股份有限公司发行中心发行经销
上海中华商务联合印刷有限公司印刷
开本 890×1240 1/32 印张 13.875 插页 9 字数 243,000
2017 年 1 月第 1 版 2017 年 1 月第 1 次印刷
印数:1—4,100
ISBN 978-7-5325-8313-3
B·979 定价:59.00 元
如有质量问题,请与承印公司联系